Power BI

Curso práctico

Power BI

Curso práctico

Francisco José Carrasco Gómez

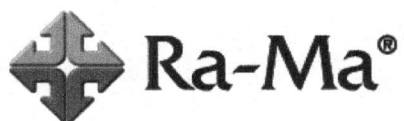

La ley prohíbe
fotocopiar este libro

Power BI. Curso práctico
Thema: UFC Hojas de cálculo
Bisac: COM054000
© Francisco José Carrasco Gómez
© De la edición: Ra-Ma 2024

Editado por:
RA-MA Editorial
Calle Jarama, 3A, Polígono Industrial Igarsa
28860 PARACUELLOS DE JARAMA, Madrid
Teléfono: 91 658 42 80
Fax: 91 662 81 39
Correo electrónico: *info@grupoeditorialrama.com*
Internet: *www.ra-ma.es* y *www.ra-ma.com*
ISBN impreso: 978-84-1036-075-4
ISBN ePub: 978-84-10360-76-1
Depósito legal: M-25079-2024
Maquetación: Antonio García Tomé
Diseño de portada: Antonio García Tomé
Filmación e impresión: Safekat
Impreso en España en noviembre de 2024

Gracias a todas las personas y empresas que han confiado en mí para formarse en distintas materias, sin esta experiencia habría sido imposible el poder haber escrito este libro.

Gracias a mis abuelos Juan y Adelaida que, aunque no lo puedan ver me acuerdo de ellos cada día.

Gracias a mis sobris Samuel y Vera que son un encanto, aunque hay veces que son un poco trasios.

Muchas gracias a mis amigos que están hay cuando se les necesita y siempre te ayudan a recargar las pilas.

Pero sobre todo muchas a mi compañera en este viaje que es la vida que es quien me aguanta todos los días, un beso Isa.

Aunque yo escribo el libro, todo este proceso no es posible si una editorial como Ra-ma no está detrás de todo, muchas gracias al resto de compañeros que lo hacen posible.

ÍNDICE

ACERCA DEL AUTOR

Francisco José Carrasco Gómez

Llevo 30 años impartiendo formación en distintas herramientas informáticas desde Windows, Microsoft Office, lenguajes de Programación, diseño de páginas web con Dreamweaver, Flash, Photoshop y en los últimos años Power Bi.

En tantos años he visto como avanza la tecnología, cuando empecé a impartir clases Windows era todavía un entorno gráfico, no un sistema operativo, pero siempre hay gente que quiere aprender y progresar por lo que debo facilitarles ese trabajo.

He impartido clases a todos los niveles academias, empresas, cursos para trabajadores, cursos para parados y gracias a las preguntas que me hacen mis alumnos en los cursos puedo detectar lo que necesita la mayoría de la gente de una herramienta y solucionar los problemas no solo de una persona sino de varias personas que tienen trabajos totalmente distintos.

Poseo 40 certificaciones de distintos programas, la mayoría de Microsoft como MOS Microsoft Office User Specialist de todas las versiones en los distintos programas de Microsoft Office, Certificado Microsoft 365 Fundamentals, Certificado

Power Platform Fundamentals, Certificado Database Administration Fundamentals, Certificado Windows Operation System Fundamentals pero para este libro quiero destacar las certificaciones MCT Microsoft Certified Trainer por la que Microsoft me reconoce que soy un formador autorizado de sus herramientas y Certificado Análisis de datos con Power Bi del que imparto muchos cursos para que otras personas se puedan certificar.

Aunque mi profesión principal es impartir formación también tutorizo plataformas online, grabo videotutoriales para varias empresas, tengo más de 100 videotutoriales publicados, hago aplicaciones con Excel y Access así como informes en Power Bi para distintos clientes.

Estoy acostumbrado a trabajar con datos confidenciales.

Te puedes poner en contacto conmigo en linkedin *https://www.linkedin.com/in/franciscojosecarrasco/* espero tus noticias.

1

POWER BI CURSO PRÁCTICO

1.1 DESCRIPCIÓN Y CARACTERÍSTICAS DE LA HERRAMIENTA. USOS PRINCIPALES

Siempre se ha necesitado analizar los datos para poder sacar conclusiones y tomar las decisiones adecuadas, pero con los datos en bruto, es decir con una base de datos, no se puede analizar la información global de los datos.

En la versión de Excel 2010, Microsoft lanzo los complementos Power Pivot, Power Query, Power Map y Power View, en la versión de Excel 2013 se hicieron muy populares estos complementos y en diciembre de 2015 Microsoft lanzo la primera versión de Power Bi tomando como base estos complementos de Excel, desde entonces Power Bi se va actualizando constantemente lanzando una actualización cada mes.

Power BI es una potente herramienta de inteligencia empresarial que permite crear informes que facilitan la toma de decisiones.

Power BI permite conectar con una amplia variedad de fuentes de datos, desde archivos de texto o PDF, a hojas de cálculo simples, otros informes publicados, bases de datos como SQL Server, Oracle, etc. de esta manera creamos el modelo semántico de datos del informe.

Con Power BI, se pueden crear informes, paneles, tarjetas de resultados y áreas de trabajo personalizados, desde la versión Desktop solo se pueden crear informes.

Cuando los objetos de Power Bi están publicados, los datos de pueden actualizar automáticamente para mostrar la información casi en tiempo real, esto es útil en escenarios volátiles que cambian rápidamente.

Para crear un informe y compartir la información con otras personas se deben de seguir varios pasos, primero importar los datos, después hay que limpiar los datos y crear columnas nuevas, a continuación, se crea el informe y por último se publica y se comparte con las personas que se necesite en cada caso.

Para crear el informe se puede descargar gratuitamente Power Bi Desktop desde las páginas de Microsoft.

Este es el vínculo de descarga *https://www.microsoft.com/es-es/download/details.aspx?id=58494*

No hace falta descargar la versión anterior, solo hay que descargar el archivo correspondiente e instalarlo.

Microsoft lanza una versión nueva cada mes por lo que te recomiendo que si tienes Power Bi instalado desde hace tiempo lo vuelvas a descargar e instalar.

Una vez creado el informe, el siguiente paso es publicar el informe para lo que se necesita una cuenta de Microsoft 365 que tenga Power Bi y para poder compartir los objetos publicados se necesita una versión de pago de Power Bi o utilizar una versión de prueba de 60 días.

Para poder ver un informe compartido también se necesita una versión de pago.

Una vez que está el informe publicado se pueden crear tarjetas, paneles, áreas de trabajo, flujos, etc. a esta parte de trabajar con Power Bi en la web se llama el Servicio de Power Bi.

2

PREPARAR LOS DATOS

2.1 IMPORTACIÓN DE DATOS CON POWER BI

Al abrir el programa Power Bi Desktop se puede abrir un informe ya existente, empezar con un informe en blanco o elegir el origen de datos.

Siempre se puede hacer clic en un informe en blanco y después importar los datos.

Para poder trabajar con Power BI lo primero que hay que hacer es obtener los datos, para ello en la pestaña *Inicio* están las opciones más comunes, así como el botón *Obtener datos* para acceder a todos los orígenes de datos que hay disponibles en Power Bi.

Al hacer clic en *Más* se puede acceder a distintos orígenes como Web, Azure, PDF, SQL Server, Azure, Google Analytics, etc. Power Bi puede conectar datos con casi cualquier origen de datos que se te ocurra.

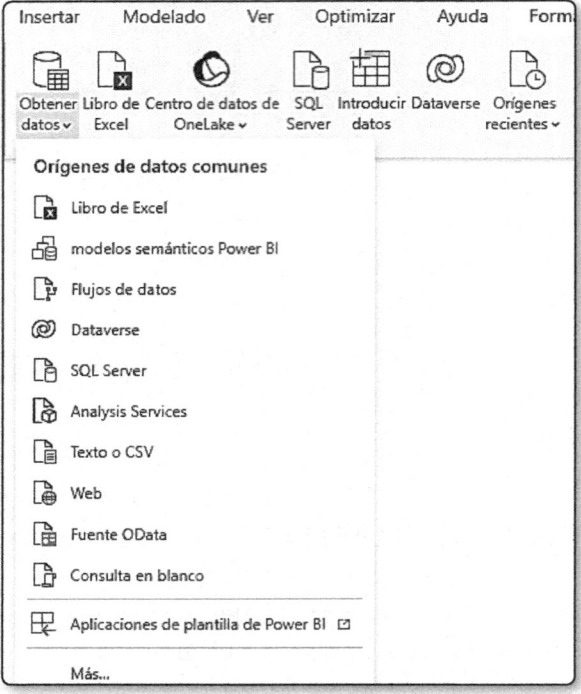

Figura 2.1. Los orígenes de datos más comunes

En todos los orígenes de datos se pueden importar datos, es decir trabajar con una copia de los datos, pero si se elige una base de datos profesional como por ejemplo SQL Server aparece una pantalla como la siguiente imagen.

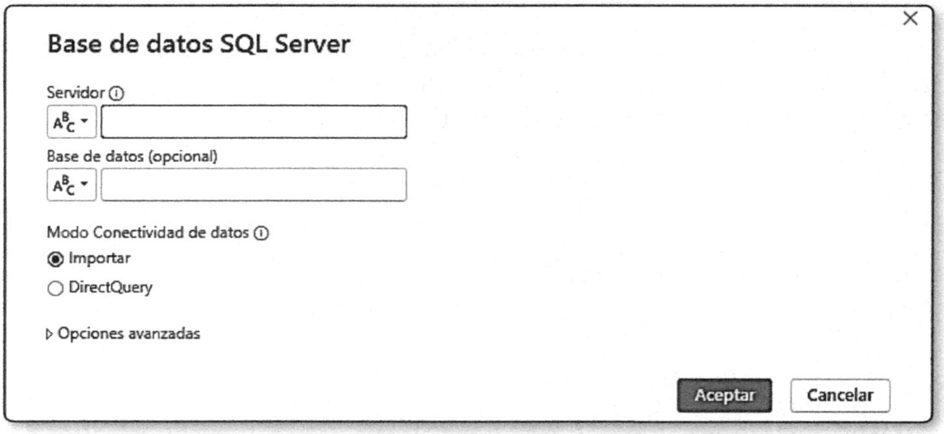

Base de datos SQL Server   ×

Servidor ⓘ

A^B_C ▾ [   ]

Base de datos (opcional)

A^B_C ▾ [   ]

Modo Conectividad de datos ⓘ

◉ Importar

○ DirectQuery

▷ Opciones avanzadas

[Aceptar]   [Cancelar]

Figura 2.2. Se puede elegir si se importan los datos o se conectan DirectQuery

En esta pantalla aparece la opción *DirectQuery*, si se elige esta opción se trabaja directamente con los datos, no con una copia de los datos, por lo que los informes estarán siempre actualizados, pero también es verdad que Power BI tardará más en generar los informes.

En este caso voy a elegir Excel, donde he importado los datos de Neptuno que es una base datos que se distribuía antiguamente con Access.

Elijo el archivo que quiero abrir que se llama NeptunoActualizado, este archivo tiene la tabla de clientes, pedidos y detalles de pedidos, se seleccionan y se cargan, tarda un poco en cargar los datos, pero enseguida se muestran las consultas en la parte de la derecha de la pantalla.

Los datos al principio estaban en Access, donde estas tablas estaban relacionadas, al importarlas en Excel también se importaron las relaciones y al importarlas en Power Bi también se han importado las relaciones.

Incluso si en el origen no hubiera relaciones, Power Bi analiza los datos al importarlos y si localiza campos que se llaman igual los analiza para crear las relaciones entre esos campos.

Figura 2.3. Tablas importadas y objetos visuales de Power Bi

Hay que tener en cuenta que, si los datos de Excel estuvieran en el modelo de datos, Power Bi no lo reconocería con la opción de obtener datos, habría que ir a la ficha *Archivo, Importar* y elegir *Power Query, Power Pivot* y *Power View*, que se refiere al origen de datos de Excel, pero a los que están en el modelo de datos de Excel, no a los datos que están en las hojas de Excel.

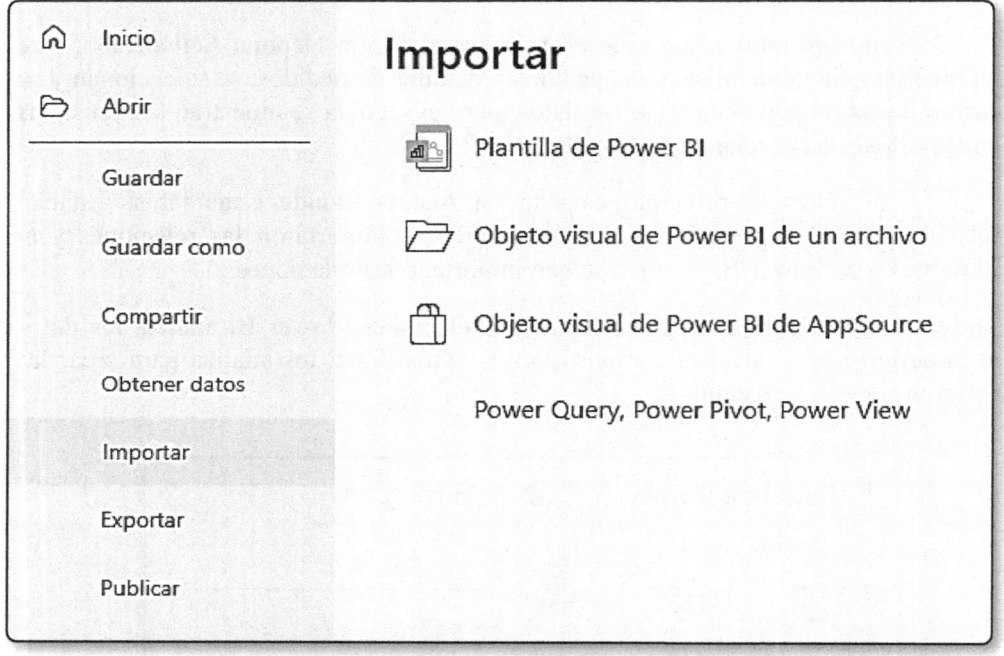

Figura 2.4. Opción para importar los datos del modelo de Excel

2.2 MÉTODO PARA REALIZAR CONSULTAS

En Power Bi las consultas generalmente se crean importando los datos, pero se pueden crear pulsando en el botón *Introducir datos* de la ficha *Inicio*.

Se puede poner nombre a la tabla, crear las columnas que se necesiten e introducir los datos o directamente copiarlos desde su origen.

Esta opción es muy útil cuando hay problemas para importar los datos o hay que elegir los datos de distintos orígenes de datos.

2.3 RELACIONES ENTRE DATOS

Una vez que se han importado los datos voy a ver que hay en la pantalla de Power Bi.

Lo primero que hay en la parte superior son las pestañas con las distintas opciones, al igual que en casi todos los programas de Microsoft Office están las pestañas *Inició, Insertar, Modelado Ver, Optimizar* y *Ayuda*.

Debajo de cada pestaña aparecen las opciones correspondientes.

En la parte de la derecha están los objetos visuales que podemos insertar en el informe y sus propiedades, más a la derecha están las distintas consultas que forman parte del modelo semántico del informe, al desplegar cada consulta se muestran los campos que forman parte de esa consulta.

Un poco más a la izquierda está el panel de filtros para mostrar solo la información deseada en cada momento.

Los campos aparecen con un signo sumatorio si son numéricos, un calendario si son de tipo fecha c nada si son de texto.

Figura 2.5. Pantalla con el panel de filtros

En la parte central será donde se diseñará el informe.

En la parte de la izquierda están las distintas vistas del informe, está la vista informe, que es la vista actual en la que se diseña el informe, también está la vista de tabla en la que se ve cada una de las consultas con los datos que tienen, más abajo la vista modelo donde se muestran las relaciones entre las consultas, se pueden observar las relaciones entre clientes, pedidos y detalles de pedidos.

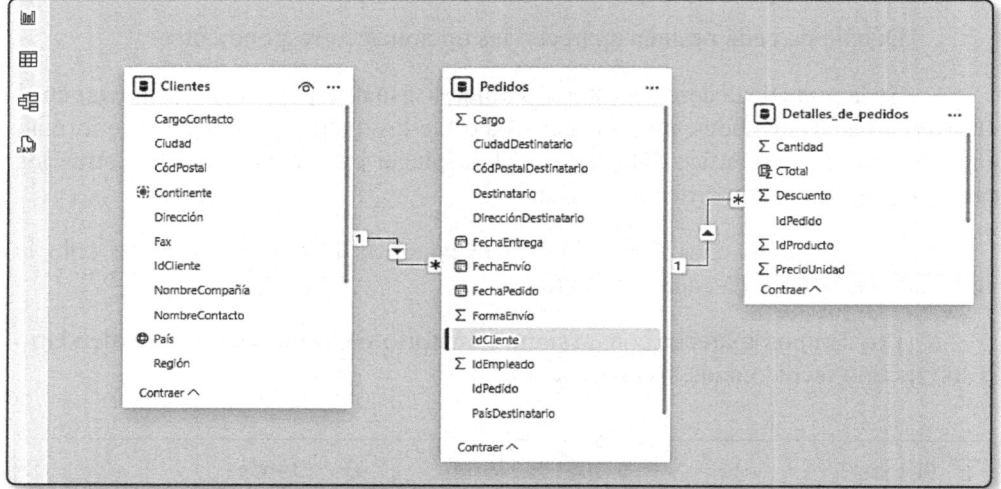

Figura 2.6. Relaciones de las tablas del modelo semántico

Se ha añadido una cuarta vista que es Vista de consultas DAX para crear y ejecutar consultas creadas con lenguaje DAX.

Para guardar el archivo de Power BI hago clic en la ficha *Archivo, Guardar como,* donde se puede poner el nombre al archivo, en este caso le voy a llamar, cursoPowerBi y le digo guardar.

La extensión de los archivos de Power Bi es Pbix.

Los archivos de diseño de Power Bi que creamos con la versión Desktop se pueden guardar en OneDrive y compartirlo con otras personas para que varias personas puedan modificar el diseño del informe, incluso varias personas pueden modificar el diseño a la vez en tiempo real es decir acepta coautoría de documentos.

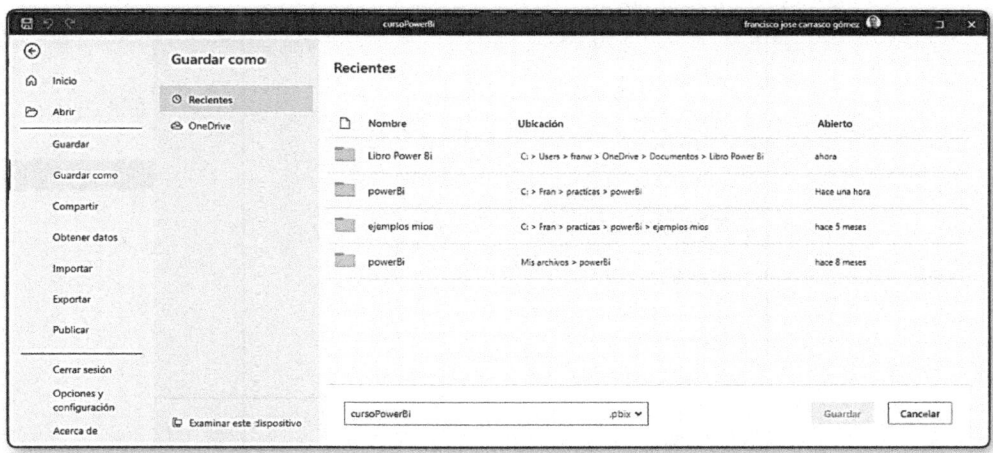

Figura 2.7. Guardar el archivo

Power Bi Desktop al igual que otros programas de Office tiene autoguardado de documentos, por lo que cada 10 minutos hace una copia de seguridad del informe por si hay cualquier problema no perder todo el trabajo realizado, sino como máximo los 10 últimos minutos.

Se puede cambiar el tiempo de autoguardado y ver donde se hace esa copia haciendo clic en *Archivo, Opciones y configuración, Opciones, Guardar y recuperar*.

Cada vez que abrimos un informe de Power Bi se abre otra vez el programa, por lo que si nuestro ordenador es un poco justo de memoria se puede ralentizar al abrir varios informes de Power Bi.

Desde Power Bi Desktop solo se puede exportar a PDF yendo a la ficha *Archivo, exportar*.

2.4 MODELADO DE DATOS

En una base de datos las distintas tablas están relacionadas, en Power Bi también deben estar relacionadas las distintas consultas que forman parte del modelo semántico del informe.

Hay muchos modelos semánticos que solo tienen una tabla por lo que no se necesitan crear relaciones.

País	Suma de Cantidad
Alemania	9.213
Argentina	339
Austria	5.167
Bélgica	1.392
Brasil	4.247
Canadá	1.984
Dinamarca	1.170
España	718
Estados Unidos	9.335
Finlandia	912
Francia	3.227
Total	**51.317**

Figura 2.8. Un objeto visual de Power Bi con datos de varias tablas

En la vista del modelo de datos están las tres tablas clientes, pedidos y detalles de pedidos.

En el origen eran tablas, cuando se las importan a Power BI se habla de consultas, pero verdaderamente es solo un caso de nomenclatura, se pueden llamar tablas o consultas.

Como en el origen de datos están relacionadas las tablas y se han importado todas a la vez, al importarlas ya se han traído las relaciones, en este caso se importaban los datos de Excel. Como en Excel las tablas estaban ya relacionadas se han importado las relaciones. Si se hubieran importado las tablas de una en una se tendrían que crear las relaciones en Power BI.

En este caso tenemos clientes y pedidos, lo más común es que un cliente pueda hacer muchos pedidos, por eso vemos en clientes la parte uno de la relación y en pedidos el asterisco marca la parte varios de la relación.

De la misma manera dentro de un pedido puede haber muchos productos por eso tenemos detalles de pedidos y pedidos, en esta relación pedidos es la parte uno y detalles de pedidos es la parte varios.

En otros programas de bases de datos la línea que une las tablas, tanto en la parte uno como en la parte varios aparece justo en los campos que se relacionan, aquí no, aquí la línea aparece en el centro de la tabla, por lo que si se hace más grande o pequeño el tamaño de la tabla puede parecer que las tablas están relacionadas por un campo u otro, para ver exactamente porqué campos están relacionadas las tablas hay que situarse en la línea de la relación.

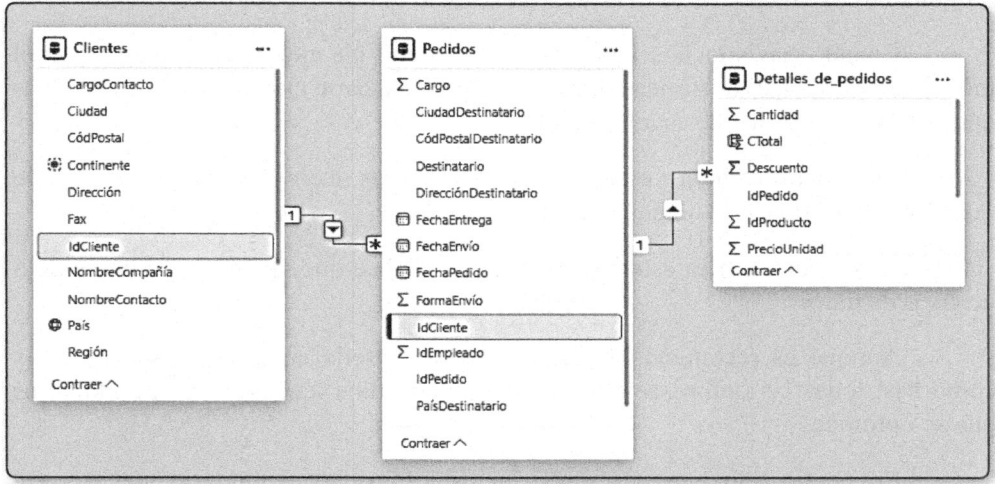

Figura 2.9. Relaciones donde se ven los campos relacionados

Estos campos no tienen porque llamarse igual, pero sí que tienen que ser del mismo tipo y tener los mismos datos, es decir que tenga un código de cliente y en el pedido aparezca ese código.

Se puede seleccionar la relación con el botón derecho y elegir eliminar, Power Bi pide confirmación para eliminar la relación.

Ahora no están relacionadas las consultas, se podrían haber importado las tablas de esta manera si no se hubieran importado todas a la vez.

Para crear la relación simplemente se arrastra del campo Idcliente de la tabla clientes al campo Idcliente de pedidos.

Ya reconoce la relación y ya tenemos otra vez la relación de uno a varios, lo difícil no es hacer la relación sino saber qué campos se relacionan y que estos campos tengan los valores adecuados para la relación.

Sí vienes del mundo de bases de datos, esto te resulta básico y seguro que lo sabías, pero si vienes de otros entornos, como trabajar con bases de datos de Excel, esto te puede resultar un poco más confuso, pero es fundamental a la hora de tener muchos datos y no tener que repetir siempre los mismos datos, el organizar los datos en tablas o consultas según lo queramos llamar para no tener que repetir siempre la misma información.

Los datos en la parte uno de la relación no pueden estar repetidos ni tener ningún dato en blanco.

Cuando hay muchos datos Power Bi tiene un mejor rendimiento con el modelo de estrella, es decir una tabla central que es la parte uno del resto de las tablas que son la parte varios de estas relaciones.

En general es mejor evitar la cardinalidad, es decir el número excesivo de relaciones para llegar de un dato a otro.

Cuando no se crea este modelo estrella se dice que se trabaja en un modelo de copo de nieve.

Aunque es recomendable el modelo de estrella no es imprescindible, es como casi todas las optimizaciones, cuantos más datos tengas, más importante es que se optimice.

En el ejemplo que desarrollo en este libro he elegido de una manera totalmente consciente un modelo que no es de estrella, para que se pueda ver que no es imprescindible el modelo de estrella y ver que cualquier origen de datos se puede utilizar en Power Bi, además son unos datos muy comunes en cualquier empresa, como puede ser que una empresa tenga clientes, esos clientes hacen pedidos y en cada pedido hay distintos productos.

Las relaciones más comunes son de uno a varios, en casos muy concretos hay relaciones uno a uno es decir que un registro de una tabla se corresponde con un registro de otra tabla, este caso sobre todo se da cuando la información está dividida en varios orígenes.

Lo que hay que evitar son las relaciones varios a varios, esto significa que varios registros de una tabla se corresponden con varios registros de la otra tabla, este tipo de relación se debe sobre todo a errores en los datos.

POWER QUERY

3.1 INTRODUCCIÓN

Una vez que se han importado los datos, el siguiente paso es transformar estos datos en bruto y hacer que estos datos sean útiles para su análisis, para ello hay que hacer clic en la ficha de *Inicio*, en el botón *Transformar datos*, opción *Transformar datos*.

Figura 3.1. Acceso a Power Query

Al hacer clic en la opción *Transformar datos*, se abre el editor de Power Query, que es casi igual que en Excel, ya que como expliqué estos complementos de Excel han evolucionado en Power BI.

A la izquierda están las distintas consultas que había en Power BI, en este caso las consultas clientes, pedidos y detalles de pedidos.

En la parte de la derecha esta la ventana *Configuración de la consulta* donde se puede cambiar el nombre de la consulta, debajo aparece el historial con los pasos que se han aplicado dentro de Power Query.

También, se puede cambiar el nombre de la consulta haciendo un doble clic en la consulta en el panel de consultas situado a la izquierda de la pantalla.

En este historial en la parte de la izquierda de cada paso aparece un aspa, al hacer clic en esa aspa se deshace ese paso, no solo se puede deshacer el último paso, se pueden deshacer pasos anteriores, pero hay que tener mucho cuidado para que el resultado no sea incongruente con las acciones posteriores.

En algunos pasos aplicados en la parte de la derecha aparece una rueda dentada, esta rueda dentada aparece en las acciones que ha aparecido un cuadro de diálogo para elegir las opciones necesarias, al hacer clic en esta rueda dentada aparece el mismo cuadro de diálogo para modificar las opciones que se han elegido anteriormente.

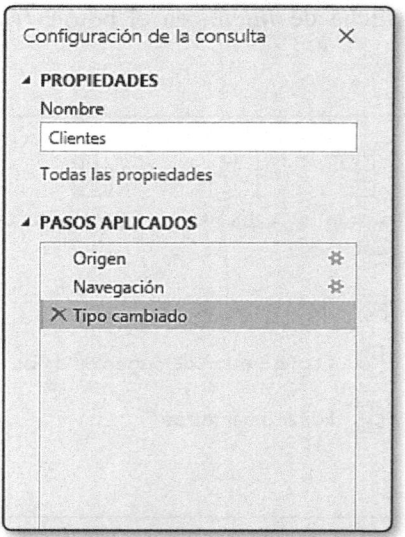

En este caso, como voy a hacer muchos cambios, voy a hacer una copia de clientes, pedidos y detalles de pedidos, aunque cuando esté trabajando realmente en un proyecto no lo haré a no ser que quiera probar distintas opciones.

Hago clic con el botón derecho del ratón en clientes y le puedo indicar duplicar o referencia, duplicar hace una copia independiente de ese objeto mientras que referencia va a hacer una copia, pero si hacemos cambios en el origen sí que se verán reflejados en el destino. En este caso duplico clientes, pedidos y detalles de pedidos.

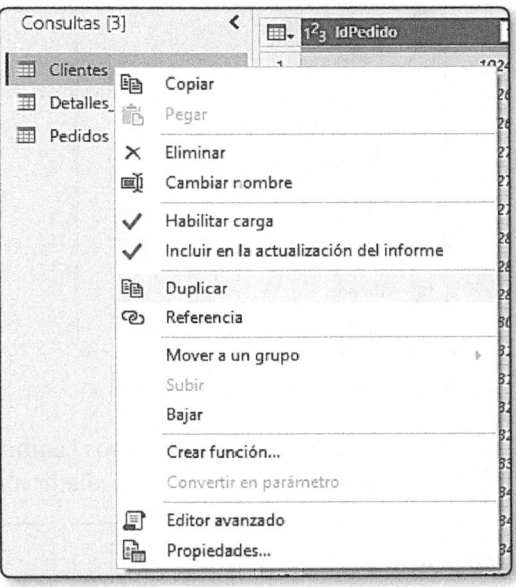

Figura 3.2. Duplicar una consulta

Esto es útil para preservar los datos originales y hacer pruebas, después se pueden borrar estas copias, o borrar los originales y cambiar el nombre a las copias si los resultados son los deseados.

3.2 LIMPIEZA DE DATOS

Una vez que están los datos en Power Query, lo primero que hay que comprobar es que a la izquierda de cada uno de los nombres de los campos tenemos un icono que nos muestra el tipo de dato que es.

Normalmente se importan bien los campos, pero por ejemplo los campos de fecha, Power Query muchas veces los detecta como fecha y hora, se puede cambiar directamente y decirle que sean solamente de fecha haciendo clic en el símbolo del tipo de dato.

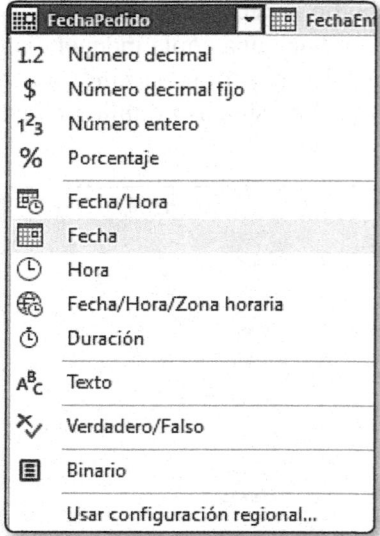

Figura 3.3. Cambiar tipo de dato

Si aparece un mensaje que nos avisa que queremos cambiar el tipo de columna lo más común es sustituir el paso actual sin necesidad de añadir un nuevo paso.

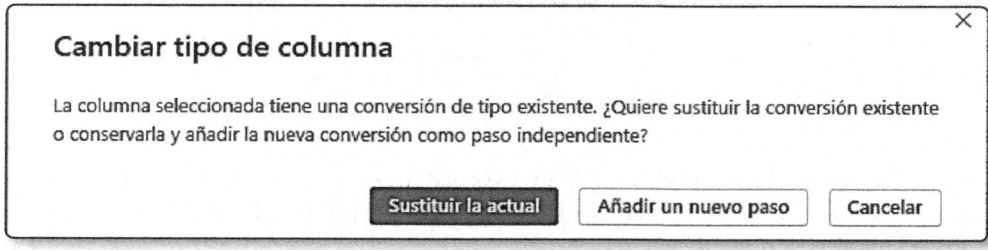

Figura 3.4. Añadir o modificar paso

Esto se puede y se debe hacer en todos los campos, también se pueden seleccionar varias columnas haciendo clic en el encabezado de cada una y después haciendo clic en la ficha de *Inicio, Tipo de datos*.

Al igual que en Excel, se puede ordenar la base de datos en este caso la consulta por el campo que se necesite, hay que situarse en la columna por la que se quiere ordenar la consulta y hacer clic en el botón de *Ordenar ascendente* o *descendente*.

También, existen los autofiltros para tener solo los registros que se necesiten, en este caso las fechas no aparecen agrupadas por años, meses y días como en Excel.

En los campos de texto y en los campos numéricos, los autofiltros sí que son más similares a los autofiltros de Excel.

Dentro de Power Query hay que elegir que columnas ver, para ello, hay que hacer clic en el botón *Elegir columnas* y hacer clic en la opción *Ir a columna*, esto es muy útil cuando las consultas son muy grandes, para ir directamente a la columna deseada sin tener que moverse a la derecha y a la izquierda por la pantalla, estando en la tabla pedidos puedo hacer clic, por ejemplo, en la columna región destinatario y al decirle aceptar ya me lleva a esa columna.

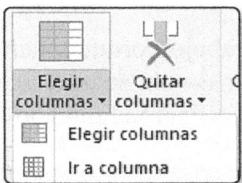

Figura 3.5. Opciones de elegir columnas

En el botón *Elegir columnas* también está la opción *Elegir columnas*.

Al indicar *Elegir columnas* se puede quitar el check de las columnas que no se necesiten y de esa manera se eliminan esas columnas.

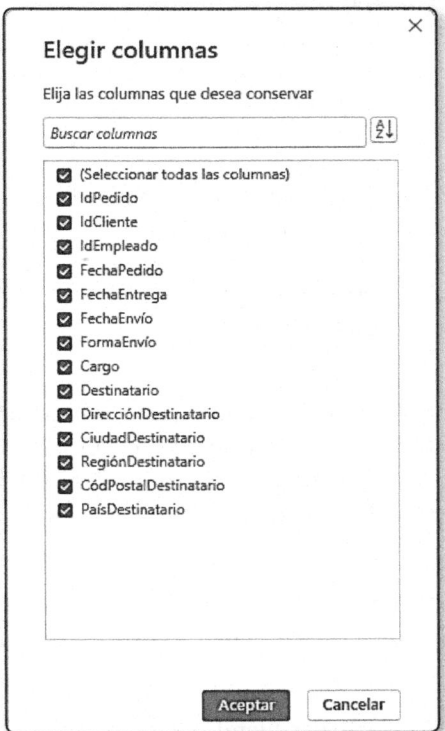

Figura 3.6. Elegir columnas de la consulta pedidos

Para localizar más fácilmente las columnas en la parte superior derecha hay un botón AZ para visualizar los campos en el orden natural que están en la consulta o en orden alfabético.

Si conozco el origen de datos quizás me sea útil el orden natural, pero si no lo conozco casi seguro que será mejor el orden alfabético para localizar las columnas que quiera.

Esto facilita mucho el trabajo porque muchas veces se importan los datos de una tabla, pero de diez columnas solo se necesitan dos, así que se pueden quitar el resto y de esa manera hacer más ligero el modelo semántico de nuestro informe.

En la opción *Quitar columnas* está la opción *Quitar columnas* que elimina las columnas seleccionas y *Quitar otras columnas* quita las columnas que no están seleccionadas.

Para seleccionar varias columnas se puede dejar pulsada la tecla Control y hacer clic en las columnas que se quiera seleccionar, si las columnas están seguidas hago clic en la primera columna que quiero seleccionar, pulso la tecla Shift y hago clic en la última columna que quiero seleccionar, de esta manera todas las columnas que están en medio se seleccionan.

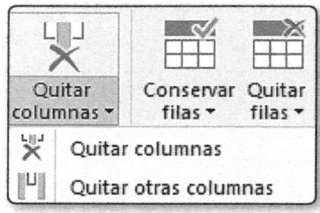

Figura 3.7. Opciones para quitar columnas

Después de hacer limpieza de columnas también se puede hacer limpieza de filas, al hacer clic en el botón *Conservar filas* están las opciones *Conservar filas superiores, Conservar filas inferiores* o *Conservar intervalo de filas*, con esta opción por ejemplo se puede quitar una fila de cada tres, es muy útil con algunos modelos de importación.

Para comprobar los errores se puede hacer un duplicado de la consulta y después elegir la opción *Conservar errores*, lo mismo se puede decir de la opción conservar duplicados.

Lo primero que se debe hacer cuando se importan datos y se cran las consultas es hacer limpieza de todos los datos que no necesitamos.

3.3 COMBINAR CONSULTAS

Las relaciones casi siempre son de uno a varios, esto significa que por ejemplo un cliente puede haber hecho muchos pedidos.

Las relaciones se usan para no tener que repetir siempre la información del cliente.

En este ejemplo voy a crear una consulta con clientes y con los pedidos para poder ver tanto clientes como pedidos en una misma consulta.

Estando en clientes, en la ficha de *Inicio* hago clic en el desplegable de la derecha donde pone *combinar consultas*.

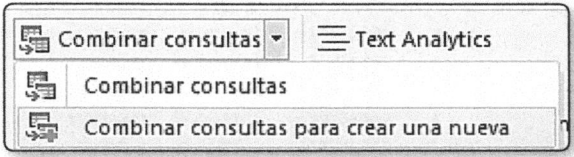

Figura 3.8. Opciones de combinar consultas

Aquí se puede elegir combinar en la consulta seleccionada o crear una nueva, en este caso le voy a indicar combinar consultas para crear una nueva para no modificar las consultas que tengo.

Se va a combinar esta consulta de clientes con la consulta de pedidos.

Para que se puedan combinar dos consultas deben tener un campo en común, es decir un campo que se repita que este caso es el de IdCliente.

En la consulta de clientes es donde están los datos de los clientes y los datos del campo IdCliente no se pueden repetir ni puede haber ningún registro en blanco, sin embargo, en la tabla de pedidos es decir la parte varios de la relación, sí se puede repetir el campo IdCliente.

No es obligatorio que estos campos se llamen igual, hay que seleccionar los campos de las dos tablas por los que se quiere crear la relación.

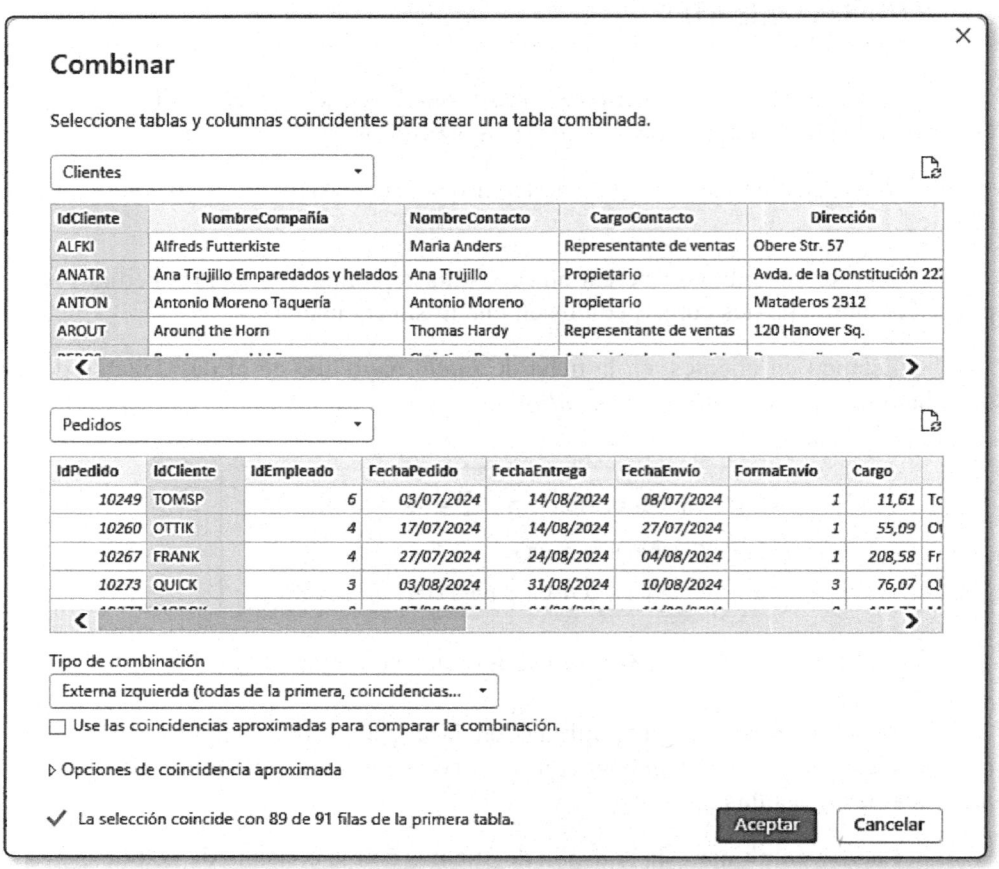

Figura 3.9. Ventana de combinar consultas

Para los usuarios más avanzados de bases de datos existe la opción *Tipo de combinación* en la cual se puede elegir qué registros de una y otra tabla se tienen que incluir en la combinación.

La opción por defecto es *Externa izquierda*, es decir todos los registros de la parte uno que tengan registros relacionados en la parte varios, es decir todos los clientes que tienen pedidos y sus correspondientes pedidos. Este tipo de combinación es el estándar en relaciones de bases de datos.

En la parte inferior se puede marcar la opción de *Coincidencias aproximadas*, esta opción es muy útil cuando se importan datos de Excel, Txt, etc. ya que estos formatos no tienen integridad referencial en sus datos, es decir que en la parte varios de la relación se pueden añadir un código, aunque no existan en la parte uno.

En un programa de bases de datos si no tiene esta opción en el momento que hubiera un código que no coincide no se podría crear la relación, ni aquí se podría crear la combinación.

Una vez que se eligen las opciones necesarias en cada caso se hace clic en aceptar y aparece la tabla de clientes y la tabla de pedidos, donde se pueden realizar las siguientes acciones.

En la última columna de la consulta que se crea, hace referencia a la consulta que se ha relacionado, si en cualquier registro se hace clic en la parte blanca, en la parte inferior de la consulta se ven los registros relacionados, en este caso los pedidos de cada cliente.

	Región	CódPostal	País	Teléfono	Fax	Pedidos
1	null	12209	Alemania	030-0074321	030-0076545	Table
2	null	05021	Guatemala	(5) 555-4729	(5) 555-3745	Table
3	null	05023	México	(5) 555-3932	null	Table
4	null	WA1 1DP	Reino Unido	(71) 555-7788	(71) 555-6750	Table
5	null	S-958 22	Suecia	0921-12 34 65	0921-12 34 67	Table
6	null	68306	Alemania	0621-08460	0621-08924	Table
7	null	67000	Francia	88.60.15.31	88.60.15.32	Table
8	null	28023	España	(91) 555 22 82	(91) 555 91 99	Table
9	null	13008	Francia	91.24.45.40	91.24.45.41	Table
10	BC	T2F 8M4	Canadá	(604) 555-4729	(604) 555-3745	Table
11	null	EC2 5NT	Reino Unido	(71) 555-1212	null	Table
12	null	1010	Argentina	(1) 135-5555	(1) 135-4892	Table
13	null	05022	México	(5) 555-3932	(5) 555-7293	Table
14	null	3012	Suiza	0452-076545	null	Table
15	SP	05432-043	Brasil	(11) 555-7647	null	Table
16	null	WX1 6LT	Reino Unido	(71) 555-2282	(71) 555-9199	Table
17	null	50066	Alemania	0241-039123	0241-059428	Table
18	null	44000	Francia	40.67.88.88	40.67.89.89	Table
19	null	WX3 6FW	Reino Unido	(71) 555-0297	(71) 555-3373	Table
20	null	8010	Austria	7675-3425	7675-3426	Table
21						

IdPedido	IdCliente	IdEmpleado	FechaPedido	FechaEntrega	FechaEnvío	FormaEnvío	Cargo	Destinatario	DirecciónDestinatario	CiudadDestinatari
10643	ALFKI	6	23/08/2025	20/09/2025	31/08/2025	2	29,46	Alfreds Futterkiste	Obere Str. 57	Berlín
10692	ALFKI	4	01/10/2025	29/10/2025	11/10/2025	2	61,02	Alfreds Futterkiste	Obere Str. 57	Berlín
10702	ALFKI	4	11/10/2025	22/11/2025	19/10/2025	1	23,94	Alfreds Futterkiste	Obere Str. 57	Berlín
10835	ALFKI	1	13/01/2026	10/02/2026	19/01/2026	3	69,53	Alfreds Futterkiste	Obere Str. 57	Berlín
10952	ALFKI	1	14/03/2026	25/04/2026	22/03/2026	1	40,42	Alfreds Futterkiste	Obere Str. 57	Berlín
11011	ALFKI	3	07/04/2026	05/05/2026	11/04/2026	1	1,21	Alfreds Futterkiste	Obere Str. 57	Berlín

Figura 3.10. Consulta combinada con los registros relacionados en la parte inferior

Pero si se hace clic donde pone Table, lo que hace Power Query es cambiar el origen de datos y en esta consulta solo se mostraría los pedidos de ese cliente, por lo que después habría que deshacer este paso si se quiere seguir con la consulta de las dos tablas.

Cuando se combinan las dos consultas, en la parte superior aparece un botón con dos flechas, al hacer clic en ese botón aparecen dos opciones *Agregar* o *Expandir*.

Agregar sirve para añadir en la tabla que es la parte uno de la relación operaciones que se hacen en la parte varios, en este caso dentro de clientes se puede añadir la suma del cargo que está en pedidos o calcular cuantos pedidos ha realizado cada cliente.

Según el tipo de campo se puede realizar distintas operaciones de resumen, se puede calcular sumas, recuentos, promedios, máximos, mínimos y medianas.

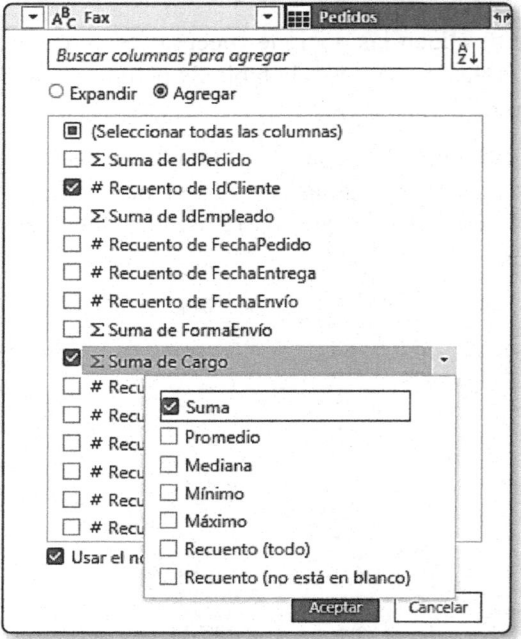

Figura 3.11. Cálculos en la parte varios

Cuando se crea cualquier columna calculada en Power Query hay que asegurarse que el tipo de columna es el correcto, ya que sino al utilizarlo en Power Bi dará problemas.

Deshago los últimos pasos que he dado, para ver la otra opción que existe es *Expandir*, en esta opción se pueden añadir los campos de la parte varios de la relación a la parte uno, en este caso se pueden añadir las columnas de pedidos a la consulta de clientes, también se puede elegir si se quiere usar el nombre de la columna original como prefijo.

El resultado es la unión de las dos consultas, como si estuviera mal hecha la consulta puesto que se repiten los datos.

En este caso la consulta pasará de tener noventa y una filas a tener ochocientas treinta y dos filas, que son las filas que tiene la tabla de pedidos. Ahora dentro de cada cliente se repiten los datos de cada cliente, pero también podemos ver los datos de cada uno de los pedidos en la misma tabla.

Las consultas solo se pueden combinar de dos en dos por lo que si se quisiera añadir detalles de pedidos hay que empezar otra vez el proceso.

Anexar consultas

Desde Power Query también se pueden importar los datos directamente, en la ficha de *Inicio* se puede hacer clic en *Nuevo origen* y aparecen las mismas opciones que hay en Power Bi.

Una opción que es muy interesante es carpeta, con esta opción se pueden importar todos los archivos que haya en una carpeta, esto resulta especialmente interesante cuando los datos están separados por distintos espacios temporales años, trimestres, etc. o en distintos espacios territoriales como países, provincias etc.

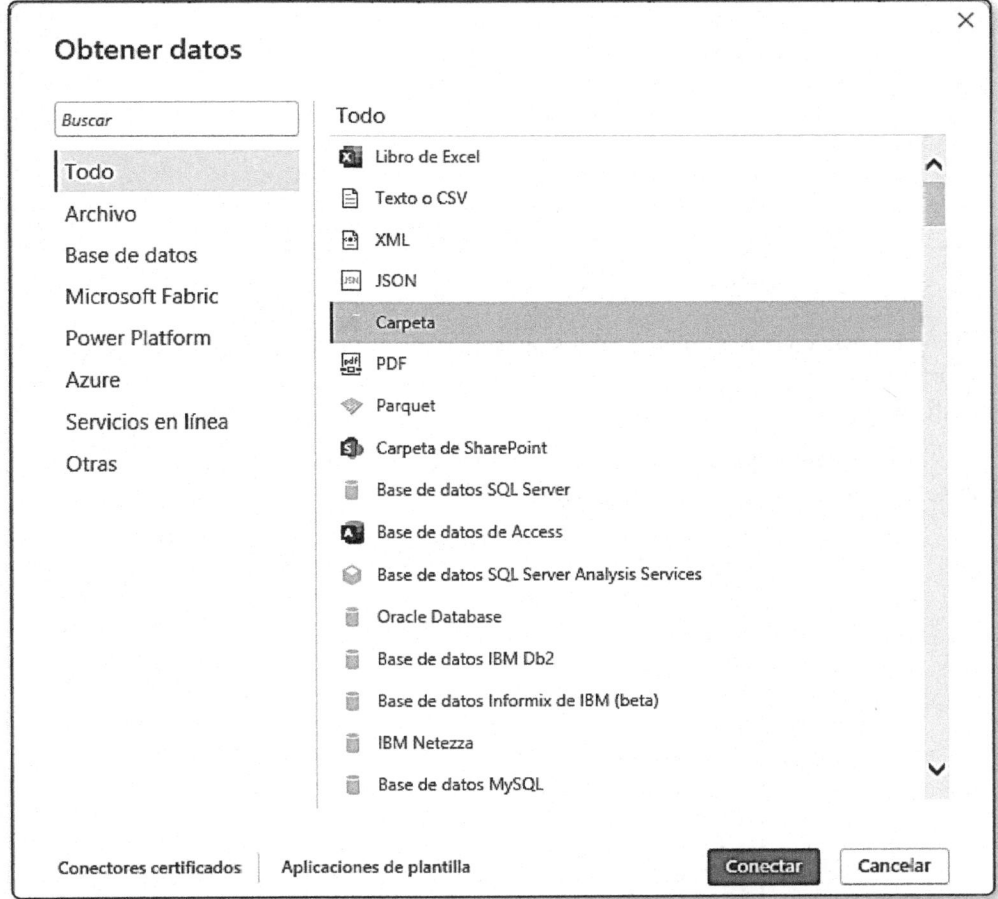

Figura 3.12. Anexar desde carpeta

Lo primero que hay que hacer es elegir la ruta de la carpeta haciendo clic en *Examinar*, después se hace clic en el botón *Aceptar*.

A continuación, se muestra una ventana con los archivos de esa carpeta, si solo están los archivos a consolidar se puede hacer clic en el botón *Confirmar y transformar datos,* pero si existen otros archivos se debe hacer clic en el botón *Transformar datos* para filtrar los archivos que se desean combinar.

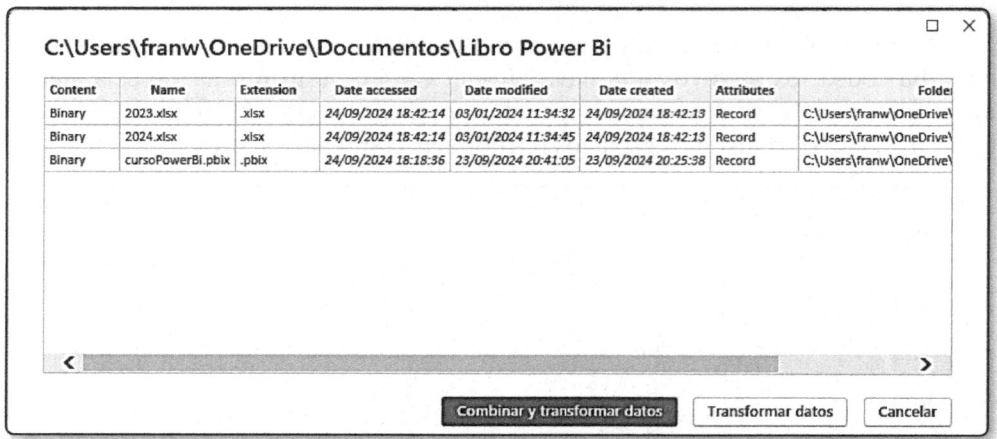

Figura 3.13. Listado de archivos de la carpeta seleccionada

En este caso hay más archivos aparte de los archivos de Excel que se desean importar por lo que en la pantalla anterior se puede ver que hay que pulsar en transformar datos.

Al hacerlo aparece la siguiente pantalla donde hay que filtrar los archivos que se desean incluir en esta anexación.

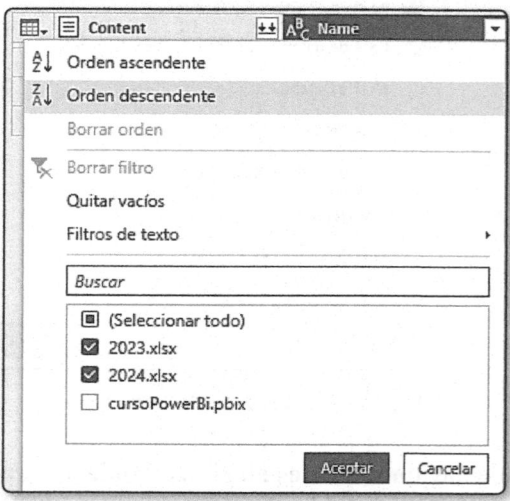

Figura 3.14. Filtrado de archivos

Ya solo queda hacer clic en el botón que tiene dos flechas dibujadas y Power Query une todos los archivos seleccionados en una única consulta.

Estos archivos deben de tener una estructura muy parecida, mejor si es idéntica, solo cambian los registros que hay en cada consulta.

Si Power Query pregunta por la consulta modelo se puede elegir cualquiera.

De esta forma se pueden unir muchos archivos de una manera automática y construir un informe con los datos que estaban dispersos en varios archivos.

Además, Power Query crea el campo Source.Name, en el cual indica de qué archivo proviene cada registro.

Esta opción es muy útil cuando la información está muy dispersa y no tener que importar los archivos de datos uno por uno.

Si estos datos estuvieran en consultas dentro de Power Query, se puede elegir la opción de anexar consultas que hace lo mismo.

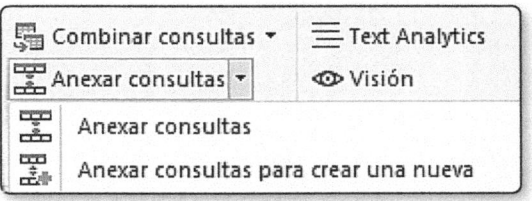

Figura 3.15. Opciones para anexar consultas

Se pueden anexar todas las consultas que se necesiten a la vez, lo que puede resultar más pesado al hacerlo de esta manera es que previamente hay que importar las consultas.

3.4 CAMBIAR ORIGEN DE DATOS

Con la opción *Nuevo origen* se pueden importar datos desde muchos orígenes distintos, incluso se pueden tener orígenes de DirectQuery y otros datos importados, algo que antes no se podía.

En orígenes recientes aparecen los últimos orígenes de datos que se han utilizado.

Hay veces que se cambia el origen de datos de sitio o se cambia el nombre, no hay ningún problema, en *Configuración del origen de datos* aparecen todos los sitios de donde se obtienen los datos y en cualquier momento se puede cambiar el origen para que Power Query use los datos de otra carpeta o de otro archivo distinto.

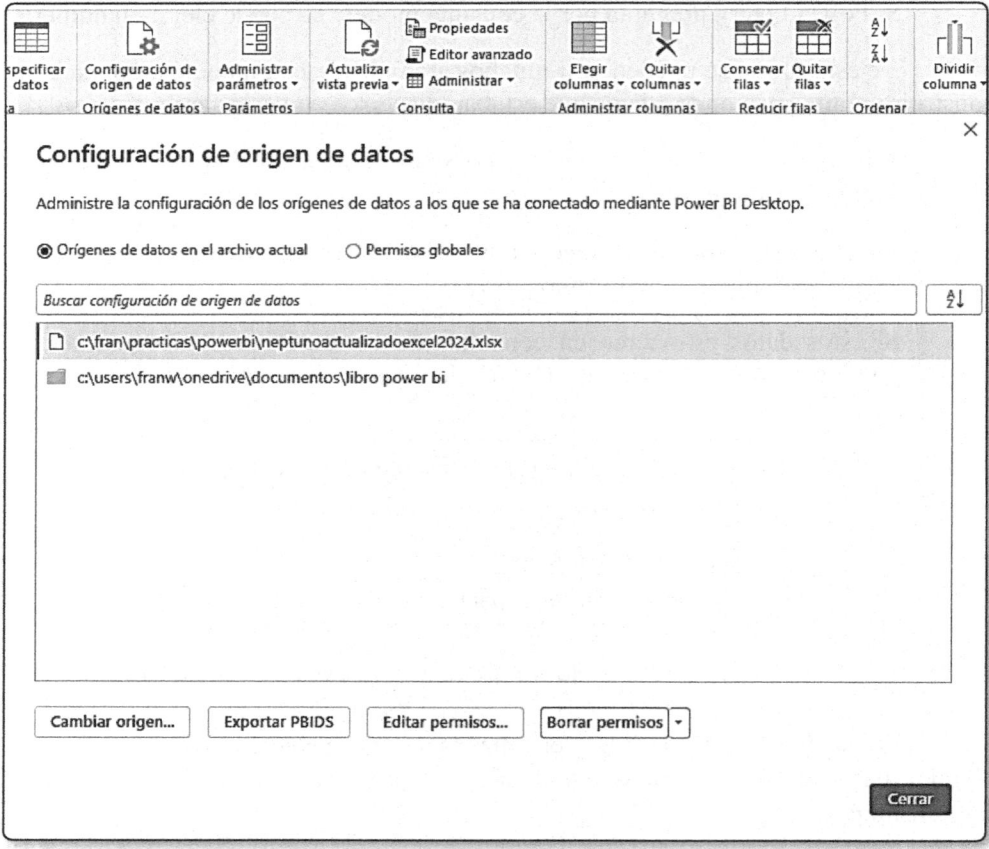

Figura 3.16. Cambiar origen de datos

Esta opción es muy importante, imagínate el siguiente caso.

En nuestra empresa hay que hacer un informe nuevo no acumulativo todos los meses, ¿cuál es la mejor manera de hacerlo y la más rápida?, solo hay que guardar el informe de Power Bi con otro nombre y cambiar el origen de datos, por eso se guardan todos los pasos aplicados, para poder aplicárselos a cualquier origen de datos que se seleccione.

Si el informe fuera acumulativo solo habría que hacer clic en el botón _Actualizar_.

3.5 CREAR Y MODIFICAR COLUMNAS

Unir y separar

Los datos nunca están como se necesitan por lo que vamos a ver cómo podemos unir y separar columnas.

Para unir columnas la manera más fácil es ir seleccionando las columnas en el orden que se desea que aparezcan.

Por ejemplo, en la consulta de clientes, se puede seleccionar la columna Dirección a continuación se selecciona la columna código postal y a continuación la columna ciudad.

En la ficha _Transformar_, está la opción _Combinar columnas_, también existe esta opción en la ficha _Agregar columnas_, en la ficha de _Agregar columnas_ Power Query crea una columna nueva, mientras que, en _Transformar_ une estas tres columnas en una única columna.

También, se puede especificar el separador entre cada una de las columnas, así como el nombre de la columna.

Combinar columnas

×

Elija cómo combinar las columnas seleccionadas.

Separador

| Punto y coma | ▾ |

Nuevo nombre de columna (opcional)

| Dirección completa |

| Aceptar | Cancelar |

Figura 3.17. Se puede elegir el separador y el nombre de la columna

Esto es muy útil, pero también existe la opción al contrario.

En la ficha *Transformar* está la opción *Dividir columna*, en este caso se va a separar el contenido de una columna en varias, está la opción por delimitador, que sería para deshacer el paso anterior, ya que hay un carácter por el cual está delimitado en este caso es el punto y coma, que ya los detecta automáticamente Power Query, se puede indicar cuando lo tiene que hacer, solamente una vez en el carácter que está situado más a la izquierda, solamente una vez en el carácter que está situado más a la derecha o cada vez que aparece este delimitador.

Hay otras opciones, *Por Número de caracteres*, donde se le indica cada cuantos caracteres se quiere la división, se le puede decir cada tres caracteres, solo una vez al principio o solo una vez al final de la columna.

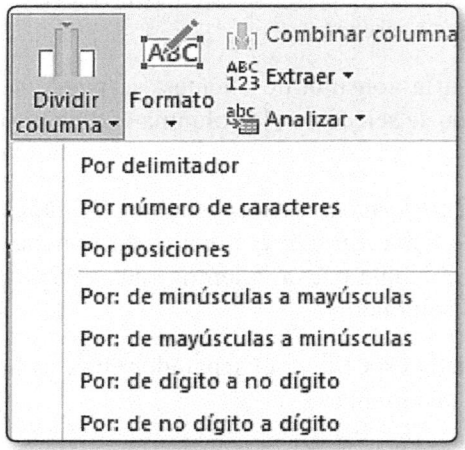

Figura 3.18. Opciones de dividir columna

O también se le puede indicar *Por posiciones*, donde le hay que ir escribiendo en qué caracteres se desea hacer la división.

Esto es muy útil cuando se necesitan extraer los caracteres que hay en distintos números o en distintos códigos, por ejemplo, si se desean separar los números que hay en el IBAN de número de cuenta de un banco.

Pero también hay otras opciones, Power Query puede separar de *Minúsculas a mayúsculas* o sea cuando hay un cambio de minúsculas a mayúsculas o al revés de *Mayúsculas a minúsculas*, también existen las opciones *De dígito a no dígito* cuando hay un número y el siguiente carácter no es número o De no dígito a dígito, esta opción es muy útil para separar los nombres de las calles del número.

Estas últimas opciones no existen en Excel y hay veces que se echa de menos.

Formato

Las opciones de *Formato* también están tanto en *Agregar columna* como en *Modificar* por lo que se pueden modificar los datos que hay en las consultas o crear nuevas columnas.

En la opción de *Formato* con la opción *Minúsculas* se cambia el texto a minúsculas, *Mayúsculas* cambia el texto a mayúsculas, *Poner en Mayúsculas cada palabra* es muy útil para nombres propios ya que cambia la primera letra de cada palabra en mayúsculas y el resto en minúsculas.

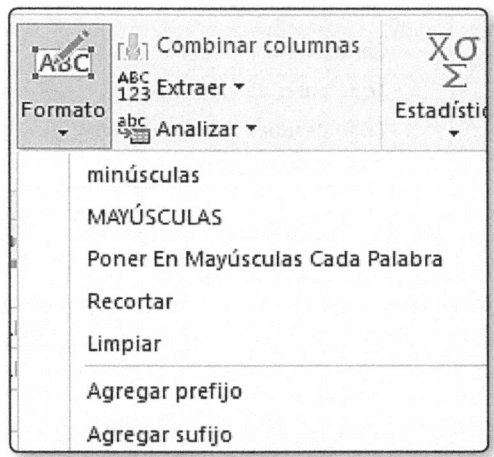

Figura 3.19. Opciones de formato de texto en Power Query

También, está la opción de *Recortar*, esta opción quita los espacios que hay al principio y al final de una columna y si en medio hay más de un espacio, los quita y deja solo uno, como la función espacios de Excel.

A continuación, está la opción de *Limpiar* que elimina los caracteres no imprimibles, cuando se importan datos hay veces que se importan más caracteres de los que se ven, con esta orden se pueden eliminar esos caracteres que no se ven y que pueden hacer que la consulta pese mucho más y por lo tanto sea más lenta.

También, de una manera muy sencilla se puede *Agregar prefijo* o *Agregar sufijo*, es decir un texto por delante o por detrás de los datos de la columna seleccionada.

Para eliminar las columnas creadas, lo más rápido es hacer clic con el botón derecho en el nombre de la columna y elegir la opción *Quitar*.

Extraer

Otra opción que existe, que es muy fácil de utilizar es la de *Extraer*, está tanto en *Transformar* como en *Agregar columna*.

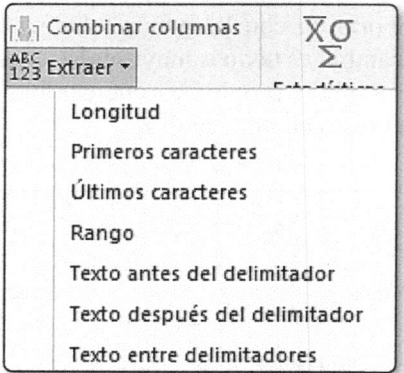

Figura 3.20. Opciones de extraer texto

Longitud sustituye el contenido de la columna por el número de caracteres, si después de hacer clic en esta opción no es lo que quieres, deshaz la acción que has ejecutado.

También, se pueden extraer los *Primeros caracteres* o *Últimos caracteres* de una columna, donde hay que especificar el número de caracteres.

Con la opción *Rango* se pueden extraer los caracteres que hay entre un carácter y otro.

Texto antes del delimitador extrae el texto que haya antes del delimitador por ejemplo antes de una coma.

Exactamente igual se puede utilizar la opción *Texto después del delimitador* que extraerá el texto que haya después de un delimitador que puede ser una coma o cualquier otro.

O también se puede elegir *Texto entre delimitadores*, que extraerá el texto entre dos comas o entre los dos delimitadores que elijamos.

Estas opciones también se pueden utilizar en Excel, pero en este caso son funciones o fórmulas que hay que aprender, aquí en Power Query se puede ver que son muy fáciles estas opciones, ya que simplemente hay que hacer clic en las fichas y opciones que aparecen.

Operaciones

Existen bastantes opciones para hacer cálculos, hay que situarse en la columna que queremos operar, en este caso hago clic en la consulta Detalles de pedidos y en la ficha de *Agregar columna*, hago clic en Estándar y elijo la operación que deseo hacer por ejemplo voy a hacer clic en multiplicar, aparece una pantalla donde se puede elegir multiplicar por un valor o por otra columna, al hacer clic en aceptar ya se creará la nueva columna.

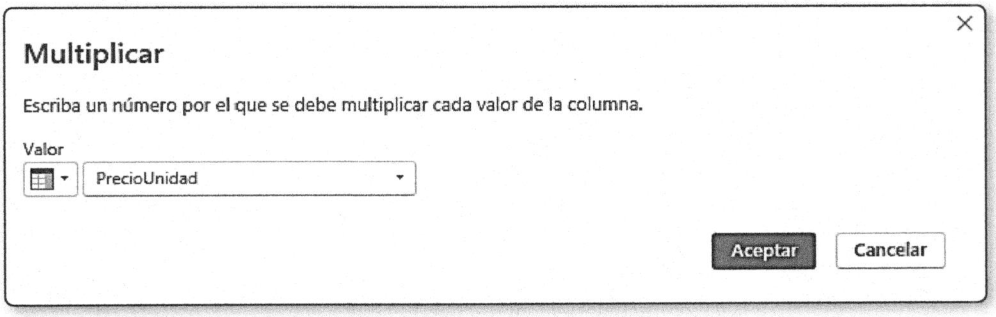

Figura 3.21. Añadimos una columna que es resultado de multiplicar otras dos

Si se seleccionan dos columnas al hacer clic en multiplicar directamente multiplica las dos columnas en una nueva sin que aparezca ninguna otra pantalla.

Una vez creada la columna se puede hacer un doble clic en el título de la columna para cambiar el nombre, también hay que asegurarse que el tipo de columna creado es el esperado.

Estas opciones también existen en la ficha *Transformar,* pero entonces Power Query modifica los datos de esa columna, no se crea una columna nueva.

Si se selecciona una columna de tipo fecha, por ejemplo, en la tabla de pedidos, también se puede ir a la ficha *Agregar columna* y hacer clic en el botón *Fecha,* donde aparecen muchas opciones.

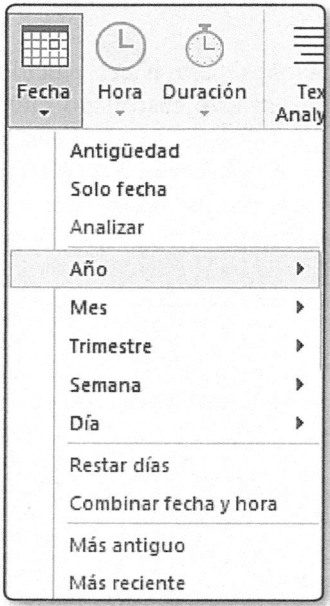

Figura 3.22. Opciones para operar con fechas

En este botón se puede elegir *Antigüedad* y Power Query calculara la diferencia en días entre la fecha actual y la fecha que hay en cada fila, *Solo fecha* o hacer operaciones con las distintas partes de la fecha.

En *Año* están las opciones para que muestre solo el año, el inicio del año o el fin del año.

En *Mes* se puede calcular inicio del mes, fin del mes, días del mes o incluso que Power Query ponga el nombre del mes en texto.

Igualmente, con la opción *Trimestre*, donde se puede obtener el trimestre del año, cuando empieza o cuando acaba el trimestre.

Hay que destacar que Excel no trabaja con trimestres, sin embargo, en Power Query y Power Bi los trimestres son una parte más de la jerarquía de fechas.

Con la opción *Semana* se puede calcular la semana del año, la semana del mes, cuando se inicia la semana o cuando acaba la semana.

En *Día* se puede calcular solo día, el día de la semana, día del año comienzo del día o final del día.

También, se pueden seleccionar dos fechas y en Fecha se puede elegir la opción *Restar días* entre esas dos fechas, de esa manera devuelve cuantos días ha pasado entre esas dos fechas, también se puede elegir la fecha *Más reciente* o la fecha *Más antigua.*

Hay muchas opciones para hacer operaciones directamente seleccionando las columnas y con las opciones que tenemos en los menús, sin necesidad de tener que aprendernos funciones ni fórmulas como en Excel.

Estas opciones están en la ficha *Agregar columnas,* pero la mayoría también está en *Transformar* para modificar la columna seleccionada.

Columna a partir de ejemplos

Las siguientes opciones solo se encuentran en la ficha *Agregar columnas*, la primera que aparece es *Columna a partir de los ejemplos.*

En cualquier consulta al hacer clic en esta opción se muestra en la pantalla las distintas columnas de la consulta y una columna en blanco donde se puede escribir el texto que tiene que aparecer, Power Query detecta las columnas utilizadas y traslado ese modelo al resto de las filas.

	IdCliente	NombreCompañía	NombreContacto	CargoContacto	Dirección	Columna1
1	ALFKI	Alfreds Futterkiste	Maria Anders	Representante de ventas	Obere Str. 57	
2	ANATR	Ana Trujillo Emparedados y helados	Ana Trujillo	Propietario	Avda. de la Constitución 2222	
3	ANTON	Antonio Moreno Taquería	Antonio Moreno	Propietario	Mataderos 2312	
4	AROUT	Around the Horn	Thomas Hardy	Representante de ventas	120 Hanover Sq.	AROUT Thomas Hardy
5	BERGS	Berglunds snabbköp	Christina Berglund	Administrador de pedidos	Berguvsvägen 8	
6	BLAUS	Blauer See Delikatessen	Hanna Moos	Representante de ventas	Forsterstr. 57	
7	BLONP	Blondel père et fils	Frédérique Citeaux	Gerente de marketing	24, place Kléber	
8	BOLID	Bólido Comidas preparadas	Martín Sommer	Propietario	C/ Araquil, 67	
9	BONAP	Bon app'	Laurence Lebihan	Propietario	12, rue des Bouchers	
10	BOTTM	Bottom-Dollar Markets	Elizabeth Lincoln	Gerente de contabilidad	23 Tsawassen Blvd.	
11	BSBEV	B's Beverages	Victoria Ashworth	Representante de ventas	Fauntleroy Circus	

Figura 3.23. Texto en columnas

Es importante recordar que Power Query diferencia entre mayúsculas y minúsculas.

Una vez escrito el texto se puede pulsar la combinación de teclas Control+Enter para que rellene toda la columna y ver si lo reconoce bien.

En la parte superior de la pantalla aparece la fórmula que utiliza Power Query en lenguaje M, que es el lenguaje que está por detrás de Power Query.

Si se rellenan todas las filas de una manera correcta se puede hacer clic en Aceptar.

Esta es otra forma de unir varias columnas, aunque en la mayoría de los casos suele ser más rápido seleccionar las columnas y elegir la opción *Combinar columnas* explicada anteriormente.

Columna personalizada

En Excel se puede hacer una fórmula escribiendo las celdas y entre medias se pueden escribir los signos matemáticos con las operaciones que se quieren hacer.

En la ficha *Agregar columna* está la opción *Columna personalizada* donde se puede escribir el nombre de la columna y debajo se puede escribir la fórmula con las columnas de la consulta.

Las columnas también se pueden elegir de la lista de la derecha, entre medias de las columnas se debe escribir el signo matemático con la operación que se desee hacer en cada caso.

En este caso podría calcular el Total que sería PrecioUnidad * cantidad, pero esto también lo podría hacer seleccionando las dos columnas y eligiendo la opción de multiplicar explicada anteriormente.

Pero si ya se ha calculado el Total y quiero saber el Total con descuento si que lo tendría que hacer en esta opción de columna personalizada ya que no hay otra opción para realizar este cálculo.

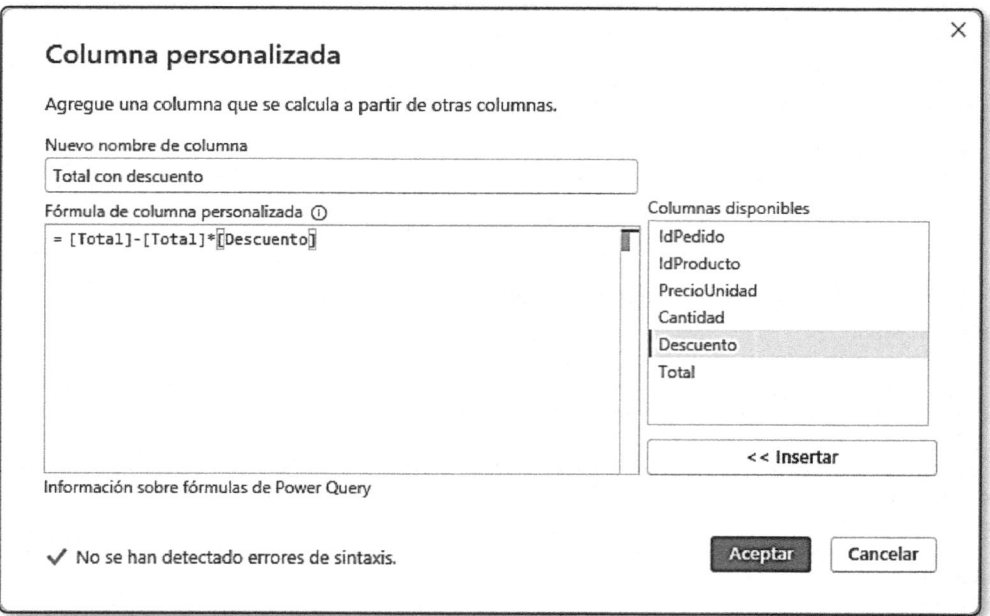

Figura 3.24. Cálculo personalizado en Power Query

Siempre que se crea un campo calculado, Power Query no sabe si es un texto o un número por lo que hay que tener mucho cuidado e indicarle el tipo de dato que es cada columna.

Con esta opción se pueden hacer cálculos más complejos no solo una operación entre dos campos.

Pero también se pueden hacer campos calculados para campos de texto, para ello se puede usar el operador & (Ampersand) que se utiliza para concatenar textos, si se quiere añadir un texto fijo debe de ir entre comillas.

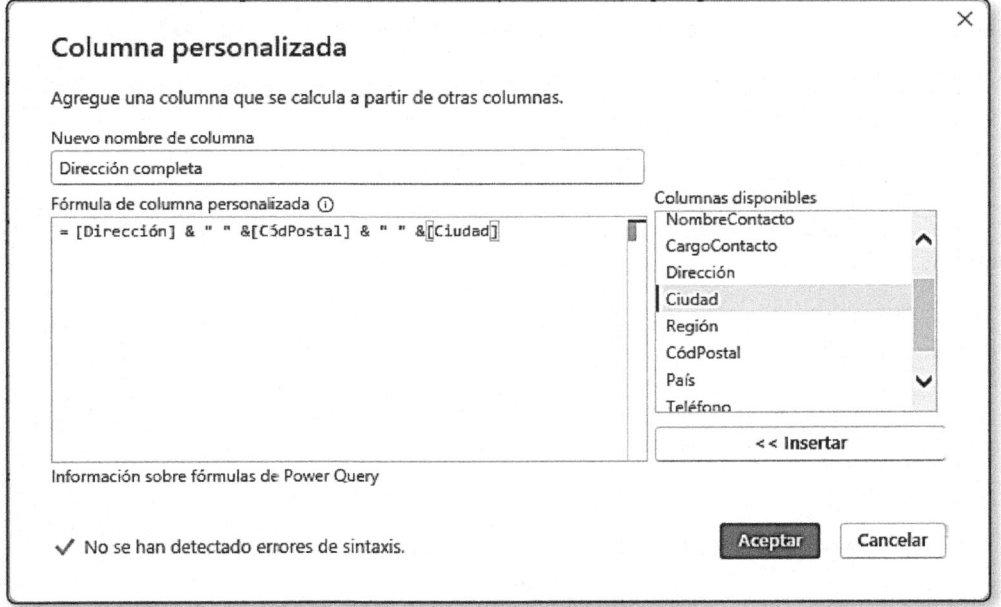

Figura 3.25. Columna calculada de texto

En este caso le indicamos que este campo es de texto.

En Power Query no se usan funciones ya que habría que aprender lenguaje M que se corresponde con un uso muy avanzado de Power Query.

Columna condicional

Aunque en Power Query no voy a usar funciones hay una opción que hace las veces de la función condicional Si de Excel, en la ficha *Agregar columna* está la opción *Columna condicional*.

Me voy a situar en la consulta Detalles de pedidos, donde antes he creado la columna Total y Total con descuento.

Al hacer clic en esta opción aparece una pantalla donde hay que indicar el nombre que va a tener la columna que se está creando.

Un poco más abajo en esta misma pantalla hay que elegir en qué columna se quiere poner la condición, a continuación, la condición que se desea evaluar y con el valor que se desea comparar, en caso de que se cumpla la condición en esta columna pondrá el valor de salida.

Además de escribir valores fijos se pueden comparar unas columnas con otras e incluso el resultado de esa comparación puede devolver una columna.

Se pueden añadir varias cláusulas y de esa manera poder devolver varios valores distintos según las condiciones que se cumplan.

En este caso voy a llamar a esta columna Portes.

A continuación, añado las condiciones, si el Total es mayor que 1000 entonces el valor de esta columna será 0.

Se pueden poner más condiciones por lo que añado otra condición en la que le indico si el Total es mayor de 500 entonces la salida será 5.

Se podrían añadir más condiciones, pero en este caso si no cumple las condiciones ya escritas el valor de este campo será 12.

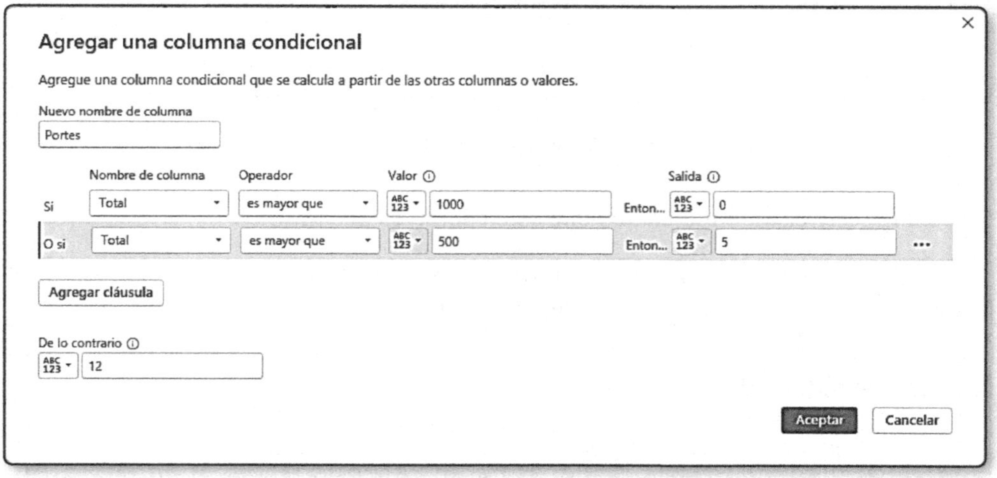

Figura 3.26. Creación de columna condicional

Si se desea delimitar los valores de una columna es importante en el orden que se ponen las condiciones.

Hay una última opción que sirve para asignar el valor escrito si no se cumple ninguna condición de las escritas previamente.

Una vez más hay que tener en cuenta que al ser una columna calculada hay que indicar a Power Query el tipo de columna que es.

Columna Índice

En todos los programas de bases de datos es muy normal el poder añadir una columna que sea índice, es decir, una columna que no se repita en ningún registro y que no tenga ningún valor en blanco, esta opción se utiliza mucho para crear códigos únicos para hacer relaciones.

En la ficha *Agregar columna* está la opción *Columna Índice* donde al hacer clic en el desplegable hay distintas opciones.

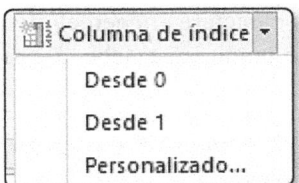

Figura 3.27. Opciones de creación de columna índice

Desde cero crea un número correlativo para cada fila empezando desde el 0.

Desde uno crea un número correlativo para cada fila empezando desde el 1, o en la opción *Personalizado*, donde se puede indicar en qué número tiene que empezar y de cuánto en cuanto se tiene que incrementar, la opción más común es empezar en uno y qué se vaya incrementando de uno en uno.

3.6 OPCIONES DE VISTA

Voy a hacer clic en la pestaña *Vista* y ver las opciones que tiene.

Configuración de la consulta muestra u oculta la ventana *Configuración de la consulta* situada a la derecha de la pantalla, es muy común ocultarla para ganar espacio de visualización de la consulta, pero después muchas veces no se sabe cómo volver a mostrar esta ventana.

Barra de fórmulas sirve para visualizar la barra de fórmulas, realmente como las fórmulas están en lenguaje M y no vamos a trabajar con ellas lo mejor es ahorrarnos ver las fórmulas, todo lo contrario que en Excel donde es imprescindible la barra de fórmulas para poder modificar los cálculos e incluso entender los cálculos que se hacen en cada momento.

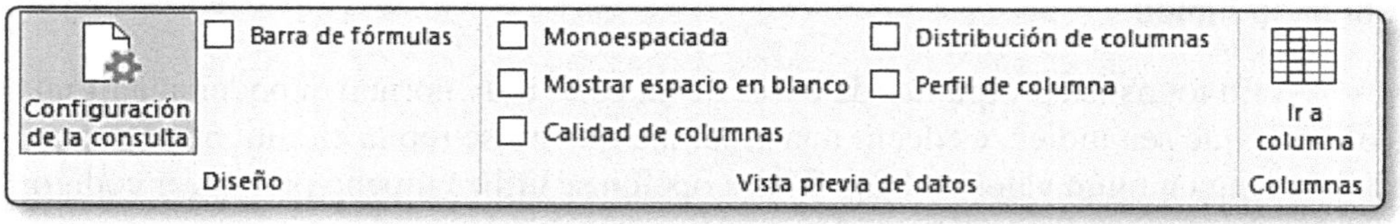

Figura 3.28. Opciones de la ficha Vista

Monoespaciada muestra el texto como si estuviera escrito con una máquina de escribir. A mí personalmente no me gusta, pero si a alguien le gusta la puede utilizar, en esta vista todos los caracteres tienen el mismo ancho, por lo que es muy útil para detectar errores en columnas que deben de tener un número de caracteres determinado.

Mostrar los espacios en blanco sirve para que interprete los tabuladores y Enters como tal y no solo como espacios.

Ahora vienen tres opciones que nos aporta mucha información sobre los datos de que se disponen para hacer el informe.

Muy importante la opción *Calidad de columnas*, al hacer clic en esta opción Power Query muestra en la parte superior de cada columna cuantos valores son válidos, cuántos hay que son errores y cuántos hay que están vacíos.

Se puede hacer clic en *Distribución de columnas* donde Power Query muestra cuántos registros son únicos y cuantos son distintos, esta opción sirve para comprobar que los datos de cada columna son los esperados o incluso para detectar errores en la introducción de datos.

Al hacer clic en *Perfil de columna* después se hace clic en la columna de la que se quiere ver la información y según el tipo de datos que se muestra más o menos operaciones de resumen, además muestra un gráfico con los valores más repetidos, al situarme encima veo cuantos registros hay con ese valor y qué porcentaje del total de registros representa, además puedo filtrar por ese valor o excluyendo ese valor.

Puedo ver cuantos son únicos, distintos, valor mínimo, máximo, etc. en un campo de fecha vería la primera y la última fecha, en este caso quizás la media no sea tan importante.

En un campo numérico también muestra la desviación estándar de los valores de esa columna.

En la parte superior de estas estadísticas hay tres puntos en los que al hacer clic puedo copiar los datos para pegarlos por ejemplo en Excel para hacer mis propias estadísticas con estos resultados.

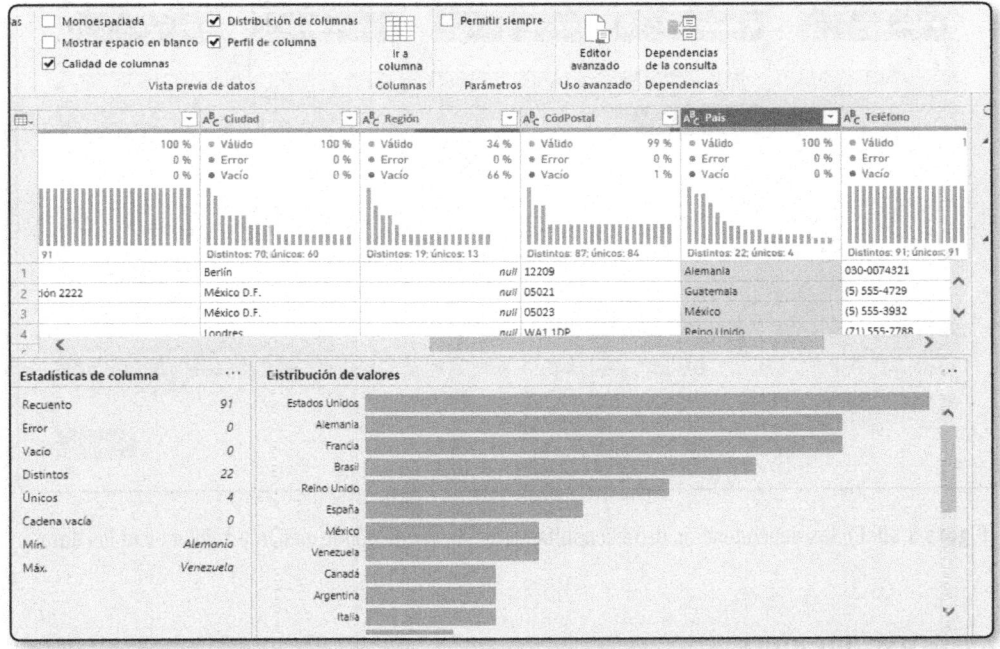

Figura 3.29. Consulta donde se muestra la calidad, distribución y perfil de las columnas

En esta misma ficha *Vista* está la opción *Dependencias de la consulta*, en esta ventana Power Query muestra el camino de los datos, es decir de donde se han importado los datos, qué consultas se han hecho, si se han combinado esas consultas con otras, etc. es decir se puede ver dónde están los datos y qué transformaciones se han realizado con esos datos.

En esta ventana se puede cambiar el Zoom con la rueda del ratón o en la parte inferior derecha de la pantalla y así ver el contenido más grande o pequeño según se necesite en cada caso.

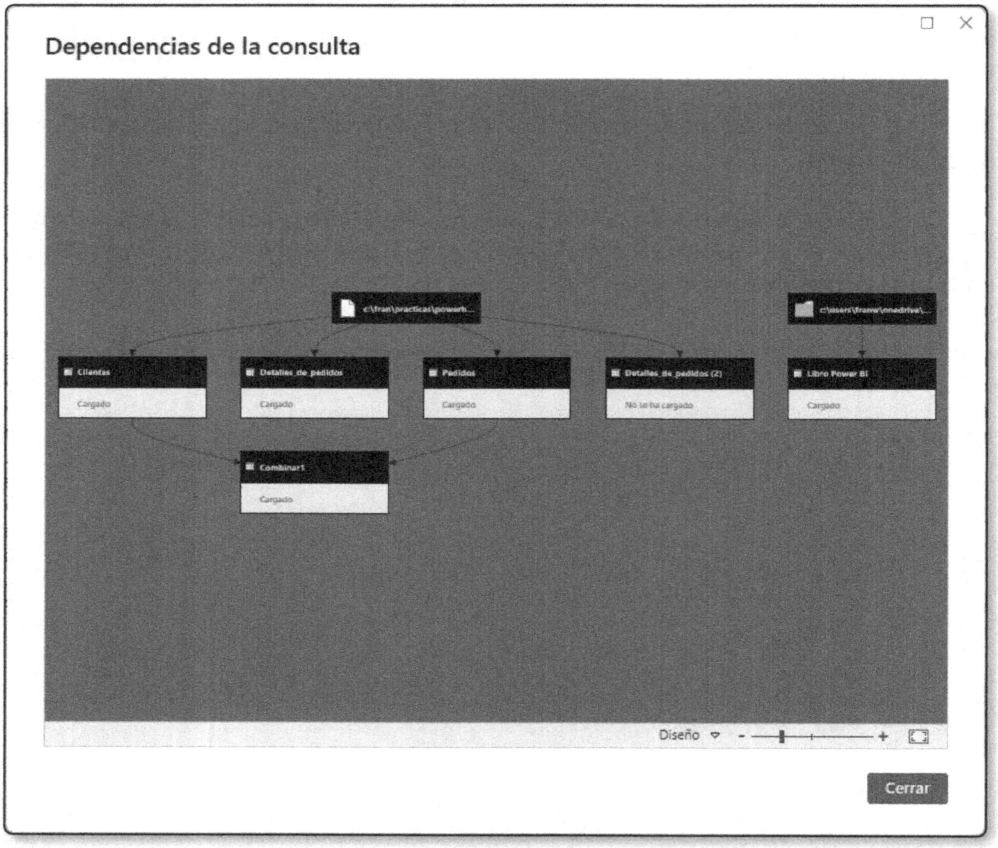

Figura 3.30. En las dependencias de la consulta se puede ver de dónde vienen y a dónde van los datos

3.7 OTRAS OPCIONES

En la ficha *Inicio* está la opción Actualizar *vista previa*, al hacer clic en esta opción se actualiza la copia que hay de los datos, ya que se trabaja con una importación de los datos.

Siguiendo en la ficha *Inicio* está la opción Propiedades, al hacer clic en esta opción Power Query muestra una ventana donde se puede cambiar el nombre de la consulta seleccionada, se puede añadir una descripción a la consulta y se puede habilitar o deshabilitar la carga de la consulta en Power Bi.

Muchas veces hay varias consultas que se utilizan para obtener una consulta resultado, esta consulta resultado si queremos que aparezca en Power Bi, pero no las consultas originales por lo que deshabilito su carga.

En esta ventana también se puede elegir si una consulta se debe de actualizar o no, ya que si son valores fijos no se desperdician recursos del equipo en algo que no nos va a resultar útil.

Estas opciones también están disponibles haciendo clic con el botón derecho del ratón sobre la consulta que se desee personalizar.

Otra opción de la ficha *Inicio* es *Editor avanzado*, al hacer clic en esta opción Power Query muestra una ventana con el código que es lo que realmente hay detrás de esta consulta, este código está en lenguaje M, el cual distingue mayúsculas y minúsculas, si se conoce un poco de SQL habrá cosas que se entiendan, pero no todo se va a entender ya que es un lenguaje específico de Power Query.

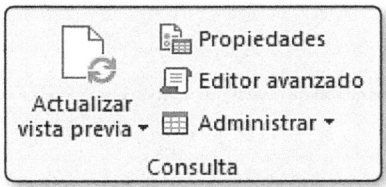

Figura 3.31. Opciones de la ficha Inicio

Para terminar con la ficha Inicio está la opción *Administrar* donde se puede *Eliminar*, *Duplicar* y *Referencia*.

Eliminar borra la consulta, *Duplicar* crea una consulta igual que la seleccionada con los mismos pasos aplicados, *Referencia* crea una consulta igual que la seleccionada, pero teniendo como origen la consulta seleccionada por lo que si hay cualquier cambio en la consulta original también se aplicará en la consulta recién creada.

Estas acciones también se pueden llevar a cabo haciendo clic con el botón derecho del ratón sobre la consulta que se desee actuar.

Agrupar

En casi todos los programas donde se trabaja con datos se pueden hacer subtotales, Power Query no va a ser una excepción.

Hago una copia de la tabla de pedidos, en la ficha *Inicio* o en la ficha *Transformar* está la opción *Agrupar por.*

Al hacer clic sobre esta opción me aparece una ventana donde puedo elegir entre básico y avanzado, la diferencia es la pantalla y las opciones que muestra, en Básico solo puedo agrupar y operar por una columna mientras que en avanzado puedo agrupar y calcular todas las columnas que quiera, voy a elegir la opción avanzada.

Quiero agrupar por PaísDestinatario que elijo en el primer desplegable que aparece, podría hacer clic en el botón *Agregar agrupación* para agrupar por ejemplo por ciudades dentro de cada país.

En la parte inferior ya aparece la columna Recuento que calcula el número de filas, le voy a cambiar el nombre por NFilas, hago clic en el botón Agregar agregación y creo la columna Total cargo donde realizo la operación Suma de la columna cargo. Debería quedar como te muestro en la siguiente imagen.

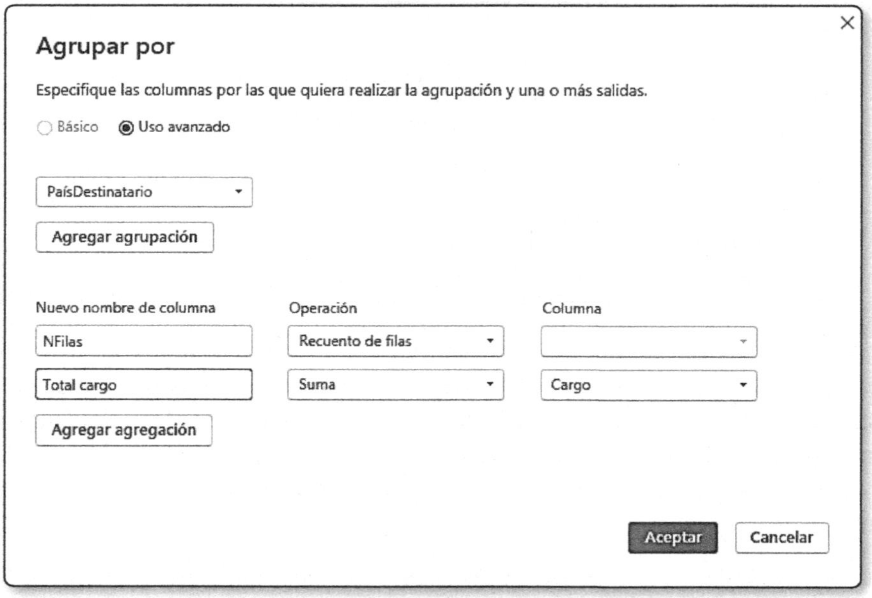

Figura 3.32. Creación de agrupaciones en la consulta

En este caso lo dejo así, pero podría añadir todas las agrupaciones y agregaciones que quisiera.

Al hacer clic en Aceptar ya veo los cálculos que quería agrupados por las columnas que he indicado.

Rellenar

Algunas veces, aunque un dato este en blanco quiero que tenga el mismo valor que el registro anterior, en ese caso puedo ir a la opción *Rellenar* que está en la ficha *Transformar* y le puedo indicar hacia arriba o hacia abajo.

Para ver cómo funciona ve a la columna Región de la tabla cliente, donde se puede observar que hay muchos valores en blanco, al hacer clic en Rellenar, abajo se puede observar cómo las filas en blanco se han rellenado con los valores que había en la fila superior, en este caso hay que decirle deshacer el paso aplicado porque no sería un dato real.

Dinamización de columnas

Al dinamizar las columnas voy a transformar una tabla con los datos en bruto en un resumen con filas y columnas.

Hago una copia de la tabla de pedidos y me quedo solo con las columnas FormaEnvío, Cargo y PaísDestinatario.

Selecciono la columna Forma de envío ya que es de la columna que quiero que Power Query extraiga los valores para las nuevas columnas que va a crear y en la ficha Transformar hago clic en la opción Columna dinámica donde me pregunta cuál es la columna de donde tiene que coger los datos para operar, le indico Cargo y hago clic en Aceptar.

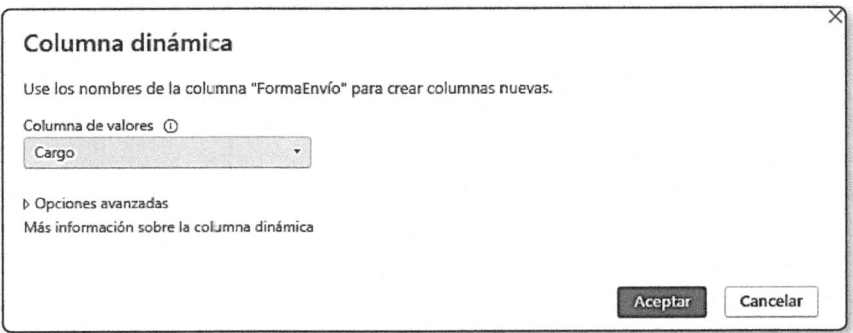

Figura 3.33. Diseño de columna dinámica

El resultado es que en la primera columna tengo los países, a continuación, tengo una columna por cada valor de la columna Forma de envío y en la intersección ha calculado la suma del cargo.

Si quiero dejarlo como estaba puedo deshacer esta acción, pero cuando tengo los datos de esta forma puedo seleccionar distintas columnas, hacer clic en el botón Anular dinamización de columnas y elegir entre las opciones que aparecen.

Parámetros

Los parámetros son variables con las que el usuario puede interactuar para obtener distintos resultados, con esta opción se puede decir que se empezaría un uso más avanzado de Power Query.

Voy a hacer un ejemplo en el que voy a cambiar el origen de datos de una consulta según el valor que se elija en un parámetro.

Lo primero que voy a hacer es ir a la ficha de *Inicio, Administrar parámetros, Parámetro nuevo.* Le voy a poner de nombre Agno ya que la ñ no es recomendable usarla, puedo poner una explicación en la opción Descripción, le indico que es requerido, es decir obligatorio, tipo de datos del parámetro de texto, valores sugeridos lista de valores ya que solo quiero que aparezcan los nombres de los archivos que tengo, valor predeterminado y valor actual elijo uno de los archivos. Quedando de la siguiente forma.

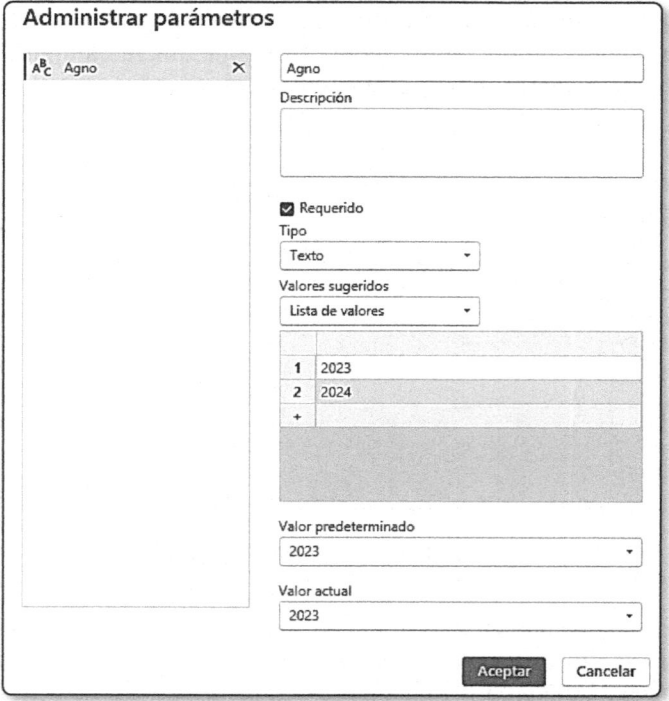

Figura 3.34. Creación del parámetro

Al hacer clic en Aceptar veré en la lista de consultas que hay un parámetro donde al pulsar puedo cambiar su valor.

Hago un duplicado de la consulta 2023 y en la ficha de Inicio hago clic en editor avanzado, no hace falta entender todo lo que pone aquí, pero en la primera línea se puede ver que es el camino de origen de los datos.

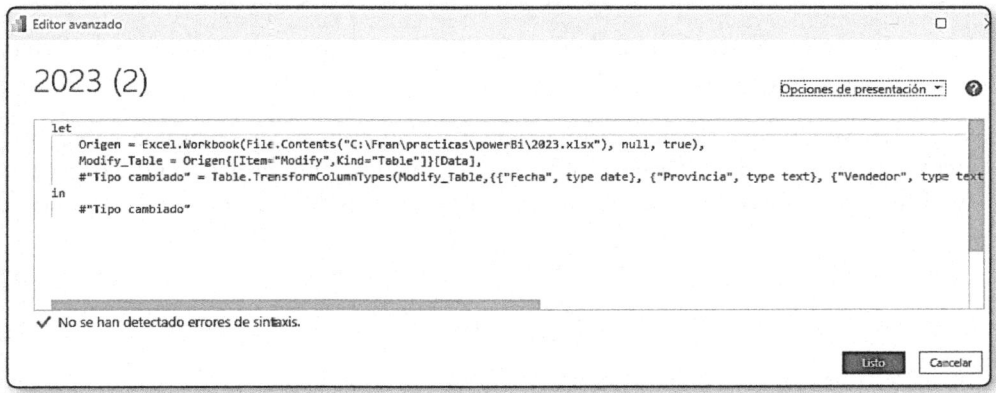

Figura 3.35. Editor avanzado de la consulta duplicada de 2023

Voy a cambiar esa línea para que el camino y la extensión sigan siendo un literal pero el nombre del archivo lo elija el usuario con el parámetro.

Antes del nombre del archivo añado unas comillas y un & para concatenar el parámetro Agno, a continuación, otro & y otras comillas para la extensión, el nombre del archivo debo borrarlo. Quedando el editor avanzado como se muestra en la siguiente imagen.

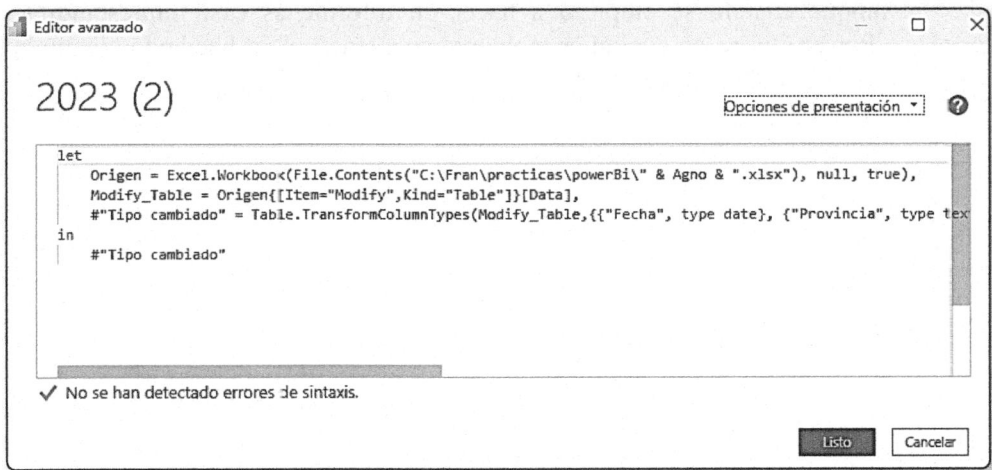

Ahora cuando cambio el valor del parámetro veré que esta consulta muestra los valores del 2023 o del 2024 según elija.

Cerrar Power Query

Estas son las acciones más importantes de Power Query.

Una vez que se termina de trabajar en Power Query hay que ir a la ficha *Inicio* y hacer clic en *Cerrar y aplicar.*

De esta forma se cierra Power Query y se aplican los cambios sobre las consultas que están en Power BI, también está la opción *Aplicar* para que se guarden estos cambios en Power Bi sin cerrar Power Query o cerrar Power Query sin aplicar esos cambios.

Figura 3.36. Salir de Power Query

Aunque cuando se empieza a hacer un informe es casi imprescindible acceder a Power Query, en cualquier momento se puede volver haciendo clic en el botón Transformar datos de Power Bi.

4

DISEÑAR INFORMES EN POWER BI

4.1 INTRODUCCIÓN

Una vez que los datos están preparados hay que seguir con el proceso de creación del informe.

Esta es la parte que más suele gustar a mis alumnos, ya que es lo que esperan de Power Bi, pero es imprescindible preparar los datos con los pasos que explicados anteriormente.

En este capítulo voy a explicar los distintos objetos visuales que se pueden usar en los informes.

Empezaré por las tablas para mostrar datos, seguiré con matrices y además explicaré cómo se pueden filtrar esos datos.

A continuación, explicaré gráficos y mapas.

Seguiré explicando cómo interactúan los distintos tipos de objetos y cómo usar los segmentadores.

Además, si se necesitan otras visualizaciones explicaré cómo se pueden añadir otros objetos visuales.

Esto y otras muchas cosas más es lo que veremos en este capítulo.

4.2 TABLAS

Una vez que están los datos preparados en Power Query el siguiente paso en el flujo de trabajo de crear informes en Power BI es diseñar el informe para lo cual se deben ir añadiendo los distintos objetos visuales que están situados a la derecha de la pantalla.

El primer objeto visual que voy a usar va a ser el de tabla, donde se pueden añadir varios campos en las distintas columnas de la tabla, en cada columna se puede elegir la operación de resumen a utilizar, así como otras muchas opciones.

Para utilizar este objeto visual se hace clic en el objeto visual tabla.

Figura 4.1. Icono del objeto tabla

Al insertar la tabla, en las propiedades se pueden ir añadiendo los campos que se desean mostrar, se debe añadir por lo menos dos campos uno para agrupar y otro para operar, con los datos de la base de datos voy a añadir el campo país de la tabla clientes y el campo cantidad de la tabla detalles de pedidos.

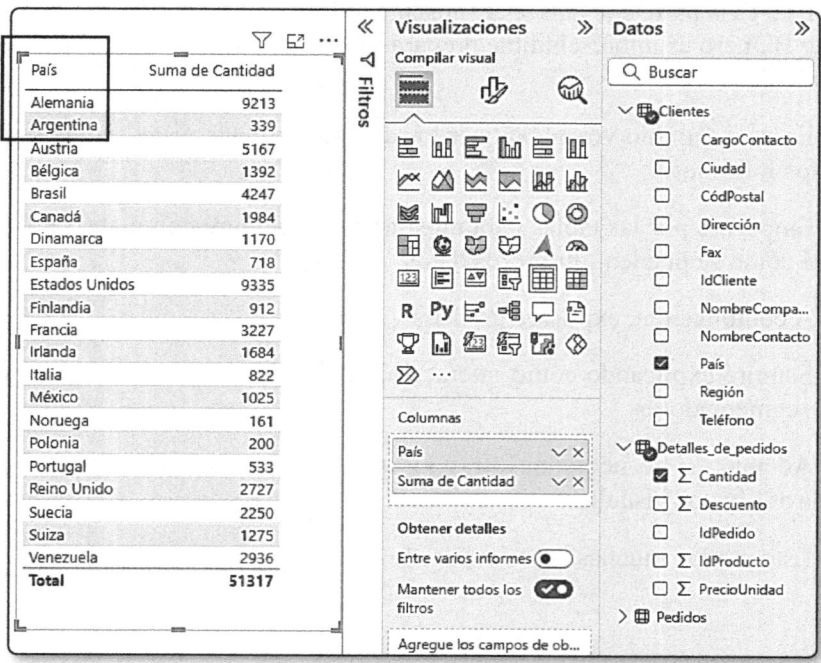

Figura 4.2. A la izquierda se ve la tabla creada, en el centro el objeto usado y a la derecha las columnas.

Si los datos aparecen muy pequeños se puede ir a las propiedades de este objeto visual, en concreto al botón que tiene dibujado un gráfico con un pincel.

Aquí están las propiedades agrupadas en distintas categorías, en la categoría *Objeto visual* están las propiedades que son solo de este objeto visual mientras que en la categoría *General* están las propiedades que son comunes a todos los objetos visuales.

Dentro de la categoría *Objeto visual*, está el grupo cuadrícula donde al desplegarla se puede ver la propiedad opciones donde se puede cambiar el tamaño de la fuente de toda la tabla.

4.3 MODIFICAR TABLA

En una tabla se puede hacer clic en los encabezados de las columnas para ordenar por esa columna, si se hace clic otra vez cambia el orden entre ascendente y descendente.

En los encabezados de la tabla, al situar al puntero del ratón al final de cada columna aparece una doble flecha donde se puede ajustar el ancho de esa columna.

Al pasar el ratón encima de la tabla en la parte superior hay un botón con un embudo, en el cual al pasar el ratón por encima se puede ver si se le está aplicando algún filtro, también está el botón *Modo de enfoque* que muestra este objeto a pantalla completa, para volver al informe y ver la tabla en el conjunto del resto del informe está el botón *Volver al informe*.

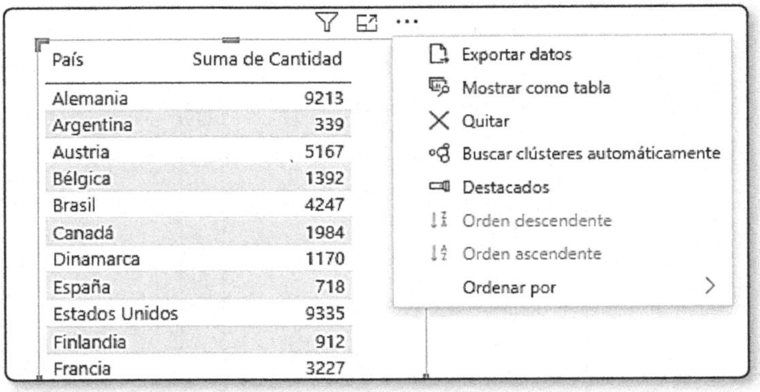

Figura 4.3. Menú contextual de una tabla

A continuación, hay un botón con unos puntos suspensivos y desde aquí se pueden exportar los datos de esta tabla a CSV.

También, se pueden mostrar los datos como tabla ya que este menú es muy parecido en todos los objetos de Power Bi.

Otra opción es poder hacer que esta tabla sea destacada, esto es útil cuando hay muchos objetos en la página, lo que hace es que el resto de los objetos los atenúa, poniéndolos en gris claro y de esa manera se centra la atención sobre el objeto en el que se ha hecho clic.

Además, se puede ordenar por el campo que se desee, ascendente o descendente, en este caso, en una tabla es muy fácil ordenar por un campo o por otro, pero en otros objetos no es tan fácil el poder ordenar por el campo que se necesite.

También, en cualquier momento se puede quitar este objeto.

Siempre después de trabajar con objetos es bueno hacer clic sobre el fondo del informe, porque si no al elegir otro objeto visual, lo que hace Power BI es modificar el objeto seleccionado y no inserta un objeto nuevo.

Si se hace clic otra vez en la tabla, se pueden modificar los campos que se han puesto, se puede cambiar el orden, añadir o quitar campos.

Para quitar un campo hay que pulsar en la x no sirve arrastrar este campo fuera como en las tablas dinámicas de Excel.

Al hacer clic en el desplegable de cada campo se puede elegir la operación de resumen que se utiliza, Suma, Recuento, Recuento distintivo, etc., las operaciones dependerán del tipo de datos que sea esa columna.

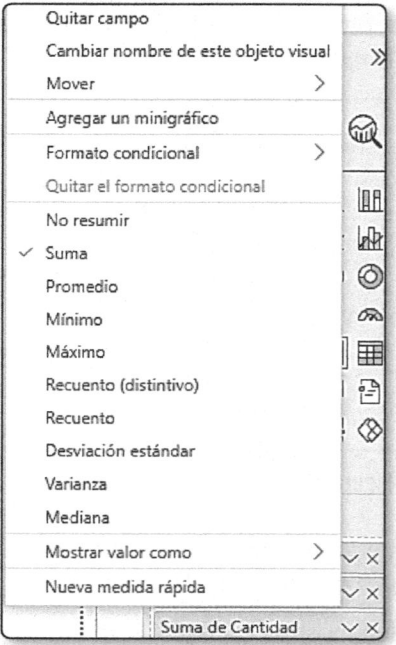

Figura 4.4. Funciones de resumen de un campo numérico

También, se pueden aplicar distintos formatos condicionales en cada columna o mostrar el valor como Porcentaje del total general en la opción *Mostrar valor como*.

Es muy común, como en las tablas dinámicas de Excel, añadir varias veces una misma columna y cambiar la operación de resumen, de esta manera podría tener una columna con la suma y otra con el porcentaje sobre el total.

En las tablas se puede añadir hasta un minigráfico, en el que se suele elegir un campo de fecha para ver la evolución de los datos sobre la fecha seleccionada.

Los minigráficos son muy útiles para ver la evolución de un dato, pero no para comparar un dato con otro.

En las propiedades se pueden ir modificando tamaños, tipos de letra, colores, etc. Son muchísimas propiedades y simplemente te animo a que eches un vistazo ya que es imposible poder verlas todas ahora.

Si no recuerdas donde está una determinada propiedad se puede escribir el nombre de la propiedad en *Buscar*.

Aunque las tablas como cualquier objeto de Power Bi tienen muchas propiedades voy a destacar algunas.

- ▶ *Cuadrícula, opciones, tamaño de la fuente global* sirve para cambiar el tamaño de la letra de toda la tabla.

- ▶ *Valores preestablecidos* para cambiar el formato de la tabla.

- ▶ *Valores* donde puedo elegir los formatos para mostrar los valores y el color de fondo y color de fondo alternativo de las distintas filas de la tabla.

- ▶ *Totales* puedo elegir si quiero ver los totales o no y si quiero verlos que formato quiero que tengan.

- ▶ *Columna específica* donde puedo cambiar el formato de la columna que elija y si quiero que ese formato sea para los valores, para los totales y/o para los encabezados.

- ▶ En la ficha *General* está la propiedad *Información sobre herramientas* que en principio está desactivada si quiero que, en la tabla al pasar el ratón por encima, Power Bi muestre información adicional como sucede en los gráficos y en los mapas debo activar esta propiedad.

4.4 MATRICES

En el informe voy a añadir una matriz, para ello voy a elegir el objeto matriz, me aseguro de que no tengo nada seleccionado, ya que si no se cambia el objeto que tenga seleccionado.

Figura 4.5. Icono del objeto visual matriz

La matriz se diferencia de una tabla en que admite filas y columnas, la matriz es parecida a una tabla dinámica por la forma de estructurar y mostrar los datos.

El espacio donde se trabaja se adapta a la pantalla con la que se trabaja, por lo tanto, si se ocultan los filtros, se verá un poco más grande la matriz.

Voy a añadir el campo fecha del pedido de la tabla de Pedidos en la fila, y voy a insertar el campo cantidad de detalles de pedidos en los valores.

Al poner un campo de tipo fecha se puede ver que el campo lo ha agrupado por años, si se hace clic en el + se ven los datos por trimestres, si se sigue haciendo clic en el + se verá la información por meses y por días.

Estas agrupaciones en Power BI se llaman jerarquías, en las fechas como se puede ver son automáticas.

Son datos jerárquicos porque los superiores agrupan a los inferiores, es decir dentro de cada año hay trimestres, en cada trimestre meses, etc.

Los principales ejemplo de datos jerárquicos son las fechas y los datos geográficos en los que hay país, ciudad, etc.

Según donde este situada la matriz, aparecerán en la parte superior o inferior los botones para desplegar los datos de la jerarquía.

Al hacer clic en el botón que tiene una línea que se separa en dos flechas paralelas hacia abajo, se pueden ver los datos agrupados por años, por trimestres dentro de los años, por meses dentro de las agrupaciones anteriores, etc. es decir se ve el siguiente nivel de la jerarquía agrupado por el nivel actual.

Con la flecha hacia arriba se vuelve al nivel superior.

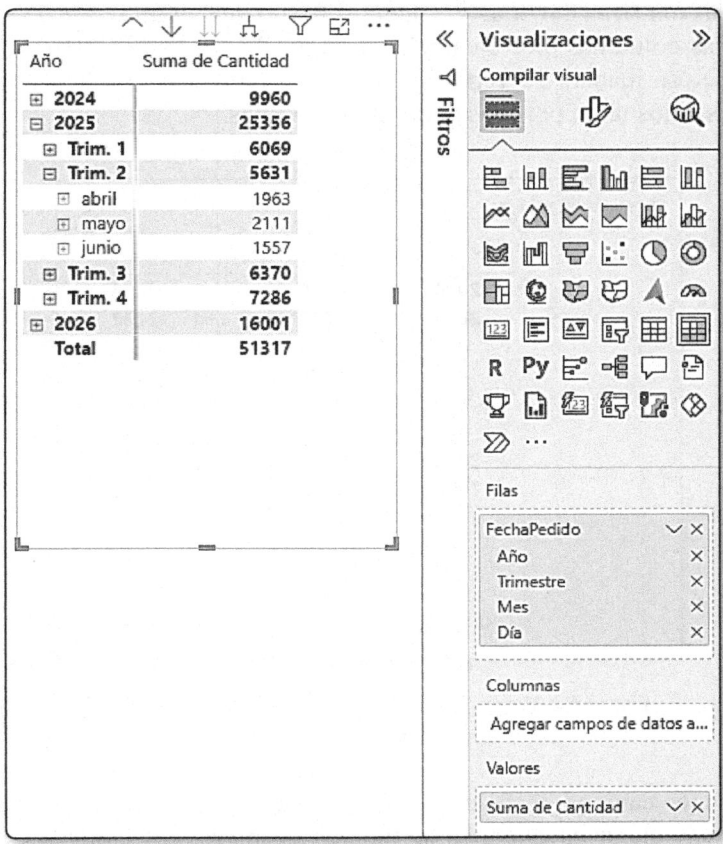

Figura 4.6. Matriz explicada en el ejemplo

Si se hace clic en el botón que tiene las dos flechas paralelas hacia abajo, lo que se visualiza es la agrupación de cada nivel, pero independiente del nivel superior, es decir se ven los datos por trimestres, por meses o por días independientemente del nivel superior.

También, se puede hacer clic en el botón que tiene sólo una flecha hacia abajo y después hacer clic en el dato deseado, de esa manera solo muestra el detalle del dato seleccionado y se queda seleccionado este botón se usa para ir viendo el detalle que se desee, para desactivarlo hay que volver a hacer clic en el mismo botón de la flecha hacia abajo.

En las matrices hay filas y columnas por lo que ahora se puede añadir otros campos en las columnas, por ejemplo, voy a añadir los campos País y Ciudad en columnas, de esa manera se verán los datos por años y por países, así se podrán desplegar los datos tanto por filas como por columnas.

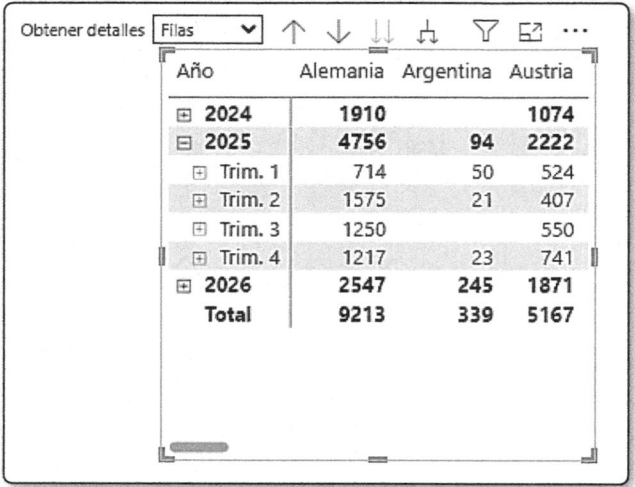

Figura 4.7. Matriz con varios campos en filas y en columnas

Al tener campos en filas y campos en columnas aparece un desplegable donde se puede elegir en qué área se quieren desplegar los datos si en filas o en columnas, para después volver a la matriz como estaba también tengo que subir por los niveles por filas y por columnas, no existe una opción para hacerlo por los dos sitios a la vez.

Las propiedades de las matrices son parecidas a las de las tablas, aunque tiene alguna más como subtotales de fila, subtotales de columna, filas en blanco entre los distintos valores, etc.

Todos los objetos tienen muchas propiedades, en este libro no se pueden ver todas las propiedades de todos los objetos, por lo que solo puedo nombrar las más importantes, pero te recomiendo que explores que posibilidades tienes en cada uno de los objetos.

4.5 CREAR JERARQUÍAS

En el caso anterior he añadido la jerarquía automática de las fechas, pero los campos país y ciudad se han tenido que añadir de uno en uno, si esto lo tengo que hacer muchas veces en el informe puedo crear una jerarquía para poder añadir todos los campos de una sola vez.

En este caso, en la lista de campos voy a hacer clic en los puntos suspensivos que hay a la derecha del campo país y elijo la opción *Crear Jerarquía*.

Power Bi crea la jerarquía y le pone el nombre País Jerarquía, puedo hacer un doble clic para cambiar el nombre y la llamo DirecciónCompleta, a continuación, hago clic en los puntos suspensivos que hay al lado de ciudad y hago clic en la opción Agregar a la jerarquía y elijo la jerarquía a la que quiero añadir el campo.

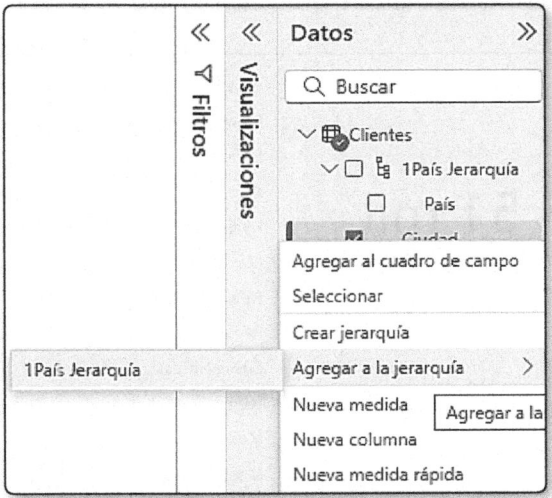

Figura 4.8. Se ve la jerarquía creada y se le añade el campo ciudad

De esta manera se pueden añadir todos los campos que se desee y al añadir la jerarquía a cualquier objeto visual y se añadirán todos los campos de la jerarquía.

Las jerarquías al ser agrupaciones lógicas no se guardan en ninguna columna de la tabla.

También, se puede crear las jerarquías desde la vista modelo.

4.6 TARJETAS

Otro de los controles que tenemos son las tarjetas, hay tres tipos de tarjetas *Tarjeta, Tarjeta de varias filas* y *Tarjeta nueva.*

Figura 4.9. Iconos de los tres tipos de tarjeta

Las tarjetas sirven para ver un resumen de datos, en la primera tarjeta se puede añadir solo un campo y elegir la operación de resumen que se necesite en cada caso.

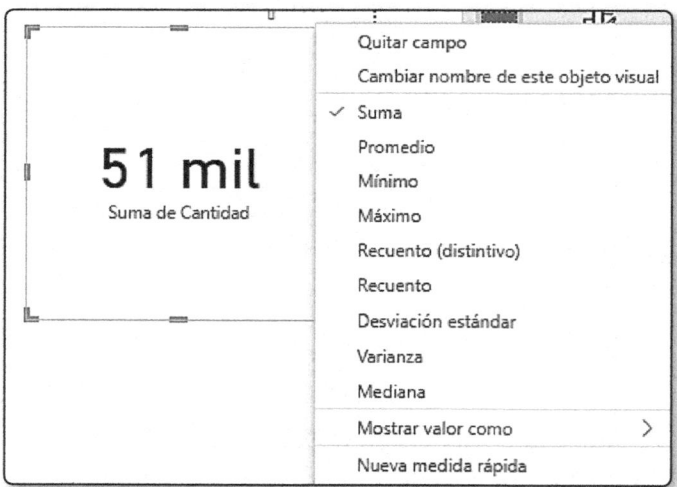

Figura 4.10. Operaciones de resumen de un campo numérico

En vez de suma se puede calcular el promedio, el mínimo, el máximo, distintos recuentos y distintas operaciones, para ello hay que hacer clic en el campo cantidad, en el desplegable que tiene a la derecha.

En las propiedades de formato, en el valor del globo se puede cambiar el formato, como mostrar las unidades, posiciones decimales, etc.

Si se desean mostrar varios cálculos se pueden insertar varias tarjetas o poner una tarjeta de varias filas en la cual se pueden añadir varios campos o incluso se puede añadir varias veces el mismo campo y elegir distintas operaciones de resumen de esa manera se puede ver la suma de un campo, el promedio, el recuento de ese campo y todas las operaciones que se necesiten.

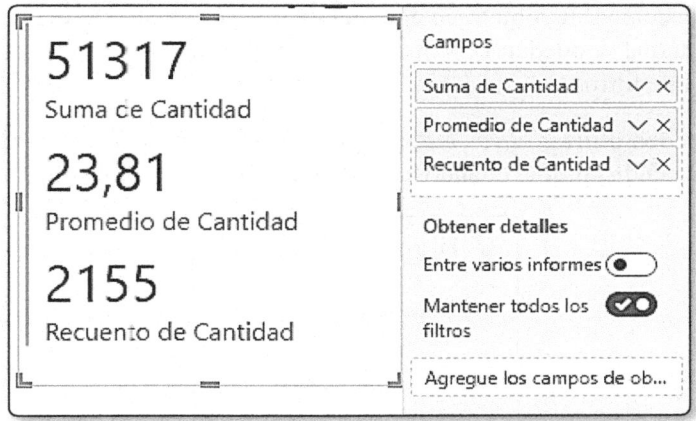

Figura 4.11. Tarjeta de varias filas haciendo varios cálculos del campo cantidad

La tarjeta de varias filas no tiene ninguna propiedad especial que no se haya visto hasta ahora en otros objetos visuales.

La diferencia es que en la tarjeta normal sólo se puede poner una operación, en la tarjeta varias filas se pueden poner varios campos con distintas operaciones, de todos modos, se suele utilizar más la tarjeta normal ya que es mucho más útil para mostrar solamente un cálculo.

Ahora se ha añadido un nuevo tipo de tarjeta que es Tarjeta nueva, esta tarjeta puede mostrar un cálculo o varios, además se puede cambiar la forma de la tarjeta dándole un aspecto más moderno a los informes.

En las propiedades del objeto, en Presentación están las opciones para definir como se quieren ver los cálculos, en *Tarjetas* están las opciones que hacen referencia a la forma de la tarjeta, incluso en imagen se le puede poner una imagen de fondo a la tarjeta.

4.7 FILTROS

Los filtros se ven en el diseño del informe, pero también cuando se publique el informe ya que el usuario tendrá acceso a este panel para poder visualizar solo la información que desea.

Al seleccionar un objeto en el panel de filtros aparecen todos los campos de ese objeto para que se puedan ver solo los registros deseados en cada caso aplicando distintos tipos de filtros.

Se pueden utilizar *filtros básicos, filtros avanzados* o *TopN*, este último tipo de filtro solo está disponible cuando se realiza un filtro a nivel de objeto.

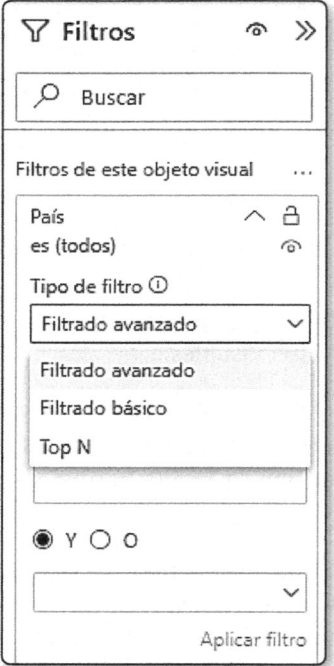

Figura 4.12. Tipos de filtros

Los filtros básicos son casi igual que los autofiltros de Excel, hay un desplegable donde aparecen todos los valores de ese campo y se pueden marcar los que se desean ver en cada momento.

Si hago clic en la opción *Requerir selección única* al hacer clic en un valor del filtro se quita la anterior, pero si dejo pulsada la tecla de Control puedo seleccionar varias opciones.

En los filtros avanzados se puede poner una o dos condiciones, estas condiciones se pueden unir con una Y para que se tengan que cumplir las dos condiciones o con una O para que solo se tenga que cumplir una de las condiciones.

Según el tipo de dato del campo tenemos distintas condiciones, por ejemplo, en un campo de texto están las opciones Comienza, Contiene, es, etc. en un campo numérico o de fecha se pueden elegir mayor que, menor que, etc.

En los campos de fecha hay una opción muy interesante como es fecha relativa, esta opción permite indicarle ver los datos del último mes o de los próximos 15 días o las opciones deseadas, lo bueno de esta opción es que hace referencia a la fecha actual, por lo que el filtro se actualiza automáticamente según va pasando el tiempo.

Cuando se aplica un filtro a nivel de objeto hay un tercer tipo de filtro que es TopN, en este filtro por ejemplo se puede visualizar los cinco valores más grandes o pequeños del campo que se le indique.

También, se puede ver que hay un botón con un candado al lado del filtro, si se pulsa cuando se publique el informe el usuario no podrá modificar los filtros.

Además, hay otro botón con un círculo y un arco por encima para que el filtro que se aplica no se vea cuando se publica el informe.

En los filtros se puede añadir cualquier otro campo, por ejemplo, podría añadir el campo cargo del contacto, de esa manera podría filtrar por el cargo del contacto sin necesidad de que este campo esté en la propia tabla.

En cualquier momento se puede quitar el campo pulsando en la X que tiene en la esquina superior derecha.

Si quiero filtrar en todos los objetos de esta página lo primero que hay que hacer es añadir el campo por el que queremos filtrar en la sección filtros de página dentro del panel de filtros.

Estarán disponibles los mismos filtros que a nivel de objeto menos TopN, la diferencia está en que los filtros ahora se aplican a todos los objetos visuales de la página.

Si se añade un campo en la sección todas las páginas, al aplicar el filtro se filtrará la información en todas las páginas del informe.

Con un filtro no se puede filtrar en unas páginas si y en otras no, o en unos objetos visuales si y en otros no dentro de la misma página.

Al diseñar los filtros hay que pensar en qué campos le puede resultar útil al usuario final filtrar la información y añadir esos campos en las distintas áreas de los filtros.

4.8 GRÁFICOS DE COLUMNAS

Hay muchos tipos distintos de gráficos, según los datos y según lo que se desee mostrar será más adecuado un tipo de gráfico u otro.

Los primeros gráficos que voy a explicar son los gráficos de columnas, donde hay distintos tipos de gráficos de columnas como pueden ser columnas apiladas, columnas agrupadas o incluso columnas 100% apiladas.

El más común es columnas agrupadas

Figura 4.13. Iconos de los gráficos de columnas

Cuando se hace clic en el *Gráfico de columnas agrupadas* botón ya inserta el objeto del gráfico dentro de nuestro informe.

Se puede ajustar el tamaño del gráfico y hay que ir añadiendo los campos que se deseen mostrar en este gráfico, para ello voy a añadir el campo país de la tabla de clientes en el eje X y el campo cantidad de la tabla detalles de pedidos en eje Y.

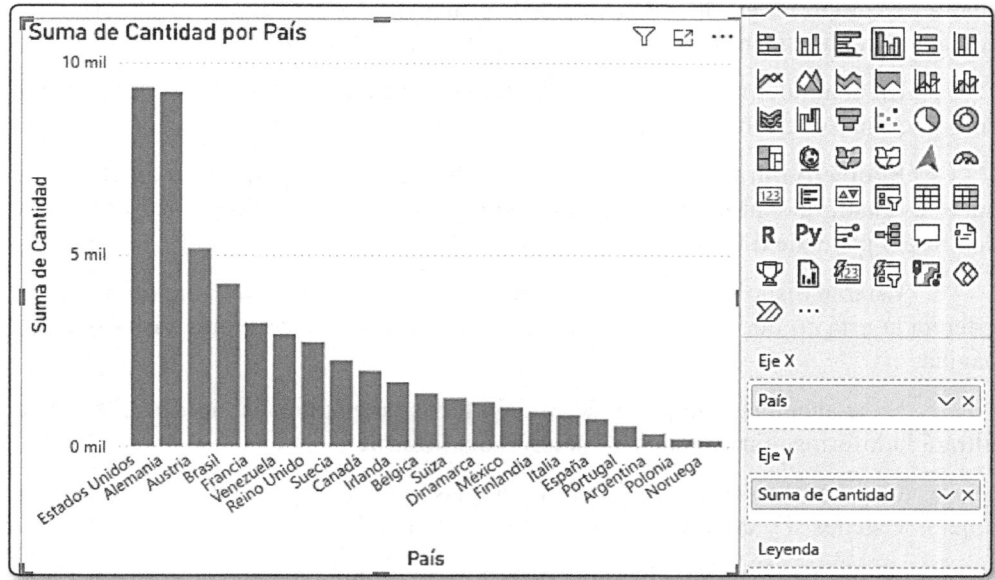

Figura 4.14. Gráfico de columnas recién insertado

De esta manera ya he creado este gráfico, en el cual se puede ver la cantidad que se ha vendido en cada país.

Los gráficos siempre los ordena por el campo numérico por lo si se quiere cambiar el orden hay que hacer clic en los puntos suspensivos y se elige el campo por el que se quiere ordenar, después hay que hacer clic otra vez para elegir orden ascendente o descendente.

Si no se ve bien el detalle del gráfico se puede pulsar en el botón de modo enfoque, de esa manera se visualiza el objeto en tamaño de pantalla completa.

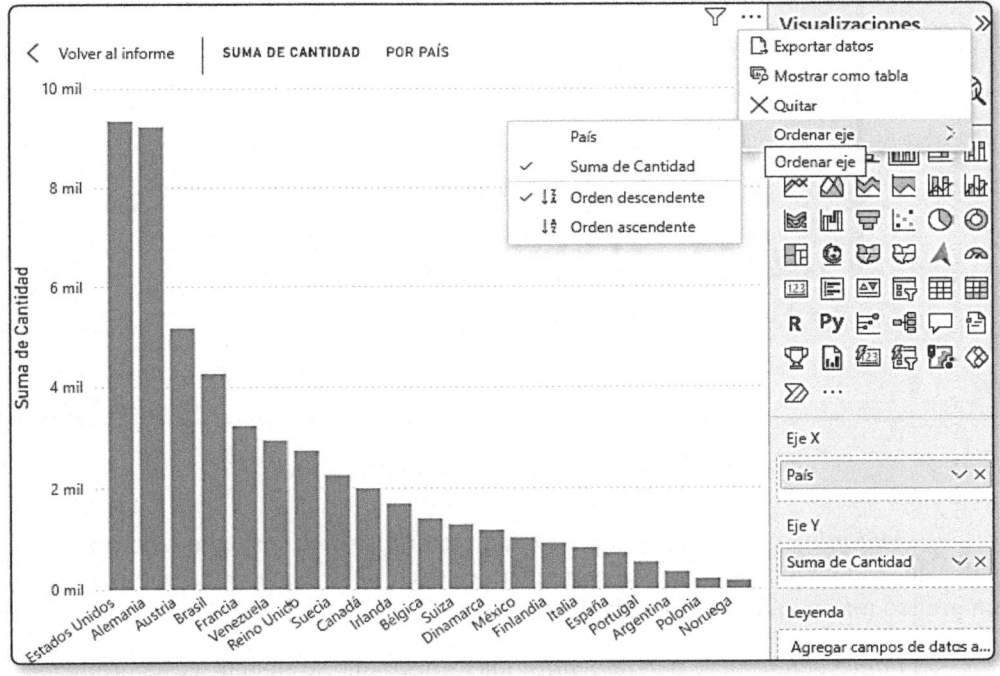

Figura 4.15. Opciones del gráfico insertado

Una vez añadidos los campos a los ejes debajo hay más propiedades para añadir más campos y seguir diseñando el gráfico.

Leyenda, los campos que se añadan en esta propiedad lo que hace es dividir el total de ese valor entre los valores de los campos añadidos.

Por ejemplo, se puede añadir el campo forma de envío y se verá como cada columna se divide en tres para mostrar las ventas de cada país según la forma de envío, también se podría añadir el campo fecha de pedido y una vez que se ha añadido hacer clic en el desplegable de este campo para elegir jerarquía de fechas, de esa manera se verán los datos por años.

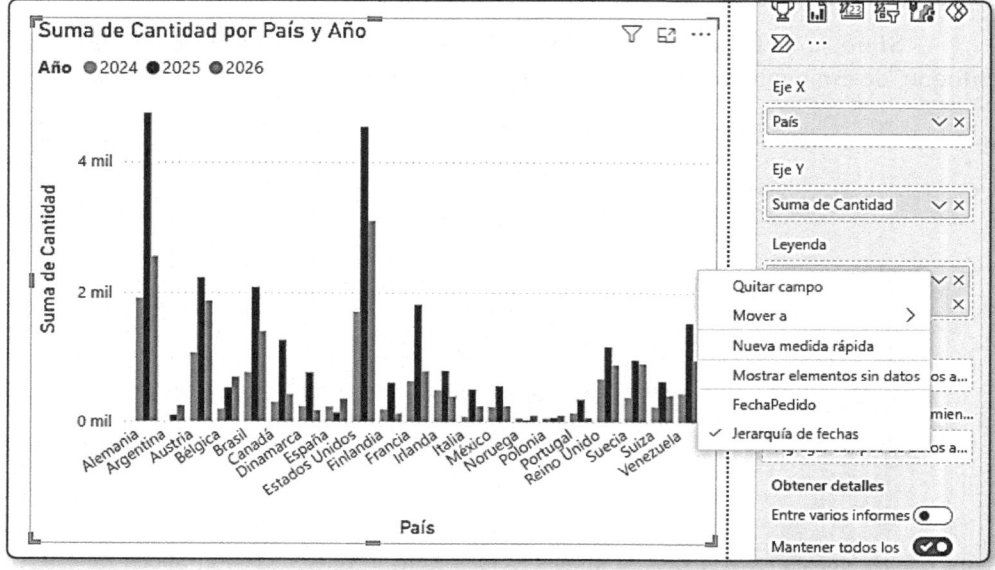

Figura 4.16. Gráfico mostrando los datos por años

Múltiplos pequeños, esta propiedad crea un gráfico más pequeño por cada valor del campo añadido en esta propiedad, es decir si se añade el campo país hace un gráfico más pequeño para cada país.

Información sobre herramientas, los campos que se añadan a esta propiedad se añadirán a los campos que aparecen cuando se pasa el ratón por encima del gráfico, además estos campos también se añaden cuando mostramos el gráfico como tabla.

Una vez que se ha definido el orden y los campos distribuidos es importante personalizar el gráfico desde las propiedades para ello hay que hacer clic en el botón donde esta dibujado un gráfico con un pincel, este es el botón de todos los objetos visuales para acceder a las propiedades.

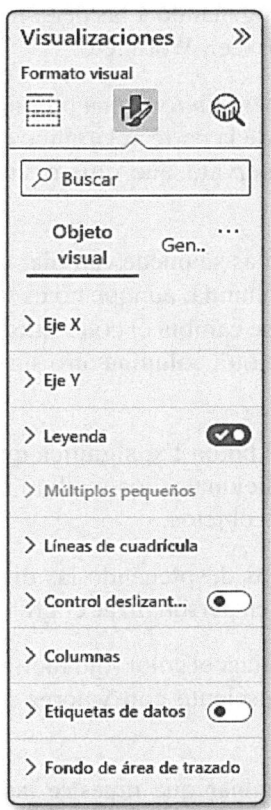

Figura 4.17. Propiedades de un gráfico de columnas

Una cosa muy buena que tiene Power Bi es que nos invita a jugar con las propiedades ya que en casi todas ella está la opción *Restaurar valores predeterminadas*.

Dentro de la categoría Objeto Visual están las propiedades propias del objeto seleccionado.

Muy importante, cuando hay varios gráficos que representan una misma magnitud todos los gráficos deben de tener la misma escala, para eso el gráfico que tenga los valores más grandes lo dejamos como está y en el resto de los gráficos hay que ir a la propiedad Eje Y, máximo y escribir el mismo máximo que en el gráfico que tiene los valores más grandes.

Si no hago esto estoy engañando a las personas que vean este informe, igual debo de hacer en PowerPoint, Excel, Word, etc.

La propiedad *Control deslizante* es una propiedad muy especial de Power Bi que permite ir viendo más grande la parte del gráfico que se desee en cada momento, puedo elegir el tamaño del intervalo que quiero visualizar y después mover ese intervalo dentro de la línea.

En la propiedad columnas se puede cambiar el color de cada serie e incluso personalizar el color de cada columna, aunque no es recomendable en la mayoría de los casos, en cualquier caso, si se cambia el color que sea siguiendo alguna razón, no poner a una columna un color a otra columna otro sin sentido ya que nuestro gráfico parecerá un parchís.

Siempre que aparece el botón Fx, significa que se puede aplicar un formato condicional, los formatos condicionales los explico un poco más adelante, pero se pueden aplicar en casi todos los objetos.

Un consejo es que vayas desplegando las distintas categorías, viendo cada una de ellas, en las cuales puedes personalizar el gráfico.

No es recomendable utilizar el color rojo fuerte ya que en la cultura occidental se asocia de una manera inconsciente con valores negativos, pero se podría usar cualquier otro tono.

También, se puede cambiar que muestre las etiquetas con los valores, el color de las etiquetas, unidades, orientaciones, tamaños es decir las propiedades más comunes que hay a la hora de añadir cualquier texto, de la misma manera se puede modificar el área del trazado, títulos, las propiedades de esos títulos, fondos, encabezados, etc.

Estas propiedades serán muy parecidas en todos los tipos de gráficos que tengamos.

4.9 OTRO TIPO DE GRÁFICOS

Una vez que se han visto las propiedades básicas de los gráficos voy a explicar ahora otros tipos de gráficos que se pueden añadir a un informe en Power BI.

El primero que voy a explicar es el *Gráfico de líneas* que es el más indicado para mostrar cuando cambian los datos según transcurre el tiempo.

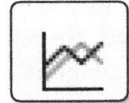

Figura 4.18. Icono del gráfico de líneas

Al insertar un gráfico de líneas en el eje X se puede añadir un campo fecha, de esta manera aparecerán los mismos botones que aparecen en las matrices y así se podrán ver los datos por años, trimestres, meses o días.

Bajando un poco en las propiedades se puede apreciar algo muy importante, aparece la propiedad *Eje Y* y *Eje Y secundario*, dentro de cada eje se pueden añadir varios campos de la misma magnitud, pero con esta opción se pueden añadir dos ejes distintos para comparar dos magnitudes distintas.

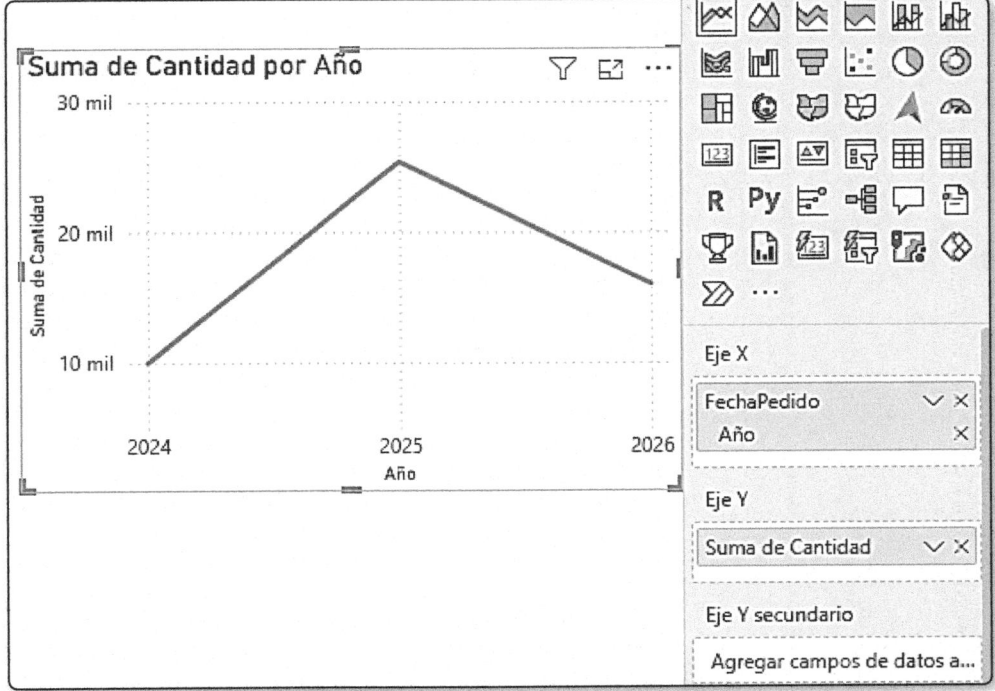

Figura 4.19. Gráfico de líneas

Al ser un gráfico de líneas hay propiedades para personalizar colores, marcadores etc. es decir para poder personalizar las líneas que representan los datos.

En los gráficos hay una tercera ficha en las propiedades que tiene dibujada una lupa y es para A*ñadir más análisis*. Se puede añadir todo tipo de líneas, tanto que tenga un valor fijo como si realiza alguna operación como promedio, máximo, mínimo, etc.

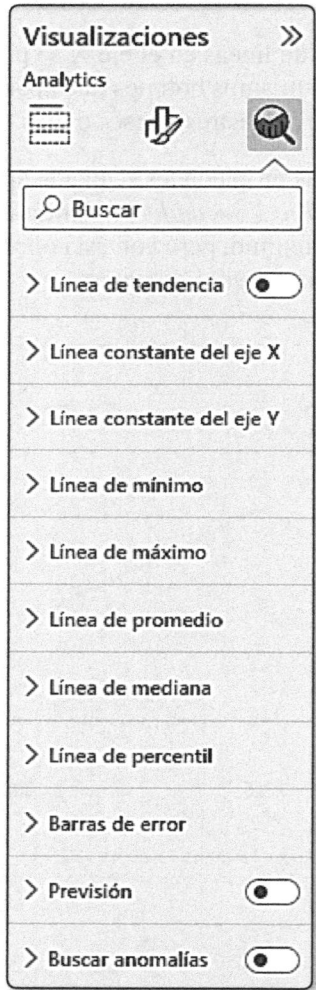

Figura 4.20. Propiedades de Agregar más análisis

Estas opciones de dibujar líneas en los gráficos las he echado mucho de menos en Excel donde tengo que dibujar estas líneas a mano, puedo elegir cualquier línea, si es constante le tengo que decir el valor y después elegir color, tipo de línea y transparencia.

Además, se pueden añadir barras de error, esto es útil cuando se necesita mostrar datos que no son definitivos o pueden tener un determinado margen de error como cuando los datos están basados en encuestas o son estimaciones.

Para utilizar las barras de error en *Tipo* se elige por porcentaje donde se puede escribir el porcentaje de error de los datos y dentro del gráfico aparecen unos segmentos que indican el valor mínimo y máximo que pueden tener los datos según el error introducido.

En este caso como en el eje X hay un campo temporal hay otras propiedades como son:

- ▼ *Línea de tendencia*, Power Bi muestra una línea recta con la progresión de los datos, no se puede elegir el tipo de tendencia como en Excel.

- ▼ *Previsión*, esta propiedad prolonga los datos representados en el futuro, se puede elegir cuantos periodos se desean proyectar, se le puede especificar el margen de confianza y formatos de línea y sombra de confianza.

- ▼ *Buscar anomalías* detecta valores dispares en el tiempo, es decir que tienen una variación de un 70% o más entre un valor y el siguiente, este porcentaje se puede personalizar.

El gráfico de áreas es parecido, pero sería para comparar distintos valores, también hay gráfico de áreas apiladas y gráfico de áreas 100% apiladas.

Figura 4.21. Iconos de los gráficos de áreas

Además, hay gráficos combinados los cuales son de columnas y de líneas en los que se pueden comparar distintas magnitudes, se suele utilizar cuando son valores que no tienen nada que ver entre ellos, pero los queremos comparar en un mismo espacio temporal o geográfico.

Estos gráficos son muy útiles en Excel, en Power Bi son un poco menos útiles ya que en el gráfico de líneas también tengo dos ejes Y.

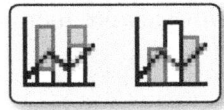

Figura 4.22. Iconos de los gráficos combinados

Un tipo de gráfico que me gusta mucho y que no está en otros programas es el *Gráfico de cintas*, es muy útil para analizar la evolución y comparación por un determinado campo.

En el Eje Y se añade el valor numérico, en el Eje X se puede añadir un campo fecha y a continuación en *Leyenda* se añade el campo sobre el que se quiere hacer el estudio.

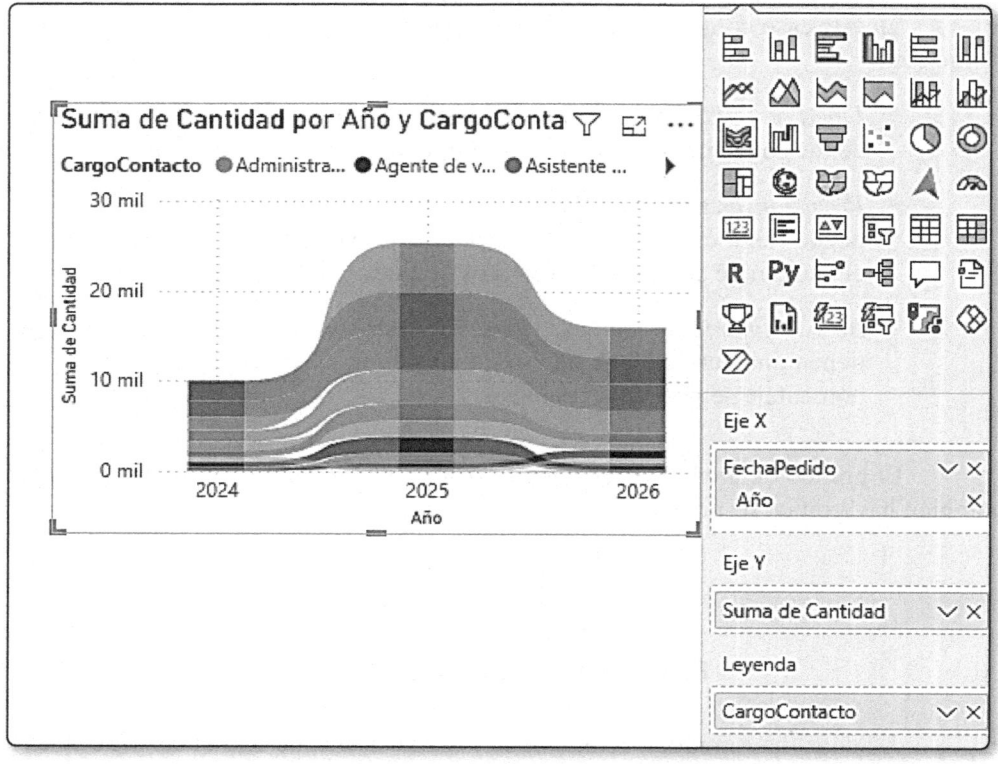

Figura 4.23. Gráfico de cintas

En este gráfico puedo ver que los gerentes de ventas son los que más vendieron en el año 2024, pero en el 2025 pasaron al segundo puesto superados por los representantes de ventas, los gerentes de ventas pasaron del segundo al tercer puesto, mientras que los propietarios siempre fueron los cuartos.

Este gráfico al tener las fechas en el eje X se puede desplegar como cualquier jerarquía y estudiar los datos con el detalle que necesite.

Con los *Gráficos de cascada* se ve la progresión o sea el aumento o la disminución de los valores a lo largo del tiempo.

Este gráfico es ideal para campos que pueden tener valores positivos o negativos y al final muestra el acumulado, por ejemplo, este gráfico lo puedo utilizar para representar un flujo de caja o la cotización de unos valores en bolsa.

El *Gráfico de embudo* muestra los valores centrados y ordenados numéricamente por lo que toma forma de embudo, si se cambia el orden y los títulos es un gráfico de pirámide.

El *Gráfico de dispersión* permite mostrar datos que cambian en el tiempo ya que tienen la propiedad Eje de reproducción donde se puede añadir un campo fecha u hora, se puede pulsar en el *Play* o en cualquier bola del gráfico.

También, están los típicos *Gráficos circulares* también llamados de sectores, en el cual observo la distribución de un campo entre los distintos valores que tiene, con este gráfico solo se puede analizar un campo.

Un gráfico muy parecido al circular es el *Gráfico de anillos* ya que es como el circular, pero sin la parte del centro.

El último tipo de gráfico que hay es el *Treemap*, es muy parecido al gráfico circular, pero en vez de ser un círculo es un rectángulo, para mi gusto se aprovecha mucho más el espacio y es más novedoso.

Según los datos que de los que se disponga, la cantidad de series y el tipo de datos que sea resulta más útil el utilizar un tipo de gráfico u otro, las propiedades son prácticamente las mismas, cuando se va a formato, hay que ir desplegando las propiedades de ese gráfico para poder personalizado y tener exactamente el gráfico que se desea.

Los tipos de gráficos que echo de menos respecto a Excel son los gráficos que tienen subgráficos, ya que estos gráficos me permiten mostrar datos que no son proporcionales.

4.10 ANALIZAR DATOS

En un gráfico se puede hacer clic con el botón derecho encima de cualquier valor y aparecen distintas opciones como son:

▼ *Mostrar puntos de datos como tabla* muestra una tabla con todos los datos que muestra el gráfico.

▼ *Mostrar como tabla* abre el gráfico en modo enfoque y en la parte superior pone el gráfico y en la inferior la tabla con los datos que representa.

▼ *Excluir* para quitar ese valor del gráfico.

▼ *Incluir* para mostrar solo ese valor en el gráfico.

▼ *Resumir* para crear una narrativa de ese dato.

▼ *Copiar* copia ese objeto visual.

También, está la opción *Analizar* donde se le puede indicar *Buscar en qué se diferencia esta distribución*.

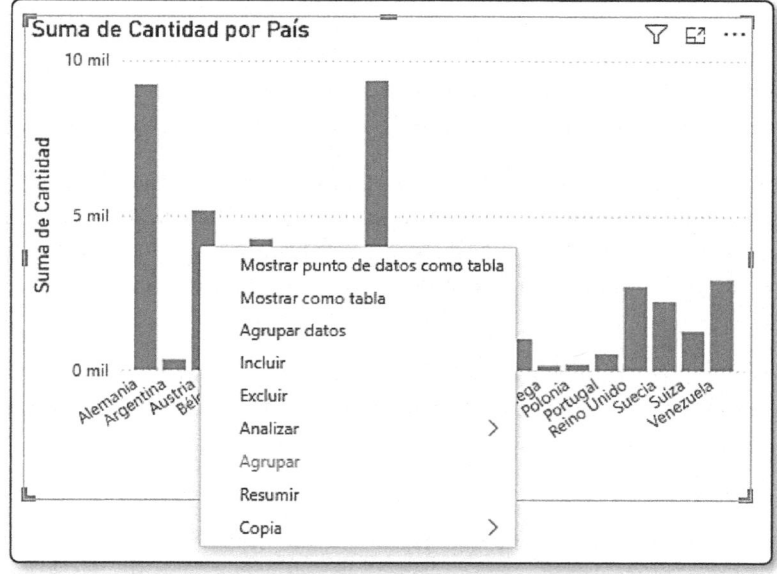

Figura 4.24. Análisis y sugerencias de Power Bi de los datos

Ahora aparece una lista de distintos gráficos que se pueden utilizar en el informe, solo hay que hacer clic en el botón + y ese gráfico se añade al informe, se puede ir bajando para ver la lista de gráficos, para cerrar esta ventana hay que hacer clic en el fondo de la pantalla.

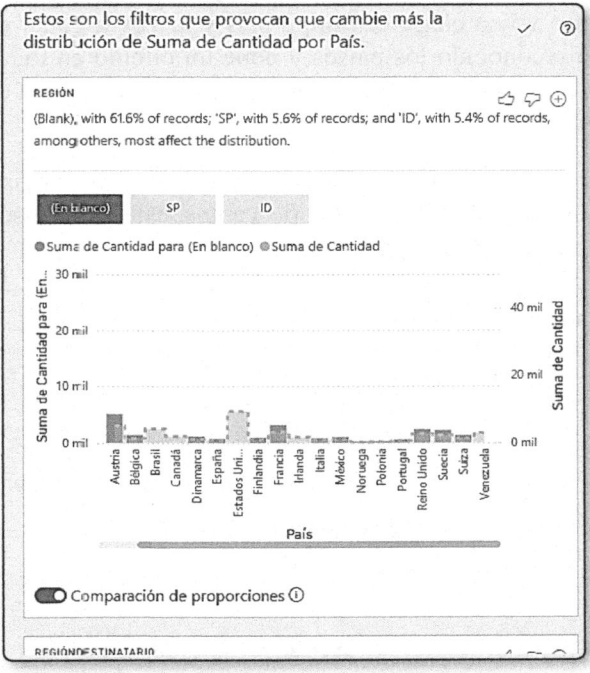

Figura 4.25. Gráficos sugeridos por Power Bi

4.11 MAPAS

Una forma especial de representar los datos son los mapas ya que permitan representar los datos geográficamente.

Hay varios tipos de mapas como son *Mapas, Mapas Coropléticos, Formas, Azure* y mapas creados por una empresa externa como pueden ser los mapas de *ArcGis*.

El primero que voy a explicar es el mapa, por lo que lo inserto en el informe.

Figura 4.26. Icono de mapa

En los mapas se necesita un campo en el cual esté la información geográfica, bien puede ser un país, bien ser una ciudad o incluso a nivel de calle, o de provincia Power BI lo va a reconocer ya que utiliza los mapas de Bing, eso sí se necesita conexión a internet para poder utilizar los mapas.

En este caso voy a elegir el campo país y lo voy a poner en *Ubicación*, de esta manera ya ha reconocido los países y pone un círculo en todos los países que tengo, pero si quiero que represente la cantidad, debo de añadir este campo en la propiedad *Tamaño*.

Ahora se ve en el mapa, que muestra un círculo, en principio en color azul, dentro de cada país en el cual hemos tenido ventas, este círculo será más grande o pequeño según las ventas de ese país.

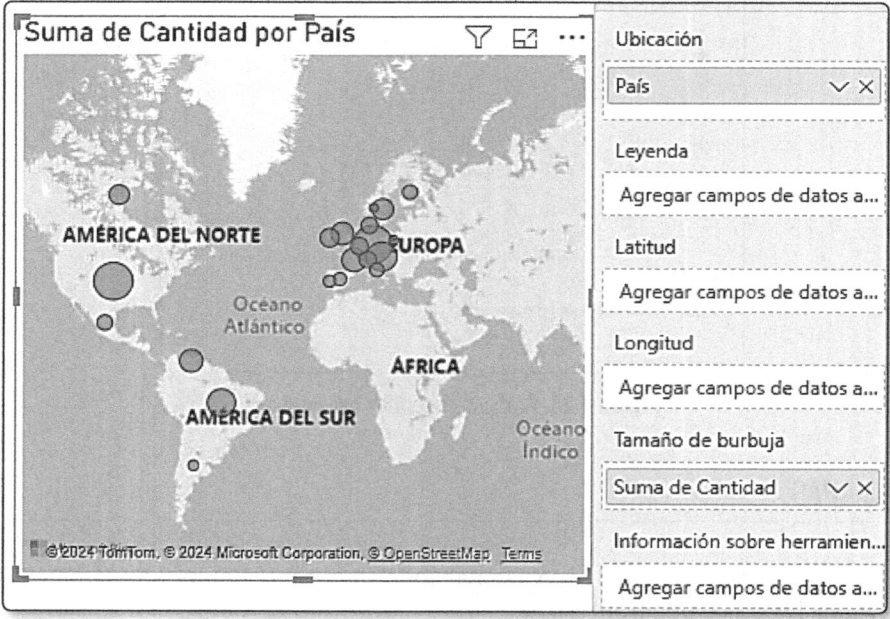

Figura 4.27. Mapa que muestra las cantidades por país

Al pasar el ratón por encima de cada círculo, muestra las ventas que he tenido y el país en el que estamos.

Según los datos que haya, hay veces que la localización puede no ser exacta ya que hay ciudades que se llaman igual por eso un consejo que te doy es que en ubicación se añada primero el país, después la ciudad y así sucesivamente todos los campos que se deseen.

Al haber varios campos en la ubicación aparecen los mismos botones que vimos en las matrices y de esa manera se puede elegir el nivel de detalle del que se desea ver los datos.

En las propiedades de este objeto visual también están las propiedades latitud y longitud para una localización exacta de un lugar, pero estos valores deben de estar almacenados en el origen de datos.

También, se pueden añadir varios campos en la propiedad información sobre herramientas con la operación de resumen que quiera para que aparezca cuando paso el ratón por encima del mapa.

En las propiedades de formato hay otras opciones, dentro de *Configuración del mapa* se puede *cambiar el estilo* para elegir qué se ve de fondo del mapa cuando se hace zoom sobre él, en *Controles* se puede elegir qué controles se visualizan sobre el mapa como pueden ser los botones para hacer zoom o botones para seleccionar, *Actualización automática* sirve para que si se actualizan los datos el mapa se adapte automáticamente a los nuevos datos y *Referencia cultural* indica en qué idioma están los datos.

En la categoría Burbujas se puede elegir la escala de las burbujas y cambiar los colores de los datos.

Igualmente se pueden cambiar las etiquetas, en qué color se muestran, crear un mapa térmico para que se vaya difuminando el color en vez de crear burbujas, etc.

Te recomiendo que eches un vistazo a todas las opciones que hay para que veas cómo repercuten sobre el mapa.

4.12 MAPAS COROPLÉTICOS

Los mapas coropléticos se diferencian de los mapas normales en que los mapas normales muestran un círculo en cada ubicación con el número que representa, sin embargo, los mapas coropléticos van a rellenar toda la ubicación con un color.

Voy a añadir un objeto visual mapa coroplético.

Figura 4.28. Icono mapa coroplético

En el *mapa coroplético* al igual que en los mapas se necesita internet ya que va a utilizar los mapas de Bing, lo primero que hay que hacer es añadir una ubicación, voy a poner en ubicación el campo país.

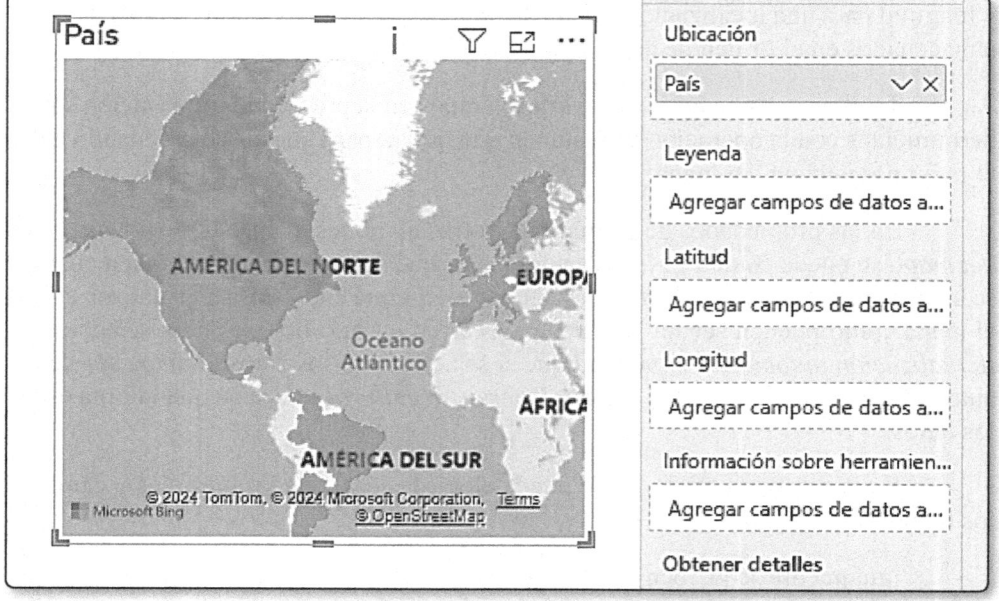

Figura 4.29. Mapa coroplético

Como se puede observar se han puesto todos los países en color azul, y si busco en las propiedades no tengo la propiedad tamaño ni ninguna parecida.

Hay que ir a las propiedades del objeto, *Colores de relleno* que es donde se pueden cambiar los colores de los datos, pero, aunque se cambiase el color, se cambiaría el color para todos los datos, es decir en todo el mapa.

Lo que hay que hacer es hacer clic en el botón que tiene dibujado Fx que es el botón del formato condicional.

El mapa se puede rellenar con escala de colores, con distintas reglas que es como el formato condicional o por el valor del campo que ya estuviera almacenado.

Lo más común suele ser escala de colores, le voy a indicar que quiero rellenar el mapa según la suma de cantidad de detalles de pedidos.

Lo que va a hacer Power BI es rellenar los países con los colores que le asignemos, en principio va desde el azul claro para el cero hasta el valor más alto en azul más oscuro, los colores los podemos cambiar y si no queremos que sea azul podemos elegir cualquier otro color que nos parezca más adecuado.

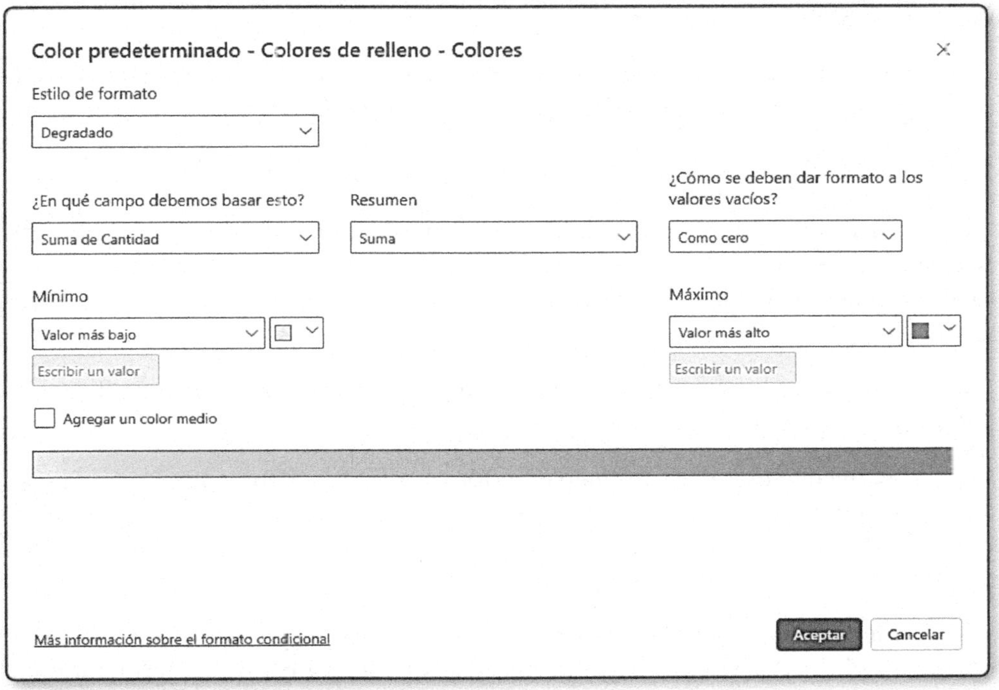

Figura 4.30. Formato condicional para el mapa coroplético

No tienen por qué ser los colores del mismo tono, aunque suele ser la opción más común, se deben de utilizar los colores del tema.

También, se puede utilizar el rojo para el peor valor y verde para el mejor.

Por lo demás es bastante parecido a un mapa normal, tenemos los controles del mapa, para activarlo, los botones de zoom, etc.

Lo que cambia es cómo se rellena el mapa es decir como muestra los datos este mapa.

Si al añadir los mapas o mapas coropléticos no han funcionado puede deberse a la seguridad de Power Bi, hay que ir a *Archivo, Opciones y configuración, Opciones, seguridad Uso de elementos visuales de mapa y mapa coroplético*, donde marco esa opción, ya que estoy aquí me aseguro de que está marcada también la opción Usar ArcGis for Power Bi.

4.13 OTROS MAPAS

Mapa de formas

Este mapa no aparece por defecto, hay que ir a *Archivo, Opciones y configuración, opciones, características de versión preliminar*, hay que marcar la opción *Objeto visual Mapa de formas* y hacer clic en aceptar, hay que cerrar Power Bi y volver a entrar para que se añada este objeto.

Dentro de características de versión preliminar hay opciones que Microsoft seguramente añada de una manera definitiva al programa, pero de momento no están totalmente desarrolladas, es decir se pueden usar estos objetos visuales, pero están en versión Beta.

Este mapa se diferencia de los demás en que se necesita una codificación previa en el origen de datos.

Se pueden usar distintos mapas en formato JSON, si por ejemplo se usa uno de España en el origen de datos debe de haber en un campo donde se almacenará el nombre de la provincia o de la comunidad autónoma correspondiente para que después se detecte correctamente.

En las propiedades del objeto visual se puede elegir qué mapa se desea utilizar e incluso se puede descargar un mapa de internet para utilizarlo en el informe.

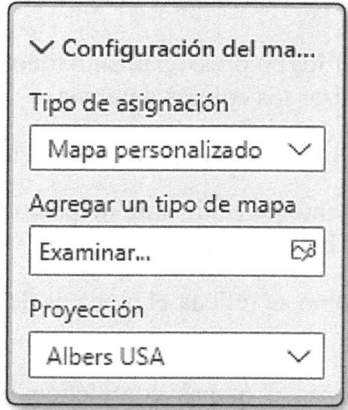

Figura 4.31. Configuración del mapa de formas

Con los datos que tengo puedo añadir el campo región a ubicación y elijo el mapa de Estados Unidos, de esta manera veré los estados que reconoce y si en las propiedades hago clic en *Ver clave de mapa* puedo ver la codificación de este mapa.

Mapas de Azure

Estos mapas son los más recientes dentro de los mapas de Power Bi, es un resumen del resto de los mapas, cuando se añadieron de una manera definitiva a Power Bi Microsoft anuncio que en el plazo de un año iba a quitar los mapas normales y los coropléticos, pero de momento no los ha quitado.

Cuando se abre un informe que tiene mapas y mapas coropléticos Power Bi pregunta si se quieren convertir en Mapas de Azure.

Aunque este tipo de mapas tiene muchas opciones, la mayoría de ellas ya se han visto en otros mapas, pero hay un detalle que no me gusta de este mapa, cuando el mapa está en un tamaño pequeño en el informe, aunque se reduzca el zoom al mínimo no cabe todo lo que se necesita visualizar.

Te invito a que repases las propiedades de este objeto para que lo personalices a tu gusto y descubras algunas posibilidades como capa de columna 3D o burbujas de cluster.

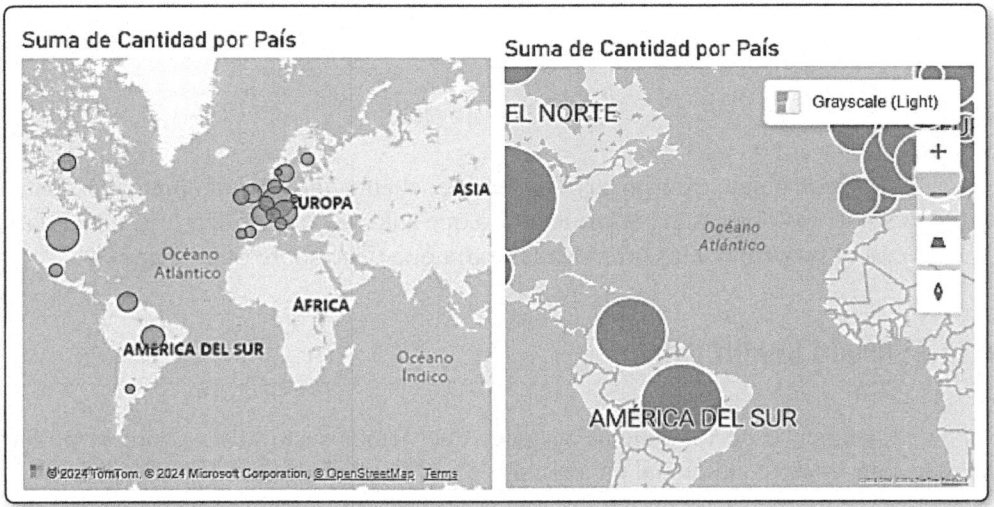

Figura 4.32. Mapa normal y mapa de Azure al zoom mínimo

Mapas ArcGis

Los mapas ArcGis son mapas que están hechos por una empresa externa a Microsoft como es ArcGis, pero está integrado dentro de Power Bi.

Como la mayoría de los mapas tienen la propiedad Ubicación y la propiedad tamaño donde se añade el campo numérico que quiero representar en el mapa.

Este tipo de mapa tiene muchas opciones interesantes como la propiedad *Tiempo* donde se puede añadir un campo de tipo fecha o tipo hora para animar la información que muestra el mapa en el intervalo de tiempo deseado.

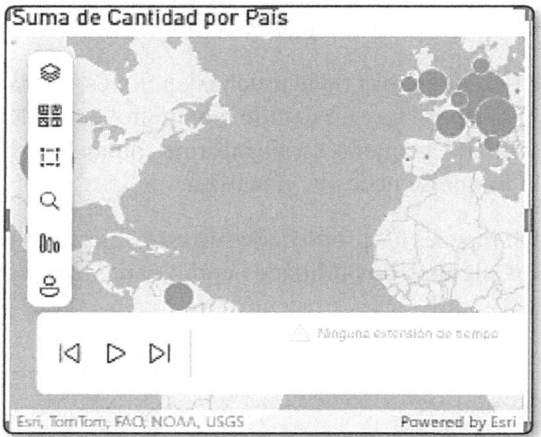

Figura 4.33. Mapa ArcGis

Al ser un objeto externo hay que tener en cuenta que será un objeto más lento que el resto de los objetos del informe por lo que solo hay que utilizarlo si de verdad le voy a sacar provecho a las propiedades extra que tiene sobre otros mapas.

4.14 FORMATO CONDICIONAL

En muchos de los objetos visuales que hemos visto hasta ahora se podía aplicar un formato condicional en algunas de sus propiedades.

Siempre que veo el símbolo Fx significa que puedo acceder al formato condicional y de esa manera aplicar estos formatos.

El formato condicional como su propio nombre dice, va a aplicar distintos formatos según se cumplan o no las condiciones que le indique.

Hay varios tipos de formatos condicionales como son Iconos, Barra de datos, Color de la fuente y Color de fondo.

Dentro de color de fondo y color de la fuente se pueden aplicar los formatos por degradado o por reglas.

Voy a explicar las opciones del formato condicional desde una tabla que tendrá los campos País, suma de cantidad y añado otra vez la suma de cantidad, pero en las propiedades del campo le indico Mostrar valor cómo y elijo la opción Porcentaje de total general.

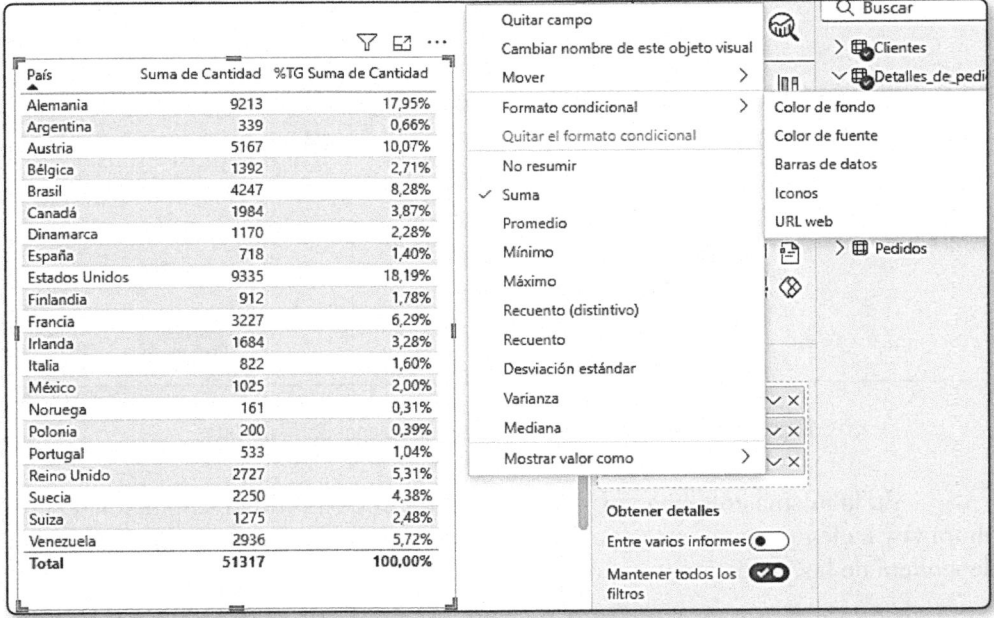

Figura 4.34. Opciones de formato condicional

Hago clic en el desplegable % TG Suma de cantidad, Formato condicional y voy a empezar haciendo clic en la opción *Barra de datos*, esta opción rellenará la celda entera del valor más grande y el resto de los valores lo rellenará en proporción.

También, puedo elegir que el mínimo y el máximo sean valores determinados en vez de los valores automáticos por defecto.

Lo mejor es que los colores sean acordes con el resto del informe, es decir que sigan los colores del tema, o también puedo elegir el rojo para los negativos y el verde para los positivos, después hago clic en Aceptar y ya se muestra el formato condicional en la tabla.

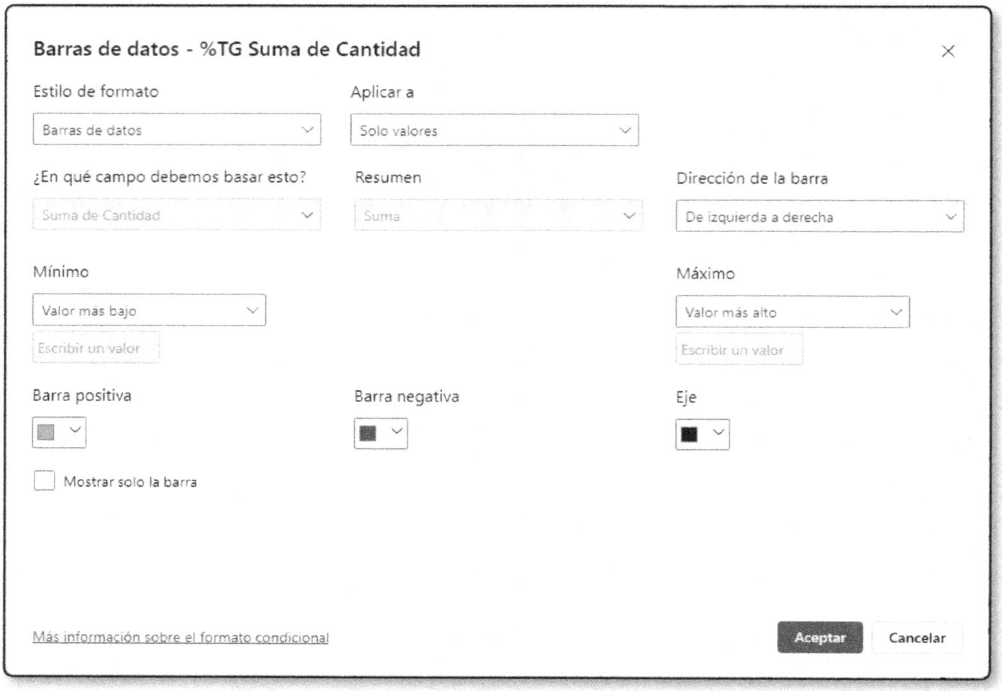

Figura 4.35. Configuración del formato condicional Barra de datos

En la misma columna voy a hacer otra vez clic en formato condicional pero ahora voy a elegir *Iconos*, esta opción va a añadir un icono en cada celda, este icono dependerá de las condiciones que le indique.

En estilo se pueden elegir los tipos de iconos, en la parte de abajo aparecen las condiciones, realmente se quiere resaltar lo que se sale de lo normal por arriba y por abajo, a mi parecer no deben ser tres partes iguales el bueno, el regular y el malo, por lo que voy a personalizar los valores resaltando solo el 20% inferior en la parte mala y el 20% superior en la parte buena, es más en el icono amarillo voy a hacer clic y elijo la opción sin icono, de esa manera solo mostrará el icono en la parte buena y en la mala. Hago clic en aceptar y ya se aplican los cambios.

Si aplicas este formato condicional en Excel te aconsejo que lleves a cabo los mismos ajustes que acabo de hacer en Power Bi.

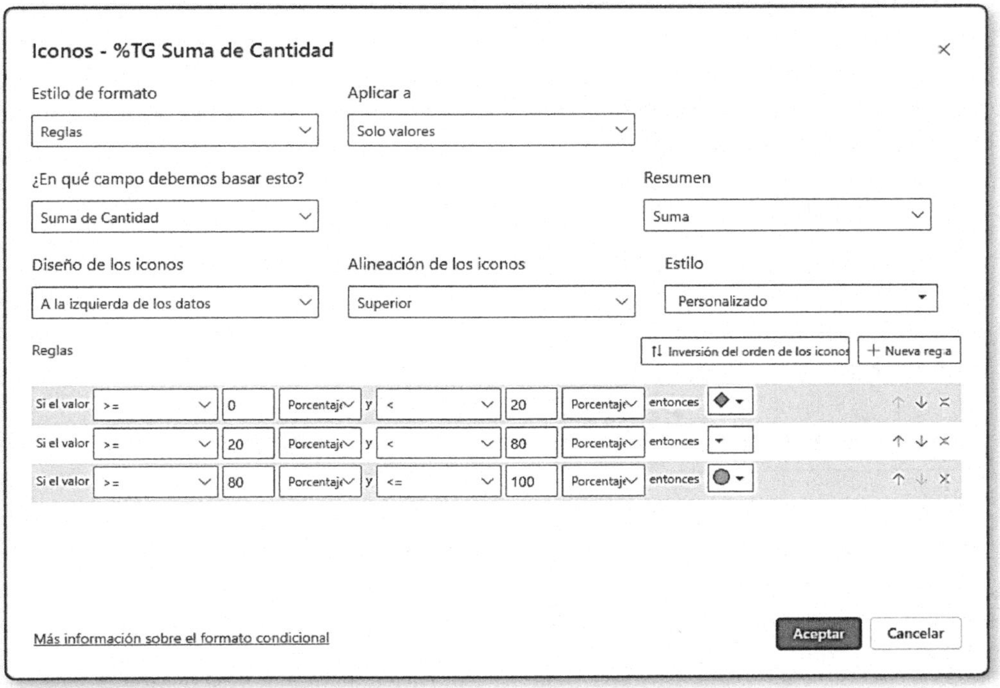

Iconos - %TG Suma de Cantidad   ✕

Estilo de formato   Aplicar a

| Reglas ⌄ | | Solo valores ⌄ |

¿En qué campo debemos basar esto?   Resumen

| Suma de Cantidad ⌄ | | Suma ⌄ |

Diseño de los iconos   Alineación de los iconos   Estilo

| A la izquierda de los datos ⌄ | | Superior ⌄ | | Personalizado ▾ |

Reglas   ↑↓ Inversión del orden de los iconos   + Nueva regla

Si el valor	>= ⌄	0	Porcentaje ⌄	y	< ⌄	20	Porcentaje ⌄	entonces	◆ ▾		↑ ↓ ✕
Si el valor	>= ⌄	20	Porcentaje ⌄	y	< ⌄	80	Porcentaje ⌄	entonces	▾		↑ ↓ ✕
Si el valor	>= ⌄	80	Porcentaje ⌄	y	<= ⌄	100	Porcentaje ⌄	entonces	⬤ ▾		↑ ↓ ✕

Más información sobre el formato condicional   Aceptar   Cancelar

Figura 4.36. Configuración formato condicional Iconos

He querido añadir dos formatos condicionales a una misma columna, ya sé que no es muy normal, pero te quería explicar que puedo hacer clic en el desplegable suma de cantidad, y elegir la opción *Quitar el formato condicional* donde puedo quitar uno de los formatos condicionales aplicados o todos a la vez.

Ahora voy a hacer clic en la columna del Suma de cantidad y voy a elegir Formato condicional, las opciones de fuente y fondo son iguales, pero como se ve mejor el fondo voy a explicar estas opciones con el fondo por lo que hago clic en color de fondo.

La opción de fuente es muy útil para poner los números negativos en rojo.

En la pantalla que aparece lo primero que voy a hacer es elegir cómo quiero aplicar el formato condicional, voy a elegir degradado.

Justo debajo veo qué campo se está evaluando, a la derecha la operación de resumen y cómo tiene que interpretar los valores vacíos.

En la parte inferior se puede elegir entre los dos o tres colores que queramos crear el degradado, es muy común crear una gama monocromática con los colores del tema y aplicar el color más claro al valor más bajo y el más oscuro al valor más alto, también se podría hacer un degradado en el que el rojo sea para el valor más bajo y el verde para el más alto.

Automáticamente busca los valores más bajos y altos para aplicar este formato, pero se pueden personalizar estos valores eligiendo la opción personalizado en el desplegable donde pone Valor más bajo y Valor más alto.

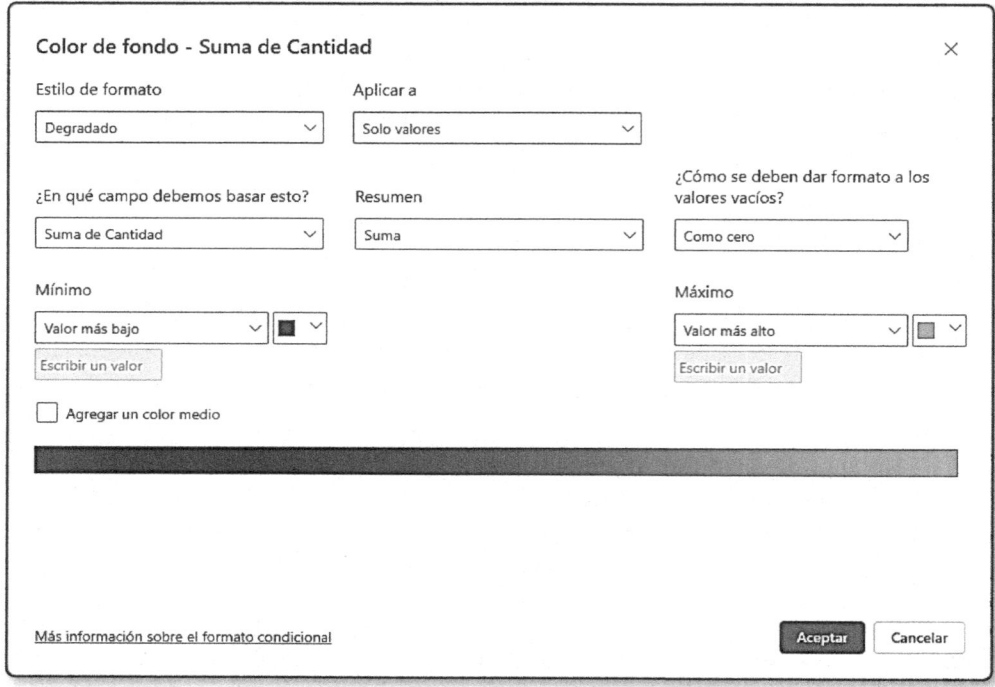

Figura 4.37. Configuración del formato condicional degradado

Ahora voy a hacer clic en el campo país, formato condicional, color de fondo, pero en el primer desplegable le voy a indicar que quiero aplicar el formato condicional según las reglas que me voy a crear.

Justo debajo tengo que indicarle con qué campo quiero comparar y le voy a indicar con el campo cantidad, de esta manera se puede cambiar el formato de un campo según lo que hay en otro campo, en este caso el campo cantidad lo tengo en la tabla, pero no sería necesario que estuviera.

Ahora en la parte inferior voy a escribir las reglas, por ejemplo, entre 0 y 1000 quiero que sea color rojo, entre 1000 y 3500 amarillo y más de 3500 verde, para indicarle que sea el máximo solo hay que borrar el valor de la condición.

Solo hay que hacer clic en aceptar y de esta manera he cambiado el formato de un campo por los valores que hay en otro campo.

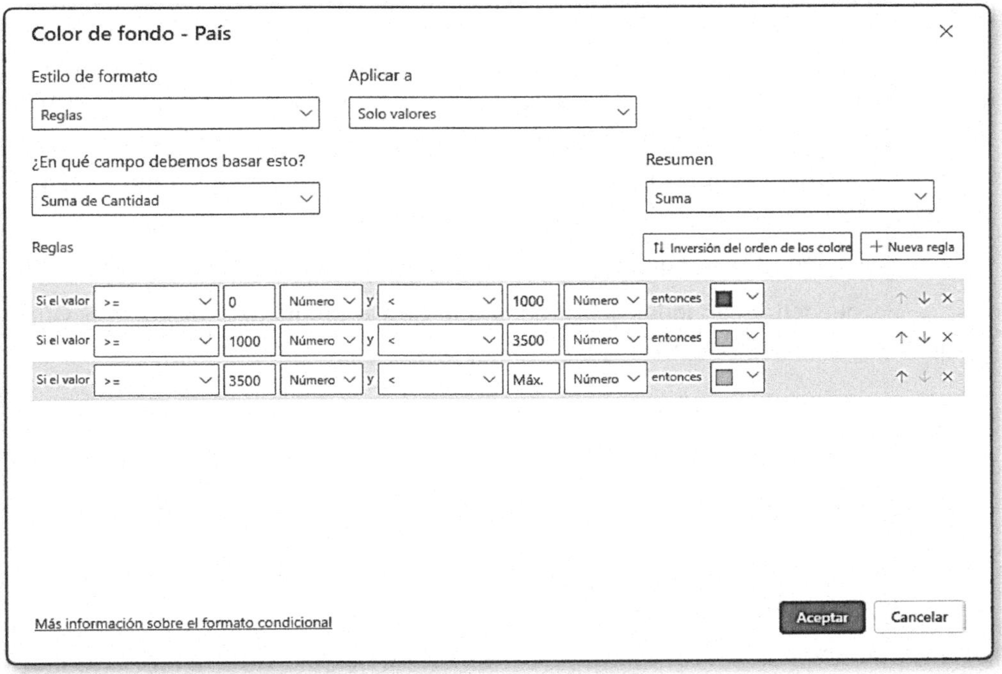

Figura 4.38. Configuración de Formato condicional Reglas

Aunque he explicado los formatos condicionales con una tabla, todos estos formatos se pueden aplicar en distintas propiedades de distintos tipos de objetos visuales como mapas o tarjetas.

4.15 GRUPOS

Hay veces que se necesitan obtener distintas operaciones agrupando por los valores de un determinado campo.

Con los datos que se está desarrollando este ejemplo sería muy útil saber si se ha vendido más en Europa o en América, una forma de hacerlo sería con una función If condicional, pero es mucho más fácil crear un grupo.

Para crear el grupo hay que hacer clic en los puntos que hay a la derecha del campo por el que se desea agrupar, en este caso en el campo país y hacer clic en la opción *Nuevo grupo*.

Aparece una pantalla donde se definen los argumentos del grupo.

En la parte superior se pone el nombre del grupo, en este caso le voy a llamar continente.

En la parte inferior aparecen los valores del campo País, en este caso voy a seleccionar los países de América es decir Argentina, Brasil, Canadá, Estados Unidos, México y Venezuela a continuación hago clic en el botón Agrupar.

El nombre que pone Power Bi es muy largo por lo que hago doble clic en el nombre de la columna de la derecha y escribo América.

Selecciono el resto de los países y sigo el mismo proceso para crear Europa.

Se pueden crear todos los grupos que deseemos incluso un mismo valor puede estar en varios grupos.

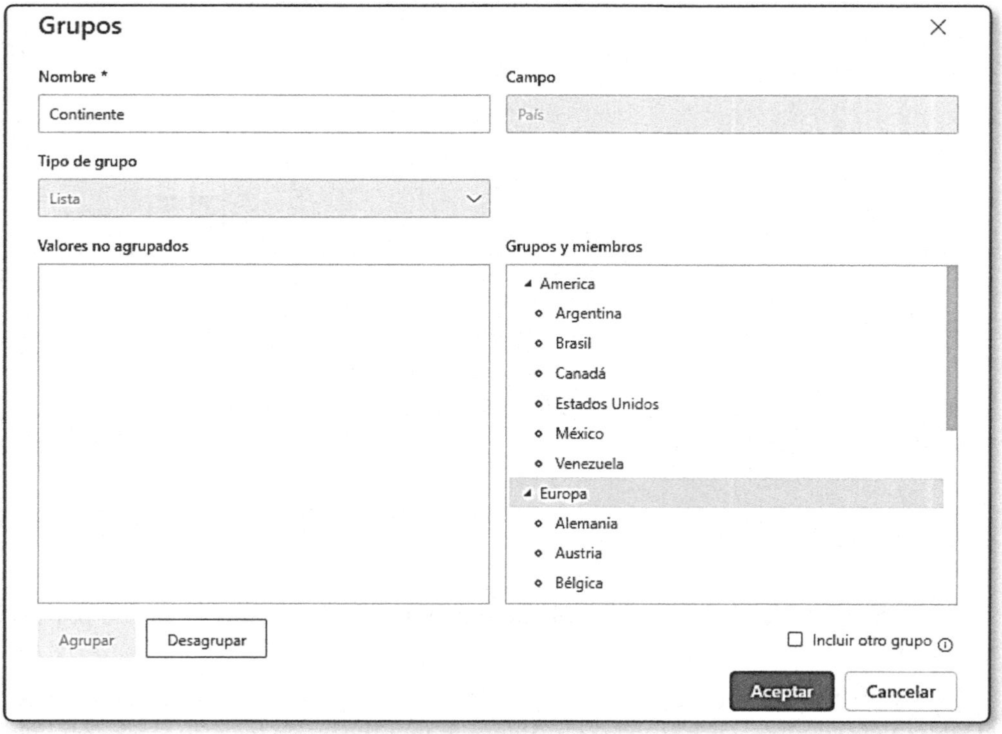

Figura 4.39. Creación de grupo

Una vez definidos los valores hago clic en Aceptar.

Si voy a ver los datos, veré que en la tabla cliente ahora hay una columna más que se llama continente y que tendrá los valores Europa o América según el país.

En el informe inserto un objeto visual tabla, añado el campo continente y el campo cantidad y podré ver en donde se ha vendido más.

De esta manera es muy fácil crear distintas agrupaciones para poder hacer los cálculos que se necesiten en cada caso.

4.16 TEMAS

Cuando se empieza a hacer un informe hay que aplicarle un *Tema*, ya que, sino Power Bi trabaja con el tema por defecto, un *Tema* es un conjunto de formatos que se aplica sobre el informe, de esa manera se pueden predeterminar muchos valores de las propiedades, aunque hay otros que se tienen que seguir cambiando uno por uno cada vez que se hace un informe.

En la ficha *Ver*, está la opción *Temas*, donde al desplegarlos se pueden ver los temas disponibles, cabe destacar el tema *Apto para daltónicos*.

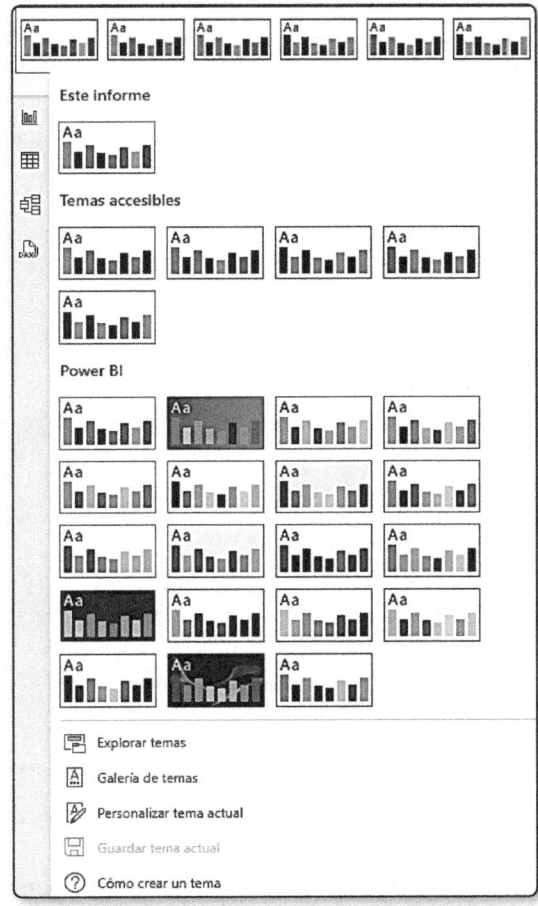

Figura 4.40. Temas de Power Bi

Si no te gusta ninguno de los que hay, en la parte inferior de la lista está la opción *Galería de temas* que te lleva a una página web donde distintos desarrolladores de Power Bi han subido desinteresadamente estos temas, después de verlos, si hay alguno que te guste se puede descargar el archivo en formato JSON.

Ahora voy a hacer clic otra vez en el desplegable de los temas y elijo la opción *Explorar temas* para aplicar ese tema en nuestro informe.

Seguramente hayas encontrado un tema que te guste pero que haya algo que quieras cambiar, entonces hay que hacer clic en el desplegable de los temas y hacer clic en la opción *Personalizar tema actual*.

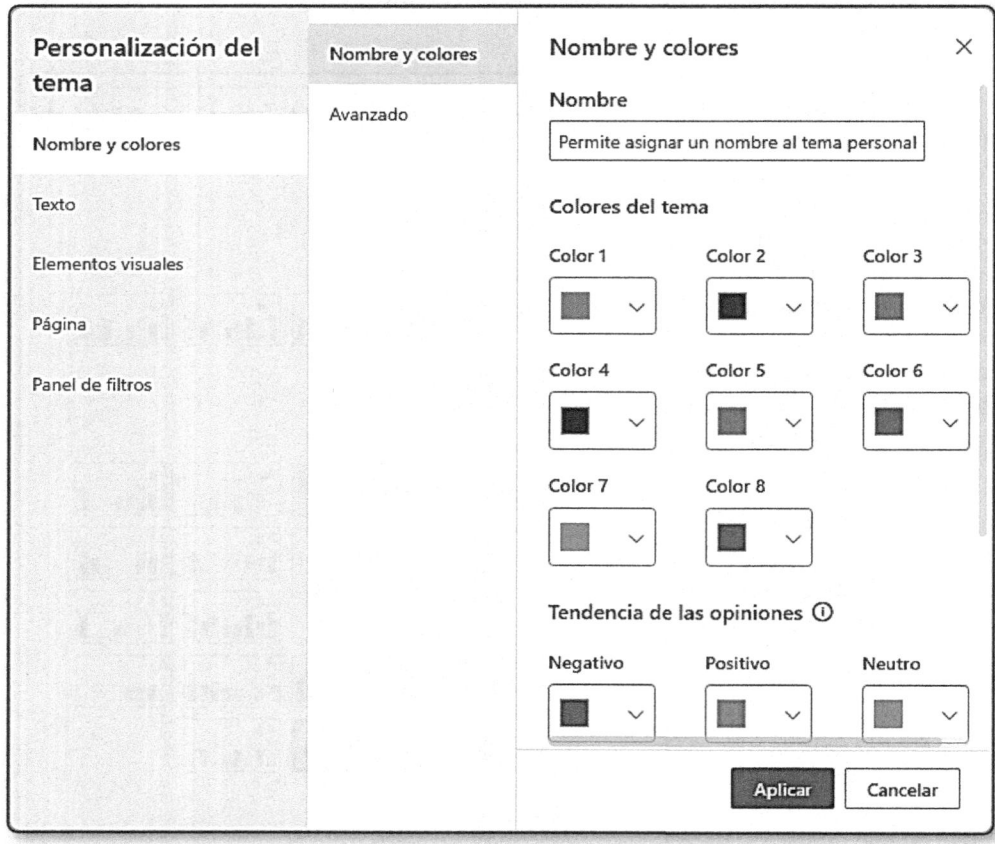

Figura 4.41. Personalizar el tema actual

En la ventana que aparece puedo personalizar los ocho primeros colores que va a usar Power Bi por defecto, así como los colores positivos, negativos y neutros y los colores divergentes.

En la parte avanzado se puede indicar el color del texto de los distintos niveles del texto.

Estás opciones están bien para personalizar los colores, pero lo que es muy importante es personalizar el tipo de letra y el tamaño de la letra que están en la ficha Texto, aquí se puede predeterminar los valores de los distintos tipos de texto, es muy importante porque no es lo mismo maquetar el informe a un tamaño o a otro, por lo que hay que definir el tema antes de empezar a añadir objetos al informe.

Cuando hago un proyecto para una empresa les pregunto por los colores que quieren utilizar, pero sobre todo por el tipo de letra y tamaño y les aviso que si lo cambian después ese cambio provocará un trabajo extra que se debe repercutir en el presupuesto.

Un error muy común es que en los primeros informes que realices dejes un tamaño de letra muy grande, ya que en Power Bi Desktop la ventana se suele ver entorno a un 80%, no te preocupes en el momento que hagas un par de informes le darás un tamaño más apropiado.

Por supuesto, aunque en el tema se predetermina un valor después en cada objeto se puede cambiar el valor de las propiedades que se desee.

Si sigo personalizando el tema a la izquierda está *Elementos visuales* donde se puede personalizar el formato del fondo, bordes, encabezados e información sobre herramientas.

También, se puede personalizar el formato de la página y del panel de filtros, una vez que se han personalizado todos los valores de las propiedades deseadas pulso en el botón Aplicar.

Ahora se pueden ver los cambios de formato que se han aplicado sobre el informe, si ya nos gustan los formatos aplicados hay que hacer clic en el desplegable de los temas y elegir la opción *Guardar tema actual*, el tema se guarda en formato JSON.

A partir de ahora cualquier informe que quieras hacer le puedes aplicar el tema que has hecho haciendo clic en el desplegable de los temas y haciendo clic en la opción *Explorar temas*, de esa manera los informes que se hagan a partir de este momento serán mucho más homogéneos.

Antes de hacer tu primer informe pregunta en tu empresa si ya tienen definido el tema con el que se hacen los informes de Power Bi.

4.17 INTERACCIONES DE LOS OBJETOS

Hasta ahora he estado insertando objetos dentro de nuestro informe, pero no me he preocupado de cómo interactúan entre ellos.

Teniendo la siguiente hoja en la que he añadido una tabla con el país y la suma de la cantidad, un gráfico por cargo de contacto y cantidad, un mapa por país y cantidad y dos tarjetas con la cantidad.

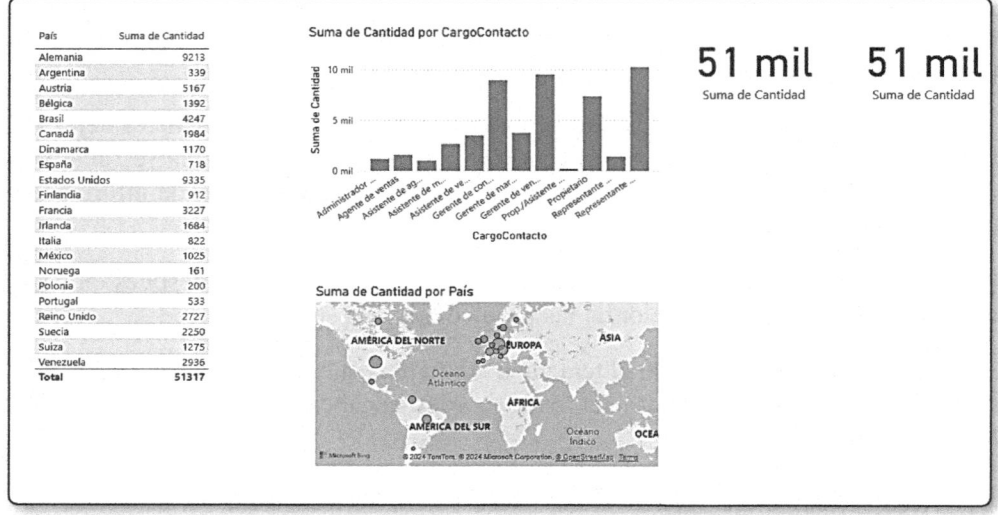

Figura 4.42. Página en la que se van a ver las interacciones

Si hago clic en cualquier país de la tabla, por ejemplo, en Canadá, el gráfico destaca el valor y muestra solamente el valor de Canadá, el resto de los valores los ha difuminado, en el mapa lo que ha hecho Power BI es poner mucho zoom para ver solamente Canadá, en las tarjetas también filtra y se ve solo el total de Canadá.

Si se hace clic en un gráfico filtra sobre las tablas, filtra en las tarjetas y filtra en el mapa.

Si se hace clic sobre el mapa filtra sobre tablas, filtra sobre matrices, filtra sobre las tarjetas y destaca el valor que se ha elegido sobre el gráfico.

Si se hace clic en la tarjeta, no interactúa con el resto de los objetos de la página.

Estas son las interactuaciones por defecto dentro de Power BI, pero se pueden cambiar y personalizar estas interactuaciones.

Cuando está seleccionado cualquier objeto en la parte superior se puede hacer clic en la ficha *Formato* y hacer clic en la opción *Editar interacciones*.

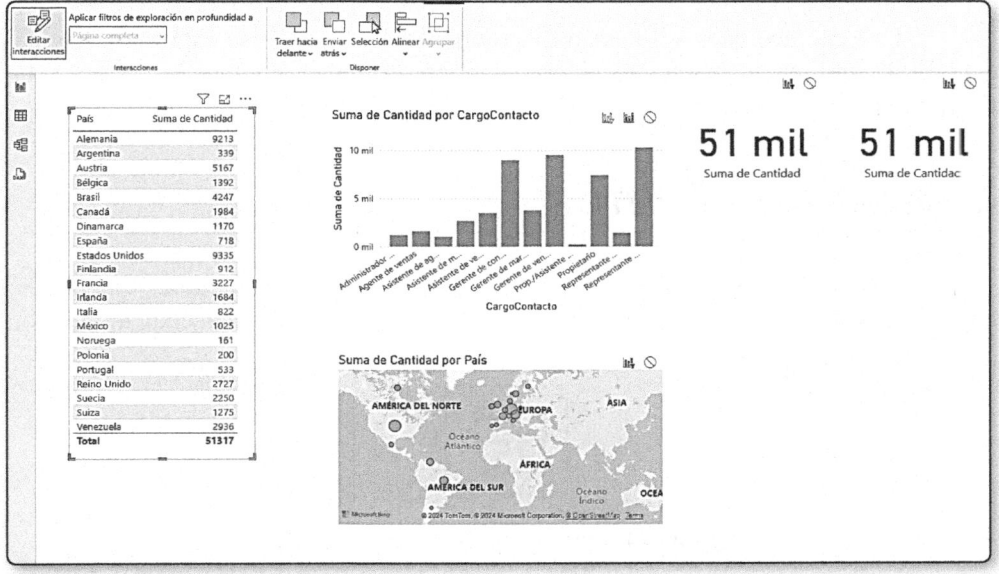

Figura 4.43. Personalizar interacciones de los objetos

Está seleccionada la tabla y se puede indicar qué tiene que hacer el gráfico, se puede elegir que filtre, que destaque o que no haga nada.

En el mapa solo se puede elegir entre que filtre o que no haga nada.

Un ejemplo muy típico y útil es insertar dos tarjetas que sean iguales, en una de las tarjetas se personaliza la interacción para que no haga nada y en la otra no se hace ningún cambio, de esa manera cuando se haga clic en un elemento del objeto que tenemos seleccionado, filtrará en una tarjeta para ver solamente el total del valor elegido y en la otra tarjeta no filtrará para ver el total general.

Te recomiendo utilizar las interacciones por defecto ya que son las que espera el usuario, pero si es verdad que en algunas ocasiones nos puede resultar muy útil el editarlas y poder personalizar estas interacciones ya que cuando se hace clic en un gráfico no siempre queremos que filtre sobre una determinada tabla, o en el caso de las tarjetas podemos ver por un lado el total general y por otro lado solamente el total del valor que nosotros hemos elegido.

Las interacciones solo están disponibles mientras que se está en la página actual, al cambiar de página se pierden las interacciones, aunque se vuelva a la página inicial.

4.18 SEGMENTADORES DE TEXTO

Uno de los controles que más se utilizan son los segmentadores que sirven para filtrar la información y ver solamente los datos que interesan en cada momento.

Figura 4.44. Icono del objeto visual segmentador

Voy a indicar porque campo quiero segmentar es decir por qué campo quiero filtrar, por ejemplo, cargo de contacto.

Si cuando se añade el campo se ve muy pequeño, hay que ir a las propiedades de este objeto visual y en valores se le puede indicar el tamaño deseado del texto para poder ver los distintos elementos.

Si ahora hago clic en Asistente de ventas, se ha filtrado sobre toda la página y se ven solo los datos de los asistentes de ventas.

Si hago clic ahora en Agente de ventas, se verá solamente los datos de agente de ventas, no vemos los del asistente, si quiero ver los dos pulso la tecla de Control cuando haga clic en Agente de ventas.

En las propiedades del segmentador, en *Configuración de la segmentación* están las distintas opciones donde se puede elegir que la segmentación sea una lista, un menú desplegable o mosaico.

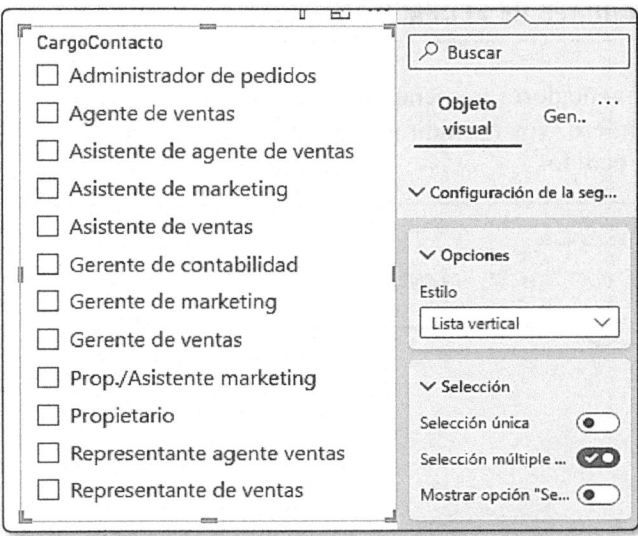

Figura 4.45. Propiedades de la segmentación

En el menú desplegable aparece en forma de menú para que ocupe menos, lista vertical se ven todos los elementos en forma de lista y mosaico muestra todos los elementos en forma de botón lo que hace que sea muy visual cuando no son demasiadas opciones.

En una segmentación se pueden añadir varios campos cuando son jerárquicos, por ejemplo, se puede añadir el país y debajo la ciudad, pero si los datos no son jerárquicos es mejor utilizar varias segmentaciones.

En las propiedades, en controles de selección se puede elegir que sea una selección única o que se puedan seleccionar varios elementos.

Si es selección única aparecen círculos en vez de cuadrados al lado de cada opción y aquí no vale dejar pulsada la tecla de Control para seleccionar varios valores.

También, se le puede indicar que la selección múltiple sea automática o que haya que pulsar la tecla de control, por defecto hay que pulsar la tecla de control.

A continuación, se le puede indicar si quiero que aparezca la opción de seleccionar todo, para que muestre todos los datos, en este caso también se puede borrar las selecciones con el botón de la goma.

Se pueden cambiar las distintas propiedades de los encabezados, los elementos fondos etc. igual que cualquier objeto visual que se añada al informe.

4.19 SEGMENTADORES DE FECHA Y NÚMERO

Los segmentadores no tienen que ser solamente de texto también puede ser de fecha o de número. Voy a añadir un objeto visual segmentador y voy a añadirle el campo fecha de pedido.

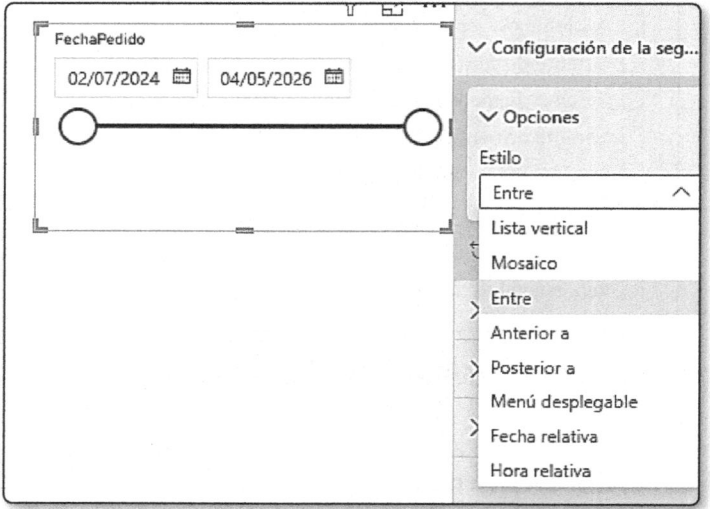

Figura 4.46. Segmentación de fecha con las opciones de estilo

Automáticamente Power Bi muestra la primera y la última fecha que hay en fecha de pedido, se puede elegir el intervalo de fechas del cual se quieren ver los datos, para ello se puede elegir o escribir la fecha en los rectángulos superiores o arrastrar desde los círculos correspondientes y automáticamente los filtra en la hoja.

Como siempre se puede ir a las propiedades de formato y cambiar los tamaños de los encabezados los tamaños de las entradas de fecha, etc.

También, se puede ir a las propiedades y elegir si solo se quiere segmentar por los valores anteriores a una fecha, también se puede seleccionar que sea posterior, que sería similar. Lista no es muy útil si quiero segmentar por un intervalo, ya que no agrupa por años, meses como en un autofiltro en Excel o que sea un menú desplegable, donde existe el mismo problema.

También, se puede seleccionar que sea una *Fecha relativa*, esta opción sí que es útil ya que se le puede indicar que sea relativa a la fecha actual, se le puede indicar que sea el último día, la última semana, el último mes, o mes del calendario o años que hayamos elegido.

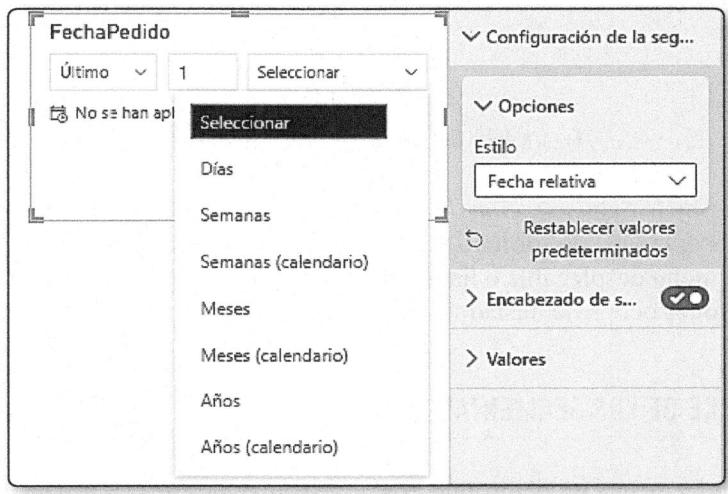

Figura 4.47. Opciones de Fecha relativa en la segmentación

Si se elige años Power Bi muestra los datos del último año desde la fecha de hoy nos filtra los últimos 12 meses, si le elige años de calendario filtra desde el uno de enero al 31 de diciembre del año anterior.

Lo bueno que tiene esta opción es que se actualiza automáticamente con la fecha del sistema por lo que cada día mostrará los registros que cumplan la condición indicada.

Si se hace clic otra vez en la lista de campos se puede hacer clic en el campo Fecha de pedido y elegir Jerarquía de fechas, de esa manera se mostrarán las fechas como en Excel, es decir agrupadas por años, trimestres, meses y días.

Si lo vuelvo a dejar sin jerarquía le tengo que decir Entre en la configuración de la segmentación ya que lo ha puesto como una lista.

Voy a cambiar el campo de la segmentación y voy a poner el campo cantidad, las opciones son las mismas, ya que se puede filtrar desde la cantidad más pequeña, desde la más grande, se puede seleccionar que sea una lista o menú desplegable entre dos números que es la opción que viene por defecto o que sea mayor o menor que algo.

Como se puede observar no hay diferencias entre la fecha y los números, solo que en las fechas hay más opciones, ya que se puede filtrar según la fecha relativa.

Figura 4.48. Segmentación de datos (Nueva)

Este objeto *Segmentación de datos (Nueva)* se ha añadido hace poco a Power Bi, tiene más opciones de formato que las segmentaciones normales, pero no tiene la opción de menú desplegable o lista, solo tiene la opción mosaico por lo que si hay muchas opciones ocupa demasiado y no es útil.

4.20 ALCANCE DE LOS SEGMENTADORES

Anteriormente he dicho que con los segmentadores se puede filtrar en la página en la que estamos, pero hay veces que quiero filtrar en varias páginas.

En este caso ya estaría segmentando sobre esta página, pero quiero que segmente en otras páginas.

Voy a ir a la ficha de Ver y hago clic en *Sincronizar segmentaciones*.

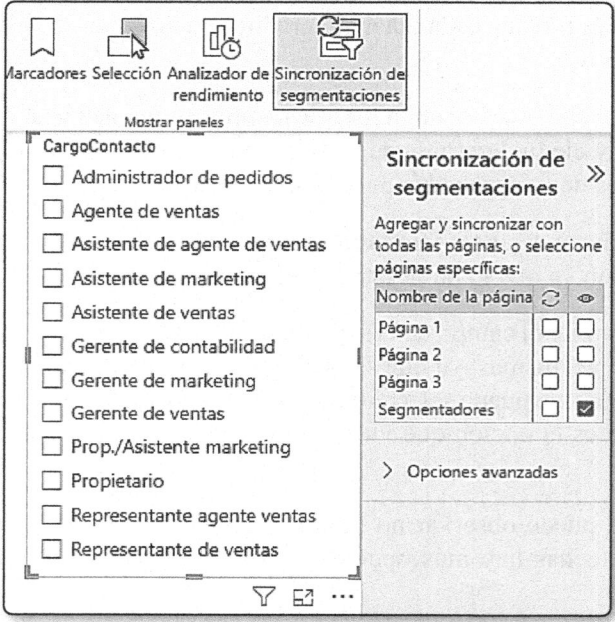

Figura 4.49. Sincronización de segmentadores

En la parte de la derecha de la pantalla aparecerá el panel de segmentadores.

En este panel se pueden ver dos columnas al lado de cada hoja, en la primera columna hay que indicar a Power Bi en qué páginas se va a aplicar el filtro y en la segunda columna en qué páginas quiero que se vea el segmentador.

En esta página de segmentadores va a aplicar el filtro y es visible pero también se puede cambiar en qué páginas se quiere aplicar el filtro que se elija.

Lo más común es que sea sólo visible en una página y filtre sobre otras, pero también se le puede indicar que sea visible en las páginas que se quiera.

Aunque en la ficha de segmentadores no hay datos que filtrar voy a dejar activa la página de segmentadores, es decir que aplique el filtro sobre esta página, ya que sino no se sincronizará con el resto de las páginas.

La gran ventaja de los segmentadores sobre los filtros, es que en los filtros sólo se puede filtrar en la página activa o en todas, pero no se puede elegir que filtre en unas páginas en concreto, cosa que sí que podemos hacer con los segmentadores.

Además, los segmentadores son objetos visuales que están en la página por lo que puedo personalizar la interacción de estos objetos y puedo elegir en qué objetos de la página quiero segmentar y en cuáles no.

Vamos a ver ahora cómo podemos usar la inteligencia artificial que incorpora Power BI. Para ello en la pestaña de inicio vamos a pinchar donde pone hacer una pregunta.

4.21 OBJETOS VISUALES IA

Hay varios objetos de Power Bi que usan Inteligencia artificial, se pueden añadir desde las visualizaciones como el resto de los objetos, pero también desde la ficha insertar.

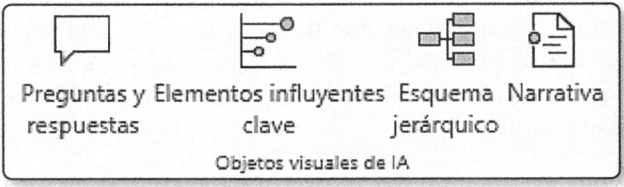

Figura 4.50. Iconos de los objetos visuales de inteligencia artificial

El primer objeto de este tipo es Preguntas y respuestas.

Preguntas y respuestas

Al hacer clic en este botón aparece la siguiente pantalla.

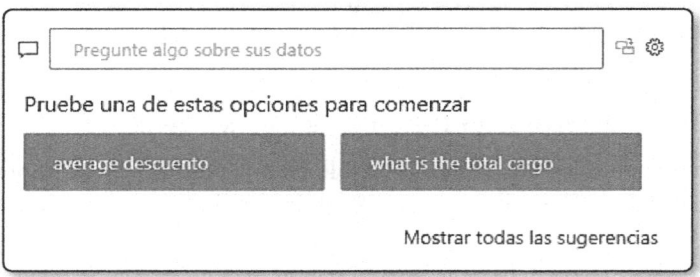

Figura 4.51. Pantalla de preguntas y respuestas

Se puede hacer clic en las preguntas de ejemplo que aparecen como botones en la parte inferior de la pantalla o se puede escribir la pregunta para que Power Bi muestre este objeto visual.

Voy a ir escribiendo lo que quiero ver, por ejemplo, cantidad y Power BI lo que hace es ponernos una tarjeta donde nos muestra la suma de la cantidad.

Pero puedo seguir escribiendo, voy a escribir by País, ya que las instrucciones se las tenemos que poner en inglés. Ahora lo que muestra es un gráfico, por supuesto a este gráfico le podemos cambiar el tipo, lo podremos personalizar, etc.

O también puedo escribir and Cargocontacto, y ya tenemos otro gráfico distinto que nos agrupa tanto por país como por cargocontacto.

Al final puedo escribir Map o Tree o el objeto que yo quiera visualizar.

Como vemos es fácil ir escribiendo los valores que queremos representar y el propio Power BI, va a ir ajustando el objeto que crea más conveniente según los datos que vamos escribiendo.

Lo único que hay que tener en cuenta es que hay que escribir en inglés e ir poniendo by en vez de por, and en vez de y, etc. funciona mejor escribiendo en inglés, pero se puede ir a la ficha Modelado, y hacer clic en el botón lenguaje para elegir entre español e inglés.

Una vez que está definido el objeto se puede pulsar en la rueda dentada y de esa manera el objeto de preguntas y respuestas se convertirá en el objeto que esté mostrando y se pueden seguir personalizando las propiedades para adecuarlo a lo que se necesite en cada momento.

Elementos influyentes clave

Los datos hay muchas veces que dependen unos de otros, pero no tienen una relación directa, este objeto *Elementos influyentes clave* permite analizar la influencia que tiene un campo sobre otro.

Voy a estudiar la influencia que tiene el país sobre la cantidad vendida, para eso inserto el objeto *Elementos influyentes clave* y relleno las propiedades, en la propiedad Analizar voy a añadir el campo cantidad ya que es el campo que deseo estudiar, en la propiedad Explicar por voy a poner el campo País puesto que es el campo que quiero ver cómo influye en la cantidad.

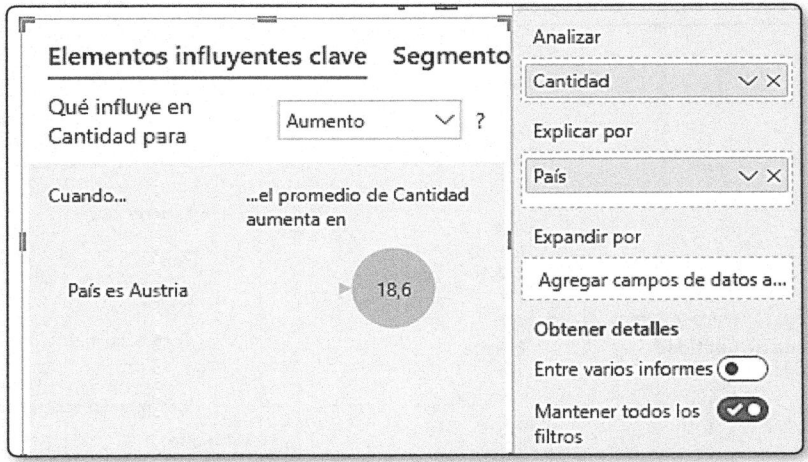

Figura 4.52. Ver la influencia que tiene el país sobre la cantidad

Este control muestra si el país es Austria esta un 18,6% por encima del promedio, si se hace clic en el desplegable de Aumento y se elige disminución aparece una lista con los países que están por debajo de la media por ejemplo Argentina está un 14,06% por debajo de la media o Noruega un 13,85% por debajo.

Con este objeto se puede analizar las ventas según el precio o las magnitudes que pensemos que pueden influir en los distintos resultados que tengamos.

El siguiente objeto visual de Inteligencia Artificial que voy a explicar es el *Esquema Jerárquico*.

Esquema Jerárquico

Este objeto sirve para analizar un valor según los datos jerárquicos por los que se desee agrupar.

Añado este objeto y añado el campo cantidad en la propiedad Analizar, en la propiedad *Explicar por* se pueden añadir todos los campos por los que se quiera explicar esta información, en este caso voy a añadir el campo país, el campo ciudad y el campo código postal, si estuviera creada la jerarquía podría añadir la jerarquía de direcciones.

Siempre en la propiedad Analizar se añade el valor que después se quiere ver organizado por los campos que se añaden en Explicar por.

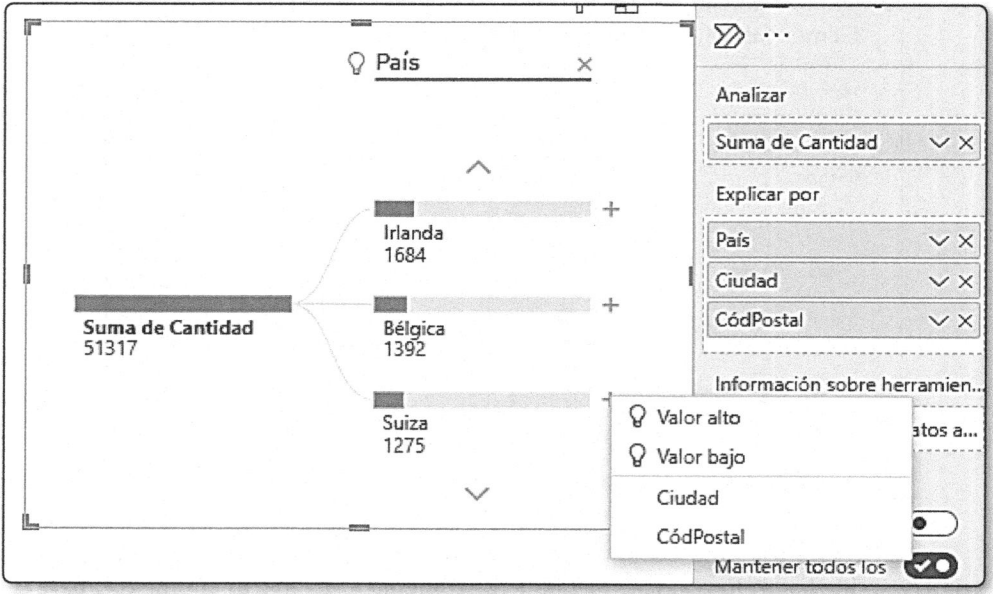

Figura 4.53. Configuración del objeto Esquema jerárquico

Ahora se puede ir haciendo clic en el + de la cantidad y elegir si se quiere ver el más alto o el más bajo para que muestre la cantidad por país en ese orden.

Se pueden repetir los mismos pasos en el campo país para ver los datos por ciudades.

En cualquier momento se puede hacer clic en un país y ver los detalles de ese país.

El último objeto visual de IA que queda es Narrativa.

Narrativa

Narrativa va a crear una descripción de los objetos que hay en la página, estos objetos no pueden ser solo tablas ya que la información la obtiene de mapas y gráficos.

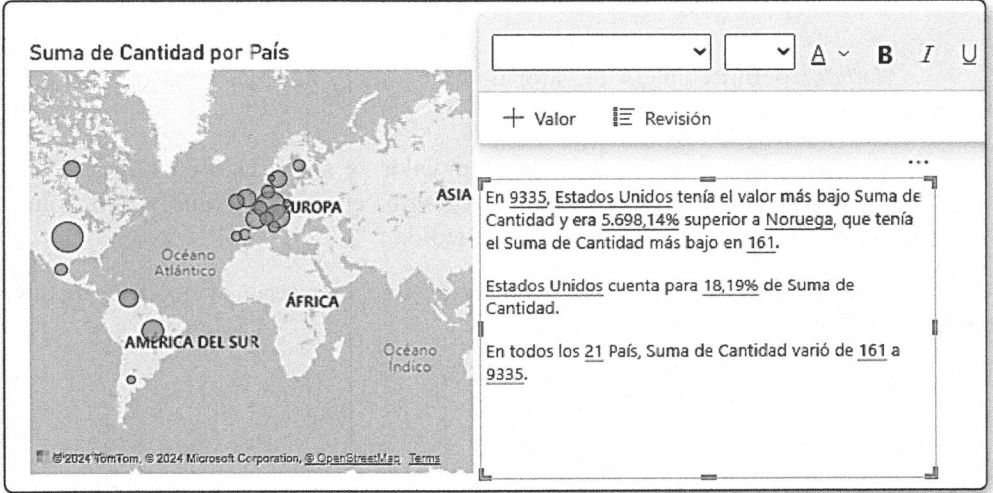

Figura 4.54. Narrativa creada en una página con un mapa

La verdad es que no son muy claras las explicaciones que da y además puede que los datos no sean los que se desean analizar, para mi gusto es mejor escribir el texto fijo y añadir las variables pulsando en valor y haciendo las preguntas necesarias para obtener el valor deseado.

4.22 OTROS OBJETOS VISUALES DE POWER BI

Power Bi incluye otros controles que se usan menos que voy a explicar brevemente.

Figura 4.55. Iconos de los objetos visuales R y Phyton

Script R y Phyton estos dos objetos visuales permiten ejecutar scripts hechos en R y Phyton respectivamente, para ello hay que habilitar estos objetos.

Figura 4.56. Icono de objeto visual medidor

Medidor permite añadir el valor de un campo y el objetivo al que debería llegar, se muestra como un semicírculo.

Al añadir un campo en la propiedad Valor se sitúa justo en la mitad del semicírculo, a continuación, puedo añadir otro campo en valor máximo, y veré como cambia el semicírculo para adaptarse a esta medida.

También, le puedo indicar un valor destino que sería el objetivo al que tendría que llegar.

Figura 4.57. Icono del objeto visual KPI

KPI parecido al anterior donde se representa un valor y el objetivo a llegar, pero también hay un eje de tendencia que suele ser un campo de fecha, muestra el resultado en forma de gráfico.

Figura 4.58. Icono del objeto visual métricas

Métricas este objeto está en versión preliminar, este objeto lo veremos en el servicio de Power Bi cuando publiquemos el informe.

Figura 4.59. Icono del objeto visual informe paginado

Informe paginado hay una versión de Power Bi para hacer informes paginados, un informe paginado se puede añadir a la versión Desktop de Power Bi, pero la verdad es que la versión de hacer informes paginados de Power Bi casi no se usa ya que la gran revolución de Power Bi fue precisamente hacer informes para consumirlos desde la pantalla no para imprimirlos.

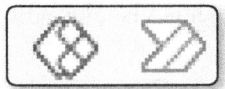

Figura 4.60. Iconos de los objetos Power Apps y Power Automate

Power Bi al fin y al cabo forma parte de Microsoft 365 por eso hay dos botones que conectan con dos aplicaciones de Microsoft 365 como son *Power Apps* y *Power Automate*.

Power Apps es una aplicación para desarrollar programas y aplicaciones en Microsoft 365, se necesitan conocimientos de programación para utilizarla.

Power Automate es para crear flujos de programas, es decir realizar acciones con distintos programas, por ejemplo, crear un botón en Power Bi para enviar un mensaje por Teams, para utilizar Power Automate no se necesitan conocimientos de programación, según dice Microsoft es la herramienta para que programen las personas que no saben programar.

Se puede crear un flujo nuevo desde Power Bi o vincular el botón a un flujo ya existente.

4.23 AÑADIR OTROS CONTROLES

Aunque Power BI puede parecer que tiene muchos objetos visuales, es posible que se necesite añadir algún objeto visual más, para mostrar algún dato de una manera especial.

Los objetos visuales se pueden añadir en la ficha *Insertar*, pero quizás lo más rápido es que dentro de los propios objetos visuales, al final hay un botón con tres puntos.

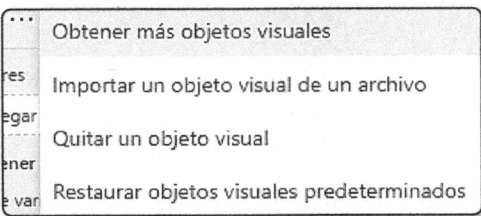

Figura 4.61. Icono y opciones para añadir más objetos visuales

Aquí se puede importar desde archivo, lo que hace esta opción es importar un objeto visual desde un archivo que se haya descargado previamente.

Pero la opción más habitual es importar desde *Objetos más objetos visuales*.

Si no se ha iniciado sesión al trabajar con Power BI, aparece una pantalla para logarse y poder descargar objetos visuales adicionales.

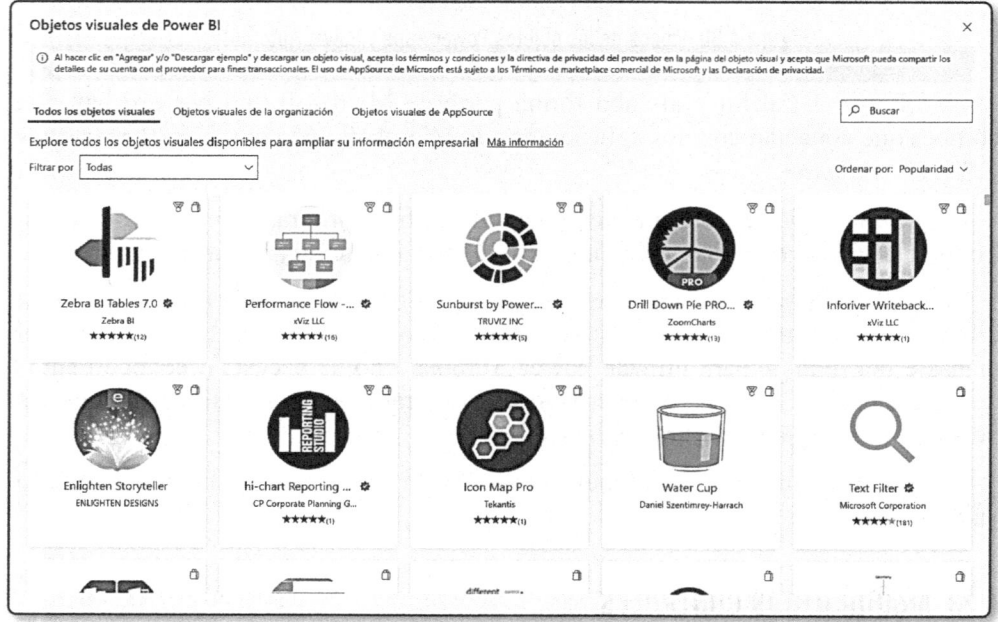

Figura 4.62. Pantalla para instalar más objetos visuales

En la parte de la izquierda se pueden ver las distintas categorías de objetos visuales como distribución, KPI, etc. al elegir una categoría se verán solo los objetos visuales de esa categoría.

La mayoría de estos objetos visuales son gratis, pero hay algunos que hay que pagar por usarlos.

En algunas empresas están bloqueados estos objetos visuales, pero se le puede preguntar a la persona responsable si puede añadir el objeto visual que se necesite en la pestaña *Objetos visuales de la organización*.

Una vez que se elige un objeto visual se puede hacer clic el botón agregar y ya aparecerá en el informe para poder usarlo.

Si se desea que el objeto visual aparezca en todos los informes, una vez que se ha agregado se puede hacer clic sobre su icono e indicarle Anclar al panel de visualizaciones.

4.24 OBJETO VISUAL WORD CLOUD

En los informes se quiere mostrar los datos de una manera atractiva, para ello si se utilizan siempre los mismos objetos visuales, al final los informes se convierten en informes monótonos.

En este caso voy a añadir el objeto visual Word Cloud, escribo el nombre en el apartado de búsquedas a la derecha de la pantalla y después hago un clic sobre el objeto.

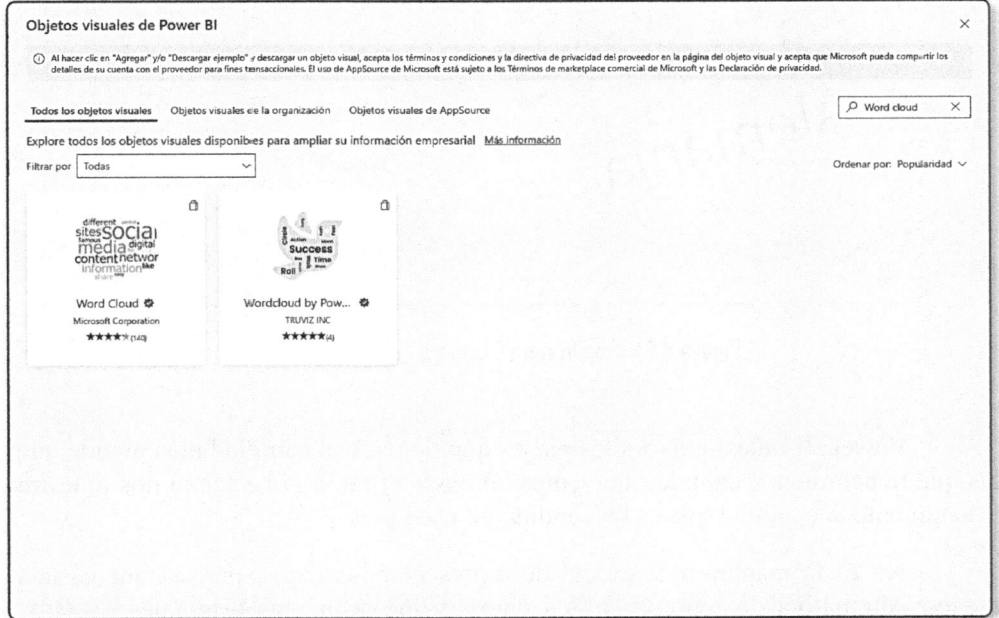

Figura 4.63. Búsqueda del objeto Word Cloud

Ahora tengo una pantalla donde me describe el objeto en inglés, un poco más arriba debajo del nombre del objeto pone PBI Certified, es decir Power Bi certifica que este objeto visual funciona perfectamente en Power Bi, en la parte de la izquierda aparece la empresa que lo ha creado y el precio entre otros datos.

Una vez que he comprobado que es todo correcto hago clic en agregar y aparece un mensaje informando que el objeto visual se ha importado correctamente.

Inserto el objeto visual dentro del informe, voy a añadir el campo país de la tabla de clientes en la propiedad categoría y veré como muestra los distintos países, Power Bi está poniendo de momento todos los países en el mismo tamaño y en distintos colores.

Ahora voy a ir a la tabla de detalles de pedidos y voy a insertar el campo cantidad en valores.

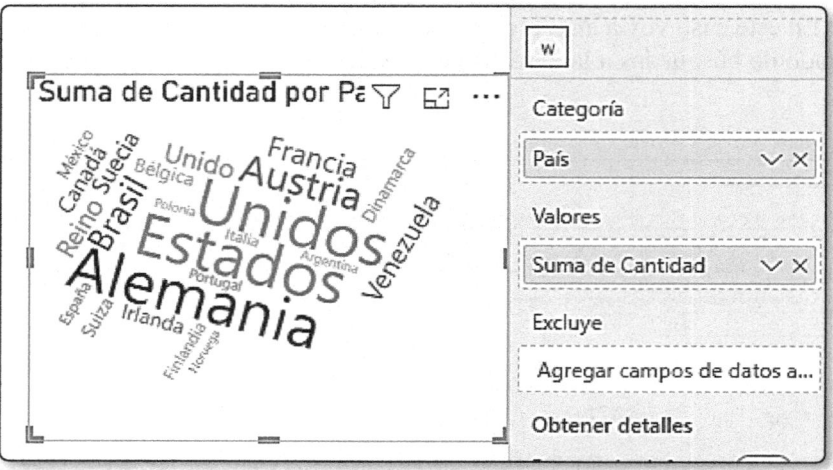

Figura 4.64. Objeto Word Cloud y su configuración

Power Bi muestra ahora los países que tienen una cantidad más grande que las que tienen menos cantidad de ventas, al pasar el ratón por encima nos muestra exactamente la cantidad que se ha vendido en cada país.

No es la manera más exacta de representar los datos, pero sí que es una manera alternativa de representar los datos y que sean más originales nuestros informes, sobre todo se debe de hacer cuando quiero resaltar un determinado valor.

Si voy a las propiedades le podemos indicar de qué colores quiero los datos de cada país, le puedo indicar qué palabras son irrelevantes, si quiero girar el texto, si quiero mantener los nombres juntos, etc.

4.25 OBJETO VISUAL INFOGRAPHIC DESIGNER

Este objeto visual es muy apropiado para llamar la atención sobre un determinado gráfico, ya que en vez de hacer un gráfico normal va a ser una infografía.

Hago clic en el botón de los tres puntos de los objetos visuales, le indico Obtener más objetos visuales, busco Infographic Designer, una vez que lo he encontrado hago clic en él, en la ventana que se abre veo que es un objeto visual de Microsoft, que es gratis y que está certificado por Power Bi, también puedo leer la descripción de este objeto visual.

Además, ya puedo intuir lo que va a hacer este objeto con el ejemplo que aparece a la derecha.

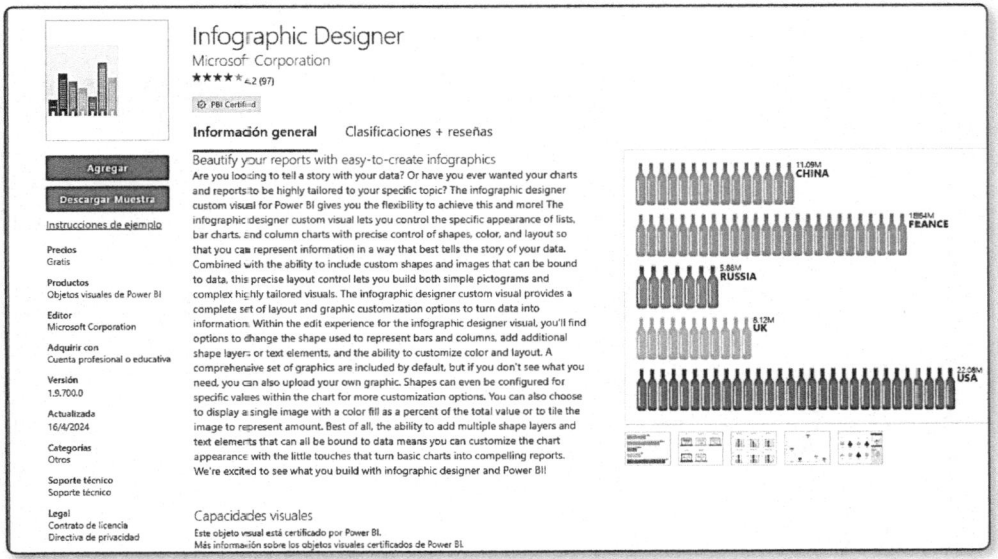

Figura 4.65. Objeto visual Infographic Designer

Ahora voy a pulsar en el botón Agregar para añadir el objeto a mi informe.

En este caso las propiedades están en inglés, en *Category* voy a añadir el campo País y *Measure* puedo poner cantidad.

Si voy a las propiedades del objeto visual veo que solo tiene la propiedad Chart que es donde están englobadas todas las propiedades como tipo de gráfico, ejes, leyenda, líneas de fondo, etc.

Pero la verdadera clave de este objeto aparece cuando paso el ratón por encima del gráfico, en la parte de la derecha aparece un lápiz y al hacer clic Power Bi muestra un panel donde puedo definir como deseo esta infografía.

Lo primero puedo elegir la forma desde la propiedad Shape, incluso puedo utilizar mi propia figura si la tengo en formato SVG.

Si en vez de aparecer solo una figura quiero que aparezcan varias más pequeñas puedo activar la opción Multiple Units.

En Value Color puedo cambiar el color de fondo.

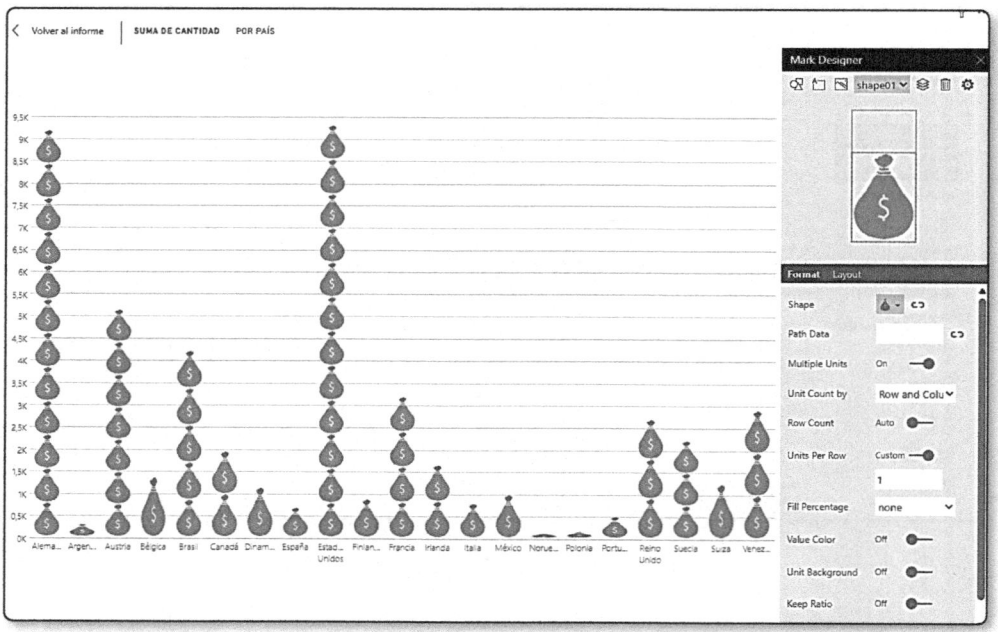

Figura 4.66. Gráfico creado con Infographic Designer

Te recomiendo que experimentes con las distintas propiedades porque se pueden obtener resultados muy atractivos.

4.26 PÁGINA

Estoy viendo muchos objetos visuales, cómo añadirlos, etc. Pero todos estos objetos deben de ir sobre una página, voy a explicar las propiedades más importantes que tiene.

Cuando no hay ningún objeto visual seleccionado en la parte de la derecha están las propiedades de la página, al ir desplegando las distintas categorías puedo ir ajustando la página a mis necesidades.

Lo primero que tengo es el nombre y si quiero que esta página se use como información sobre herramientas, esta opción la explico un poco más adelante al crear un Tooltip o permitir que esta página sea una respuesta a alguna pregunta, de ser así debo escribir los sinónimos a los que debe responder.

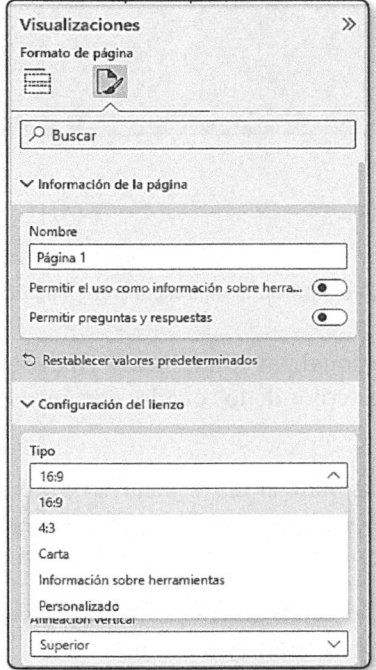

Figura 4.67. Propiedades de la página

A continuación, puedo cambiar el tamaño de la página, si elijo la opción tamaño personalizado a la página le puedo especificar el tamaño exacto que necesite en ese momento.

Después puedo cambiar el Fondo del lienzo y el Papel tapiz, el fondo del lienzo es el fondo de la página donde pongo los objetos mientras que el papel tapiz es la parte de la pantalla que estoy viendo pero que no forma parte de la página.

En la imagen siguiente se ve en más oscuro el lienzo donde añado los objetos y más claro la parte de la pantalla que veo que está fuera de la página.

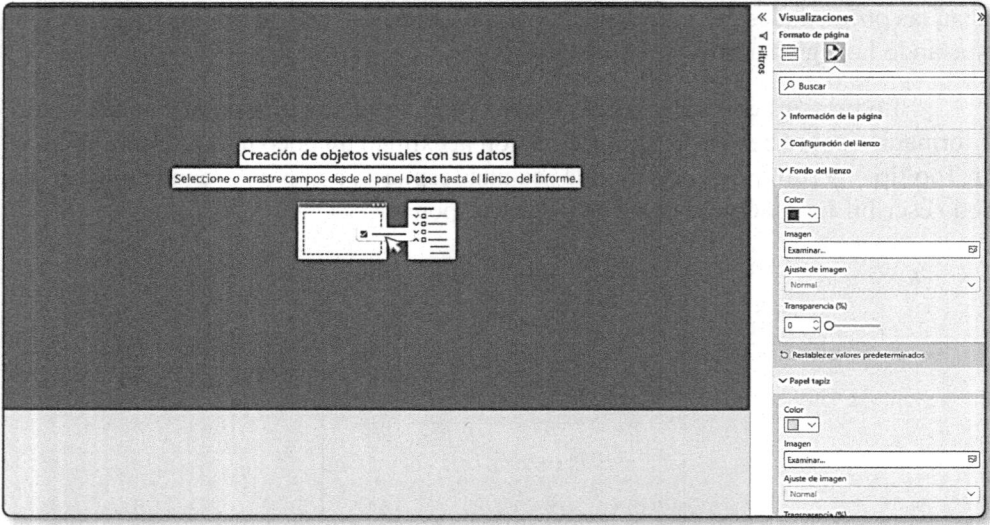

Figura 4.68. Imagen para ver la diferencia entre fondo del lienzo y tapiz

También, puedo personalizar como Power Bi debe mostrar el panel de filtros en esta página, desde fuente, color de los cuadros de entrada, color del borde, fondo, opciones, etc.

También, puedo personalizar las tarjetas del filtro, en este caso hay un matiz muy importante ya que puedo aplicar unos formatos en el estado valor predeterminado y otros formatos al estado aplicado, es decir cuando se ha aplicado un filtro.

En las tarjetas puedo cambiar el tipo, tamaño y color de la letra, así como color del borde, del cuadro de entrada y del fondo.

Cuidado al personalizar estos colores ya que deben de ser colores suaves y que combinen bien.

4.27 AYUDA

Normalmente no nombrarían la ayuda como un elemento más a la hora de diseñar informes, pero en Power Bi se nota que Microsoft hace un gran esfuerzo por poner a la disposición de sus usuarios una ayuda muy eficiente.

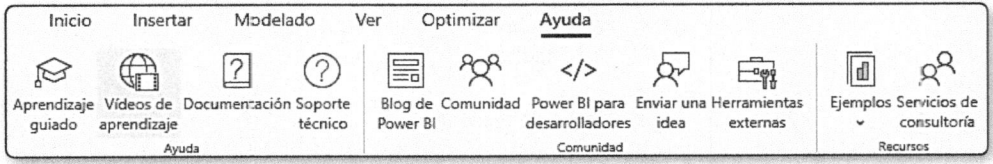

Figura 4.69. Ficha Ayuda de Power Bi

En Power Bi la ayuda tiene su propia pestaña, el primer botón que hay es *Aprendizaje Guiado*, al pulsar sobre él nos lleva a las páginas de aprendizaje de Power Bi dentro de Microsoft, se pueden hacer distintos módulos para profundizar en los temas en los que vea que necesito reforzar mis conocimientos.

El siguiente botón *Vídeos de Aprendizaje* me lleva a YouTube, en concreto a visualizar los vídeos que genera el equipo de desarrollo con las novedades que hay cada mes en Power Bi, lo malo es que están en inglés, se pueden subtitular, aunque no traducir.

A continuación, está Documentación que es la ayuda de siempre donde puedo buscar ayuda escribiendo el texto que quiero encontrar o puedo ir haciendo clic en las categorías que tengo a la izquierda.

Incluso me puedo descargar la ayuda en PDF por si tengo problemas de conexión a internet.

El botón Soporte técnico comprueba que Fabric se esté ejecutando correctamente, también puedo crear una solicitud de soporte o distintas opciones de aprendizaje.

Después están los botones de comunidad donde puedo acceder al Blog de Power Bi, con la opción Comunidad accedo a distintos foros de debate, también puedo acceder a la documentación para desarrolladores de Power Bi.

Si veo que a Power Bi le falta alguna opción que me gustaría que tuviera, puedo hacer clic en el botón *Enviar una idea* de esa manera puedo ponerme en contacto con el equipo de desarrollo de Microsoft y trasladar la opción que me gustaría que añadieran a Power Bi.

En el botón *Herramientas Externas*, Microsoft me recomienda y explica una serie de herramientas que puedo instalar para que me sea más fácil el desarrollo de mi trabajo en Power Bi.

Figura 4.70. Ejemplos de Power Bi

En el botón *Ejemplos*, Microsoft pone a disposición de todos los usuarios de Power Bi distintas bases de datos para poder empezar a trabajar, informes de ejemplo para ver cómo puede quedar un informe terminado.

Como puede ver Microsoft hace un gran esfuerzo por mantener una ayuda que sea de verdad útil para los usuarios y si alguien no usa Power Bi que no sea porque no tiene documentación para aprender a utilizarlo.

4.28 OPCIONES DE POWER BI

Como casi todos los programas de Microsoft se puede acceder a las opciones del programa desde el menú de Archivo, en este caso debo hacer clic en Archivo, Opciones y configuración, Opciones.

En Power Bi las opciones están divididas en dos categorías Global que es para todos los archivos y Archivo actual solo para este archivo.

Algunas propiedades que están en los dos sitios ya que puede tener una configuración global pero después cambiarla en un determinado informe.

Hay distintas opciones que son especialmente importantes como por ejemplo dentro de global, seguridad donde debo de tener activada la opción para poder usar mapas, mapas coropléticos y ArcGis, en estas opciones también le puedo indicar a Power Bi cómo comportarse con distintos tipos de datos.

Muy interesante la configuración regional ya que le puedo indicar en qué idioma quiero usar Power Bi, en principio en el mismo idioma que Windows, el idioma del modelo, los pasos de la consulta y si quiero que DAX use como separador la coma o el punto y coma.

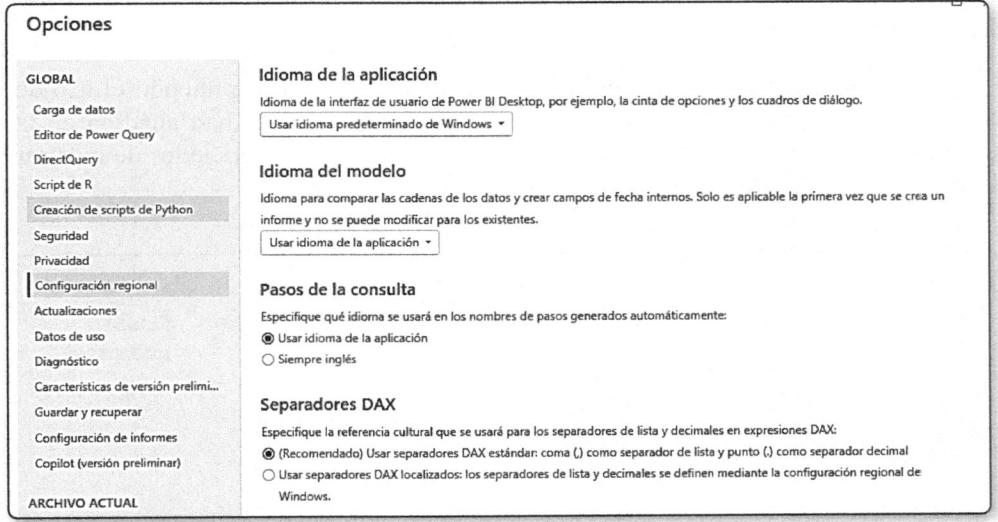

Figura 4.71. Configuración regional de Power Bi

En actualizaciones le puedo indicar si quiero que me avise cuando sale una actualización nueva de Power Bi, es muy importante estar actualizado para tener acceso a las últimas novedades, pero también para poder abrir los archivos de otras personas.

En mis clases siempre mando el archivo con el que explico a mis alumnos, pero hay veces que mis alumnos me dicen que no pueden abrirlo, les indico que vean la versión que tienen en Archivo, Acerca de y es una versión antigua, la única solución es actualizar la versión instalada.

La sección diagnóstico puedo ver la versión instalada y si quiero realizar algunos diagnósticos en Power Bi.

Características de versión preliminar muestra opciones que Microsoft pone a la disposición de sus usuarios, aunque no lo haya añadido de una manera definitiva al programa, yo dejo marcadas las que vienen por defecto, solo marqué a mano Objeto visual Mapa de Formas y español disponible para preguntas y respuestas.

Hay personas que les gusta marcar todas las opciones y otras que desmarcan todas, eso ya depende de cada persona.

Como casi todos los programas de Microsoft, Power Bi tiene autoguardado, en la opción Guardar y recuperar puedo indicar cada cuanto tiempo quiero que haga el autoguardado y dónde guarda esa copia, así como dónde guarda por defecto Power Bi los archivos.

Desde hace tiempo los usuarios de Power Bi llevamos pidiendo el uso de los temas en el programa, en concreto el tema oscuro y ya lo han añadido en la categoría Configuración de informes, donde también están las opciones de mostrar guías inteligentes o pantalla de inicio entre otras.

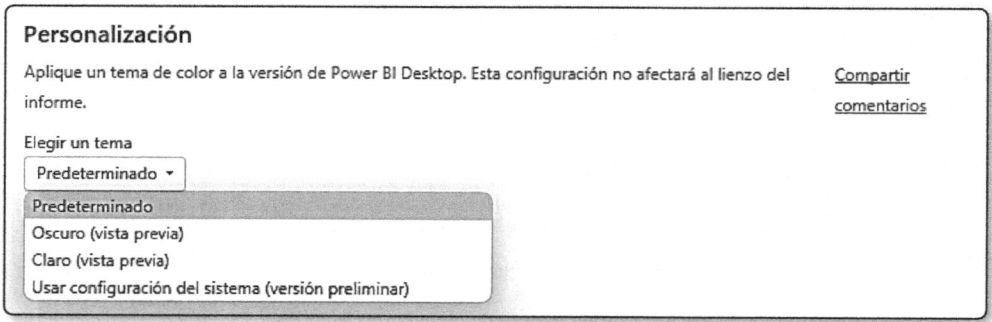

Figura 4.72. Cambiar tema del programa

El uso de Copilot está todavía en versión preliminar y requiere áreas de trabajo Premium por capacidad para poder usarlo.

En las propiedades en la categoría *Archivo actual* puedo personalizar en el archivo en el que estoy.

En la categoría carga de datos puedo desactivar el importar relaciones y crearlas automáticamente, detectar tipos de columna, etc.

En configuración regional puedo elegir el país solo para este archivo sin que afecte a los demás, puedo desactivar la autorrecuperación en este archivo.

En la categoría Autorrecuperación puedo desactivar las opciones de autorrecuperación solo en este archivo.

En la categoría Reducción de consulta nos da consejos de cómo aplicar las segmentaciones a los datos, también hay una opción para indicarle a Power Bi cómo debe de aplicar los filtros a los informes.

En la categoría Configuración de informes tengo opciones que se aplican cuando se publique el informe como.

▸ No permitir que los usuarios puedan guardar los filtros.

▸ Permitir que los usuarios puedan exportar los datos.

▸ El usuario final pueda buscar en los filtros y cambiar el tipo de filtro.

▸ Personalizar objetos visuales.

5

HERRAMIENTAS DE DISEÑO

5.1 INTRODUCCIÓN

En este tema vamos a ver distintas herramientas de diseño para poder dar más fuerza y espectacularidad a nuestros informes.

Empezaremos viendo páginas de detalles para poder ampliar la información que estamos viendo en cualquier momento, pero lo haremos incluso más espectacular creando tooltips que aparecen sobre el objeto consultado.

También, crearemos botones y crearemos un índice con en el que podremos navegar en nuestro informe.

Veremos cómo diseñar un informe para móvil, cómo usar los marcadores y otras muchas opciones.

5.2 PÁGINA DE DETALLE

En los informes muchas veces se necesita ver información muy detallada, pero si no quiero que el informe tenga demasiadas páginas hay que crear páginas de detalles.

Voy a explicar ahora cómo puedo crear una página de detalle, para ello he creado una página nueva que he llamado detallePais y oculto la página, la página se sigue viendo igual, pero al publicarse no será visible.

Voy a añadir distintos objetos visuales, una tarjeta donde he añadido el campo país, una tabla con el cargo del contacto y la cantidad, un mapa donde está la cantidad por ciudad y un gráfico de líneas para ver la cantidad por fecha de pedido, el aspecto se parecerá a este, pero realmente se pueden poner los objetos visuales que se deseen.

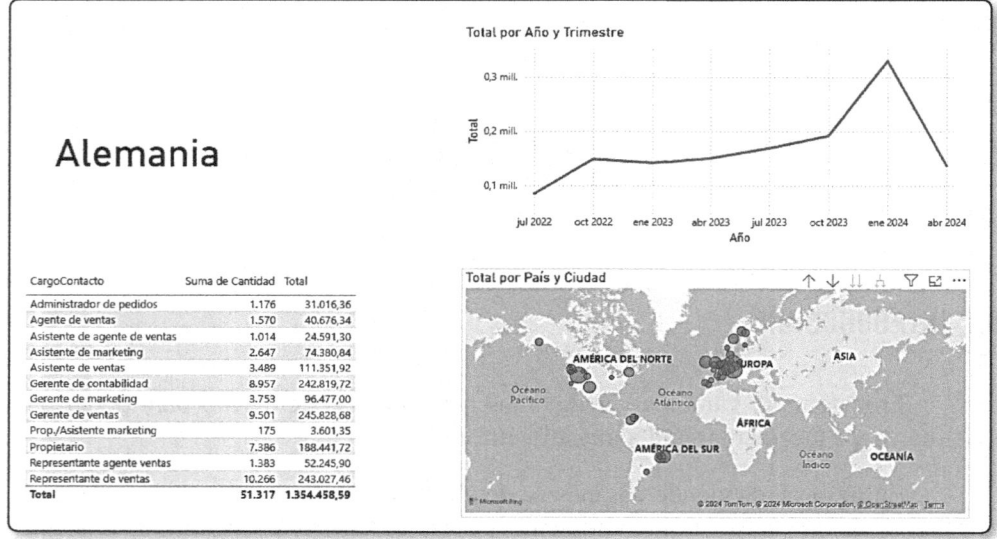

Figura 5.1. Ejemplo de página de detalle

Estando en la página de detalle sin tener ningún objeto visual seleccionado, en las propiedades de la página, está la propiedad obtención de detalles, donde se pueden agregar los campos de los cuales se quieren obtener los detalles, en este caso voy a añadir el campo país.

Se pueden añadir varios campos ya que una misma página de detalles puede responder a todos los campos que indiquemos.

Ahora voy a otra página del informe y si hago clic con el botón derecho en cualquier representación del campo país en el menú contextual aparecerá la opción obtención de detalles y dentro de esta opción se puede elegir la página de detalles deseada.

En este caso hago clic sobre un gráfico, pero también podría hacer clic con el botón derecho sobre cualquier país en una tabla o mapa.

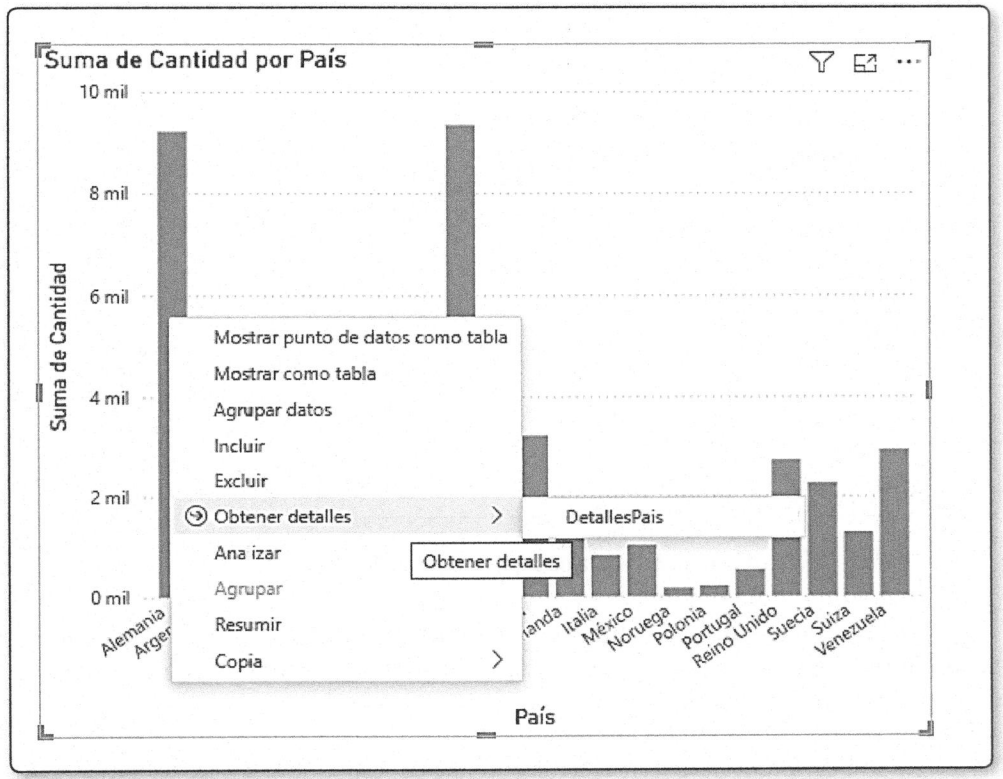

Figura 5.2. Obtener detalles desde un gráfico

Esto es muy útil ya que se pueden tener varias páginas de detalle y elegir a la que se quiere ir para ver los datos deseados en cada caso, en este caso solo tengo la opción DetallesPaís y hago clic sobre ella.

Me lleva a la página detalle y veo los datos que hay, pero solo del país seleccionado, es decir, que desde cualquier objeto visual que este agrupado por país puedo acceder a la página de detalles aplicando un filtro con el valor sobre el que he hecho clic.

Para volver tengo un botón con una flecha en la parte superior izquierda de la página de detalle, voy a hacer clic con la tecla control pulsada sobre este botón para volver a la página que estaba.

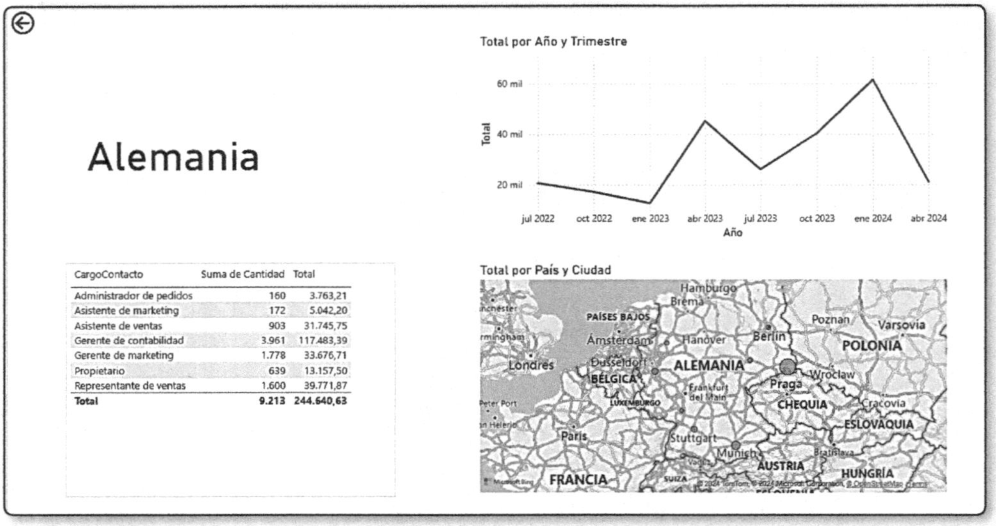

Figura 5.3. Página de detalles filtrada por Alemania

Con las páginas de detalles se puede organizar y detallar la información sin necesidad de tener infinidad de páginas ya que en cada momento se puede elegir el valor por el que se desea filtrar.

Se pueden tener todas las páginas de detalles que se desee para cada campo ya que en cada una de ellas puede haber distinta información.

En casi cualquier informe es imprescindible tener las páginas de detalles necesarias para poder ver la información solicitada, desgranada como el usuario necesita en cada caso sin necesidad de tener infinidad de páginas en el informe.

5.3 TOOLTIP

Voy a explicar ahora cómo se puede hacer un Tooltip, es decir una ventana emergente para mostrar más información en cualquier agrupación del campo indicado según se va pasando el ratón por encima, esto es más espectacular que las páginas de detalles, pero no tan importante.

Para ello voy a crear una página nueva que voy a llamar TooltipPais y la voy a ocultar haciendo clic con el botón derecho sobre ella, en las propiedades de la página, en *Información de la página* le voy a activar la opción *Permitir el uso como información sobre herramientas*.

Automáticamente cambia el tamaño de la página, pero puedo personalizar el tamaño en la opción *Configuración del lienzo, tipo, personalizado* e indicarle el tamaño exacto, si no se quiere cambiar ahora se puede cambiar en cualquier momento, hay que tener en cuenta que va a ser una ventana emergente.

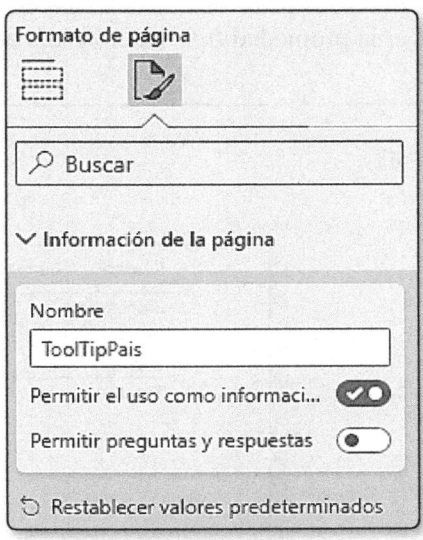

Figura 5.4. Marcar la opción permitir que esta página se use como información sobre herramientas

En esta página voy a añadir una tabla, en la cual voy a poner el campo cargo del contacto y el campo Cantidad.

Esta tabla la voy a querer mostrar cuando esté en cualquier objeto que esté agrupando por el campo país, para ello en la propiedad información sobre herramientas añado el campo país.

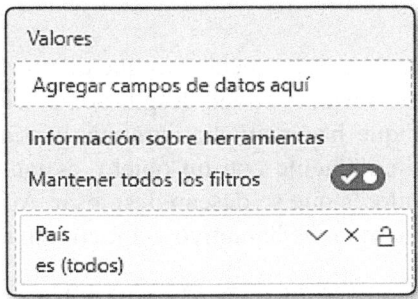

Figura 5.5. Añadir campo en la propiedad información sobre herramientas

Ahora cuando voy a cualquier mapa o gráfico al pasar el ratón por encima de los valores aparece la tabla que he creado antes en la página del tooltip, pero solamente con los datos de ese país, he hecho una página muy sencilla, pero la podría haber hecho mucho más complicada para ver mucha más información.

Si se desea que también funcione en una tabla hay que ir a las propiedades de la tabla, Generales y activar la propiedad *Información sobre herramientas*.

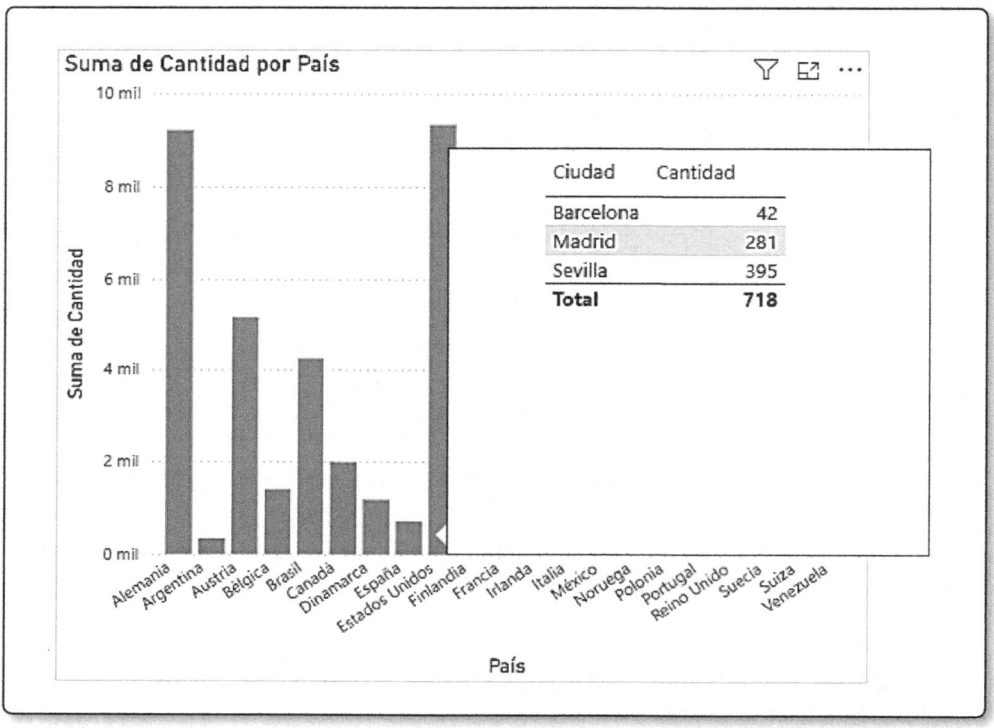

Figura 5.6. Gráfico con tooltip

Esta es una herramienta espectacular ya que dentro de cualquier agrupación por el campo país, se puede ver la cantidad desglosada por los campos que se desee y de esta manera no hay que hacer muchos gráficos distintos, sino que se puede mostrar la información simplemente con un objeto, es tan sencillo como pasar el ratón por encima de los valores que se desean desglosar. Además de esta manera se puede hacer que el informe sea más llamativo y atractivo para los usuarios.

Al ser automático solo se puede tener un tooltip por cada campo, aunque un mismo tooltip puede responder a varios campos.

5.4 PANEL DE SELECCIÓN

En Power BI se pueden organizar los objetos unos respecto a los otros, alinearlos, etc.

Se puede seleccionar un objeto y con la tecla Control o Shift pulsada seleccionar otros objetos haciendo clic sobre ellos, también se puede hacer un rectángulo alrededor de los objetos para seleccionarlos.

Una vez seleccionados se puede ir a la pestaña *Formato* donde están las opciones de alinear, enviar atrás, traer adelante etc.

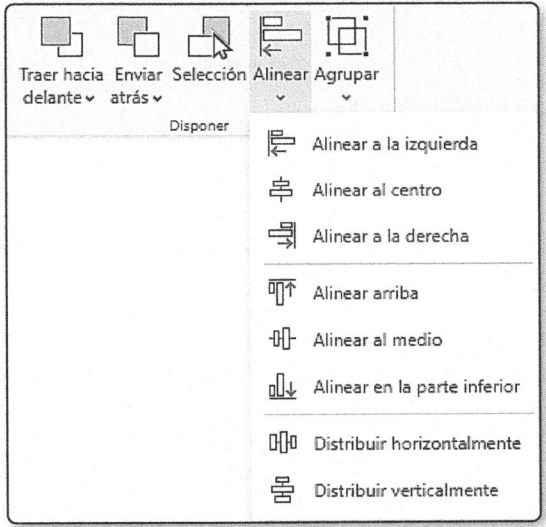

Figura 5.7. Opciones de disposición de los objetos

Hay que tener cuidado ya que si hay botones al hacer clic sobre ellos lo que hace Power Bi es ejecutar la orden que tenga ese botón.

Para seleccionar varios objetos también se puede ir a la ficha Ver, panel de Selección.

En este panel se pueden seleccionar todos los objetos que se deseen, en este panel si se puede pulsar la tecla de control para seleccionar los distintos objetos, aunque sean botones.

Figura 5.8. Panel de selección

En la columna de la derecha de cada objeto se puede elegir si se quiere ver o no cada uno de los objetos.

En caso de que estuvieran varios objetos unos encima de otros, el objeto que está más arriba en la lista tapa al que está más abajo.

Una vez que estén seleccionados los objetos, ahora si se puede ir a la ficha *Formato* y decirle cómo se desean alinear los objetos, si se le indica a la izquierda se moverán los objetos para que coincida el borde izquierdo de los objetos seleccionados con el que ya estaba más a la izquierda.

Si se seleccionan varios objetos y se le indica distribuir en vertical, se quedan quietos el primero y el último objeto, pero los que están en medio se mueven para que estén todos a la misma distancia en vertical.

También, aquí en formato está la opción de traer delante o traer atrás para cuando está un objeto encima de otro poder elegir qué objeto tapa al que esta debajo.

En el panel de selección también está el orden de tabulación, que sirve para indicar a Power BI en qué orden tiene que ir recorriendo el informe según se pulsa en la tecla de tabulador.

De momento se puede quitar el panel de selección sino vamos a trabajar más con él e ir viendo los paneles que se necesitan en cada momento.

5.5 MARCADORES

En un marcador se puede guardar la vista que hay en la pantalla tanto los objetos visibles como los filtros aplicados.

En la ficha de *Vista*, se puede mostrar este panel haciendo clic en *Marcadores*.

Voy a ir a una página donde tengo varios objetos visuales y en el panel de marcadores hago clic en el botón Agregar, de esa manera se ha guardado la vista actual.

Una vez que se ha guardado el marcador, ahora puedo hacer un doble clic en el nombre del marcador para cambiarlo y llamarle por ejemplo Completo.

En la misma página voy a aplicar un filtro o una segmentación por ejemplo para ver solo los registros de Francia, añado un marcador nuevo y le llamo Francia.

Sigo en la misma página y muestro el panel de selección, oculto un par de objetos y añado un marcador nuevo al que llamo resumido.

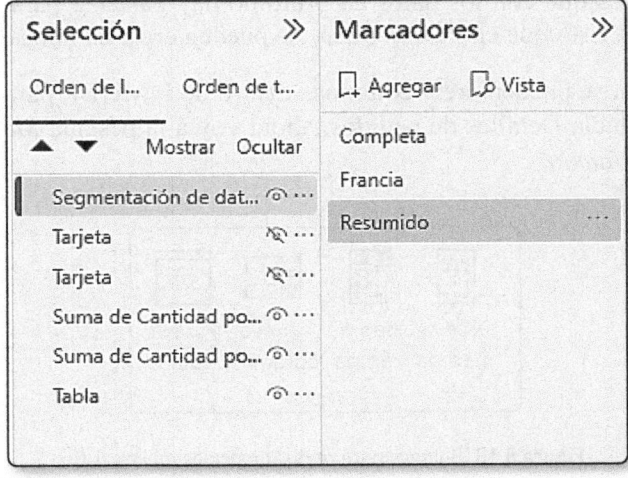

Figura 5.9. Marcadores creados y configuración de objetos visibles en el marcador resumido

Si hago clic en cada marcador veo los datos y los objetos que hay en cada marcador.

Voy a otra página y añado otro marcador.

Selecciono los marcadores de la primera página, hago clic en los puntos suspensivos y le indico agrupar para tener más organizados los marcadores.

También, con los marcadores hay una opción que es hacer una presentación, desde el panel de marcadores se puede hacer clic en la opción vista y PowerBI muestra una presentación de diapositivas, parecido a Power Point, ya que lo que va a hacer es ir pasando por cada uno de los marcadores que hemos puesto cada vez que cambiemos de página manualmente, si no habría que ir navegando por todo el informe, va pasando sólo por los marcadores creados y si estamos dentro de un grupo solo muestra los marcadores del grupo.

De esta manera es fácil guardar los escenarios que quiero mostrar en una reunión sin tener que estar filtrando y tocando todos los objetos mientras que todo el mundo ve lo que hago.

Los marcadores creados en la versión Desktop estarán disponibles cuando se publique el informe.

5.6 MEDIDAS VS COLUMNAS

Hay veces que con los datos en bruto no hay bastante para hacer bien los informes, hemos visto que en Power Query se pueden crear campos calculados.

También, se pueden crear columnas dentro de PowerBI, para ello voy a ir a hacer clic en la tabla Detalles de pedidos, ahora voy a la pestaña *Modelado* y hago clic en *Nueva columna*.

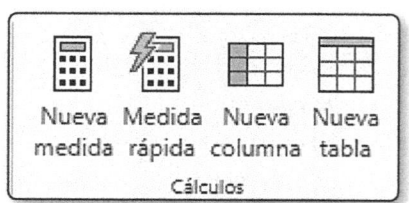

Figura 5.10. Botones para realizar cálculos en Power Bi

Ahora le voy a indicar total es igual a preciounidad * cantidad, quedando la fórmula así, aunque también puede tener el nombre de la tabla delante de cada campo.

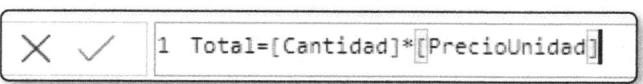

Figura 5.11. Columna calculada Total

Le doy al enter y ya tengo la columna calculada total.

Puedo añadir una tabla y a esta tabla le voy a añadir el campo país y el campo total, de esta manera ya veo los totales que hay por cada país.

País	Suma de Total
Alemania	244.640,63
Argentina	8.119,10
Austria	139.496,63
Bélgica	35.134,98
Brasil	114.968,48
Canadá	55.334,10
Dinamarca	34.782,25
España	19.431,89
Estados Unidos	263.726,98
Finlandia	20.218,45
Francia	85.058,76
Irlanda	57.317,39
Italia	16.705,15
México	24.073,45
Noruega	5.735,15
Polonia	3.371,95
Portugal	12.468,65
Reino Unido	60.331,51
Suecia	59.808,70
Suiza	32.919,50
Venezuela	60.814,89
Total	**1.354.458,59**

Figura 5.12. Tabla que muestra los países y la columna total

Esta es una forma muy fácil de crear columnas, pero no es la más eficiente. La razón es muy sencilla, PowerBI tiene que almacenar el dato calculado, por lo que solamente es recomendable el crear los cálculos de esta manera cuando el resultado se necesita para filtrar o agrupar por ese campo.

Lo mejor es crear medidas ya que las medidas no tienen que guardar un dato por cada registro, sino que hace el cálculo en cada momento ya que solo guarda la fórmula, además con las medidas se pueden hacer muchos más cálculos que crear solamente columnas nuevas directamente.

Crear medida

Voy a explicar ahora como se pueden crear medidas, es decir cálculos dentro de PowerBI. Para ello voy a la ficha de modelado y hago clic en nueva medida. Para hacer medidas voy a utilizar el lenguaje DAX.

Lo primero que debo hacer es escribir el nombre de la medida, donde pone medida voy a escribir totalmedida, que va a ser igual a sumx, en esta función hay que poner primero el nombre de la tabla y después las operaciones que quiero hacer quedando la fórmula.

totalMedida = SUMX(Detalles_de_pedidos,Detalles_de_ pedidos[Cantidad]*Detalles_de_pedidos[PrecioUnidad])

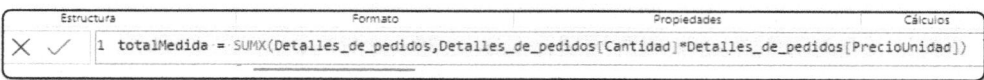

Figura 5.13. Fórmula para calcular la medida totalMedida

Cuando escribo los nombres de las funciones Power Bi va a ir poniendo qué funciones hay y cuando ya tengo la función me pide los argumentos.

He elegido la función Sumx en vez de sum ya que la función sum va a sumar solo un campo y en este caso se necesita sumar una expresión que es precio por cantidad, por lo que tengo que utilizar sumx.

La sintaxis en DAX es muy parecida las funciones de Excel, primero en nombre de la función, entre paréntesis los argumentos, pero en DAX los argumentos se separan por comas en vez de punto y coma.

Además, en las fórmulas DAX se puede escribir en varias líneas si pulsas la combinación de teclas Shift + Enter.

Cuando pulso Enter ya está creada la medida, que se llama totalmedida, pero ¿dónde la ha guardado Power BI?, la muestra en la tabla que estuviera que puede ser la de clientes, en la propia ficha de modelado le puedo decir que muestre la medida en la tabla que quiera, ya que realmente las medidas no están dentro de ninguna tabla.

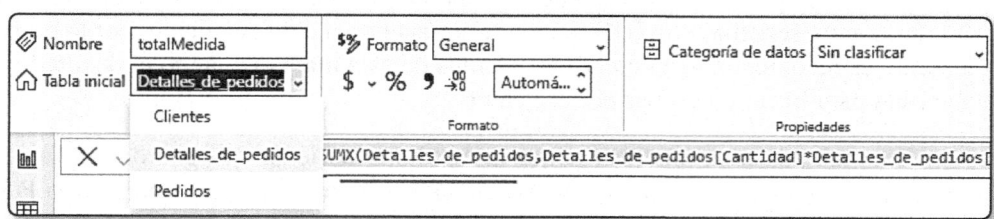

Figura 5.14. Propiedades de la medida y en que tabla se puede visualizar

En la misma ficha le puedo cambiar el formato de esta medida para mostrarla como quiera, si quiero aplicar el formato que muestra el punto de los miles debo pulsar en el botón que tiene dibujado una coma ya que es el símbolo de los miles en los países anglosajones.

En cualquier momento puedo hacer clic en una medida o en un campo para cambiar el formato.

Voy a insertar esta medida en la misma tabla donde estaba el campo país y la columna calculada total, de esta manera se puede ver que el resultado de la medida y la columna calculada es exactamente el mismo.

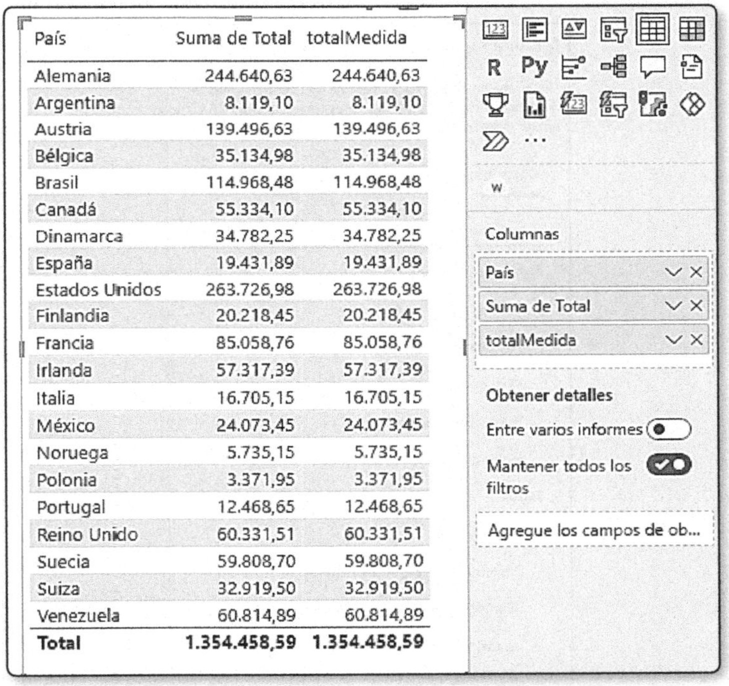

País	Suma de Total	totalMedida
Alemania	244.640,63	244.640,63
Argentina	8.119,10	8.119,10
Austria	139.496,63	139.496,63
Bélgica	35.134,98	35.134,98
Brasil	114.968,48	114.968,48
Canadá	55.334,10	55.334,10
Dinamarca	34.782,25	34.782,25
España	19.431,89	19.431,89
Estados Unidos	263.726,98	263.726,98
Finlandia	20.218,45	20.218,45
Francia	85.058,76	85.058,76
Irlanda	57.317,39	57.317,39
Italia	16.705,15	16.705,15
México	24.073,45	24.073,45
Noruega	5.735,15	5.735,15
Polonia	3.371,95	3.371,95
Portugal	12.468,65	12.468,65
Reino Unido	60.331,51	60.331,51
Suecia	59.808,70	59.808,70
Suiza	32.919,50	32.919,50
Venezuela	60.814,89	60.814,89
Total	**1.354.458,59**	**1.354.458,59**

Figura 5.15. Tabla con la medida y la columna calculada

Aunque el resultado es el mismo es mucho más eficiente hacer el cálculo con una medida, además hay muchísimas más opciones si se profundiza en el lenguaje DAX.

Si quiero ver cómo se ha calculado la medida puedo hacer clic en la medida y en la parte superior aparece la fórmula.

Crear medidas rápidas

Sigo con el ejemplo anterior donde tengo una tabla con países, la columna calculada y la medida totalMedida.

En las propiedades de la medida totalMedida voy a hacer clic en el desplegable y le indico nueva medida rápida.

En nueva medida rápida se pueden elegir distintos cálculos, esto sirve para ver cómo se pueden hacer distintos cálculos, aunque no sepamos DAX, ya que Power Bi lo va a hacer de una manera automática.

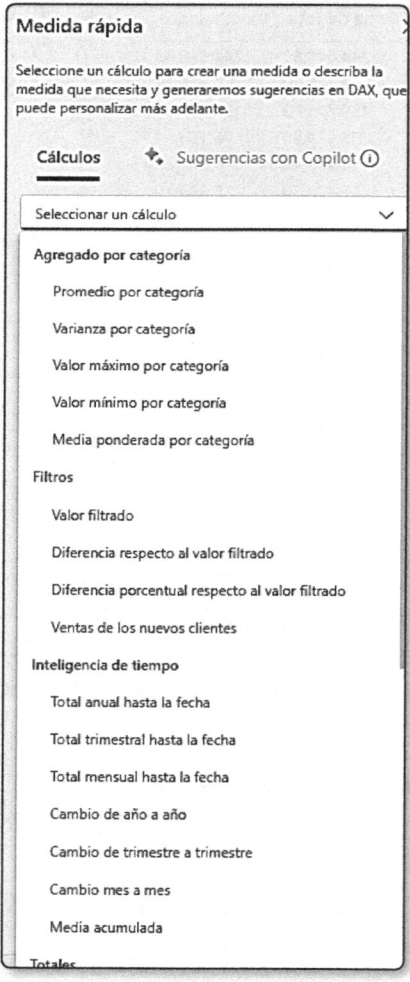

Figura 5.16. Cálculos que se puede realizar con una medida rápida

Al pulsar en el desplegable se puede observar que hay promedios, varianzas, valores, máximos, mínimos, valores filtrados, inteligencia de tiempo, hasta una fecha, por trimestres, por años, totales acumulados, operaciones más sencillas como suma, resta, operaciones con texto, etc.

En este caso voy a elegir valor filtrado por país y voy a indicarle para España, aunque podría haber elegido otros campos.

Figura 5.17. Total con valores filtrados

Le digo aceptar y ya tengo el total de España. Si hago clic en la medida veo la fórmula y así veo cómo está hecha, esto también nos puede servir para aprender DAX, en cualquier caso, le puedo indicar al asistente lo que quiero hacer y ver después la fórmula, para que no sea tan largo el nombre voy a llamar a la medida TotalEspaña.

```
1  totalMedida para España =
2  CALCULATE([totalMedida], 'Clientes'[País] IN { "España" })
```

Figura 5.18. Fórmula creada con una medida rápida

Para hacer medidas hay que aprender lenguaje Dax y eso es un salto en la formación de Power Bi ya que no hay un asistente de funciones como en Excel, en próximos capítulos explicaré más en profundidad el lenguaje DAX.

Para ver una lista completa de las funciones DAX disponibles ve a pestaña Ayuda, haz clic en documentación y escribe SUMX para buscar ayuda sobre esta función, haz clic en el primer resultado que aparece y se verá la ayuda de SUMX, además en la lista de la izquierda aparecen todas las funciones agrupadas por categorías como en Excel.

5.7 IMÁGENES, FORMAS Y CUADROS DE TEXTO

Dentro de un informe se pueden añadir distintos tipos de elementos como son *Imágenes, Formas y cuadros de texto*.

Figura 5.19. Elementos del informe

El primer elemento que voy a explicar es Imagen, al pulsar sobre el puedo insertar una imagen que esté en mi equipo.

Esta imagen suele ir en la esquina superior izquierda y suele ser el logo de la empresa.

Se le puede cambiar el tamaño, pero no tiene ninguna propiedad de especial.

El siguiente elemento son las formas que sirve para insertar las distintas figuras dentro de nuestro informe.

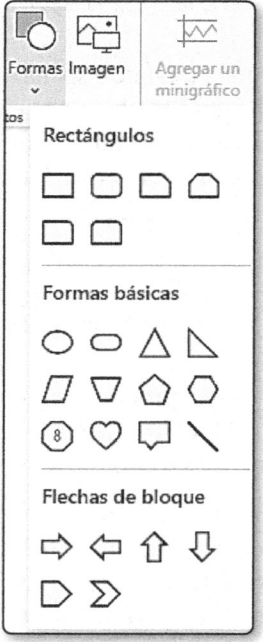

Figura 5.20. Figuras disponibles

Voy a elegir una flecha, ya que es de los objetos que tiene más opciones.

En las propiedades en *Forma* puedo cambiar la forma que he elegido, si quiero las esquinas redondeadas, el tamaño tanto de la punta y el tamaño del tallo, con lo que puedo personalizar la figura como yo quiera.

En estilo le puedo cambiar el color de relleno, sombras, iluminaciones y una propiedad muy interesante es texto, donde puedo añadir un texto a la forma y que forme parte de la forma, de esa forma al cambiar el tamaño de la forma, rotar la forma, etc. el texto actúa igual que la forma.

Por último, está el cuadro de texto que sirve para escribir el texto fijo que se desee, tiene los botones típicos para cambiar tipo de letra, tamaño, alineaciones del texto, sangrías, etc.

Además de un texto fijo se puede complementar haciendo clic en valor y hacer una pregunta para que Power Bi muestre el resultado dentro del cuadro de texto con la narrativa y explicaciones que haya escrito.

5.8 BOTONES

Voy a explicar ahora cómo se pueden añadir botones y para qué sirven, para eso voy a la ficha de Insertar hago clic en el botón *Botones*.

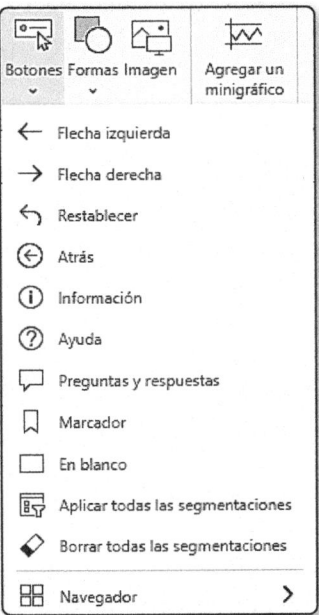

Figura 5.21. Tipos de botones que se pueden insertar

Aquí hay distintos tipos de botones, algunos ya vienen con opciones predeterminadas, pero en este caso voy a elegir un botón en blanco, al hacer clic en esta opción aparece un rectángulo en la parte superior izquierda de la pantalla que se puede arrastrar donde quiera.

Puedo cambiar la forma del botón, el tamaño del botón y en las propiedades puedo ir personalizando el botón, lo primero que voy a hacer es activar el texto del botón para poder añadir el texto que se desee, en este caso voy a escribir Página 1.

A continuación, voy a elegir un color de fondo, lo mejor es que coincida con el color del tema, a mí me gusta decirle transparencia 0% para que se vea mejor el color ya que si no queda muy pálido.

También, se puede personalizar el borde o quitárselo, ponerle sombra, etc.

El botón tiene distintos estados, el estado predeterminado es el estado como va a aparecer el botón en reposo, pero si paso el puntero del ratón por encima del botón es el estado Al pasar el cursor, otro estado es Al presionar es decir cuando hago clic en el botón, también está el estado deshabilitado que se muestra cuando no se puede hacer clic en el botón.

En este caso voy a elegir el estado Al pasar el cursor y voy a cambiar el color de relleno, de esa manera cuando pase el ratón por encima del botón va a cambiar el color de fondo, esto le da más aspecto de botón y hace que el usuario vea que puede hacer clic en ese botón.

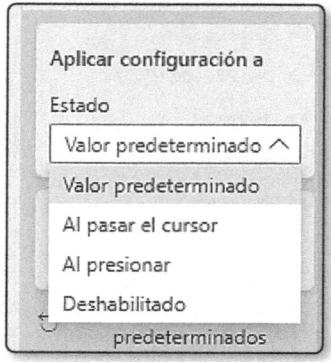

Figura 5.22. Estados del botón

Realmente se pueden cambiar todas las propiedades que se deseen, pero el texto no se suele cambiar, lo que se suele cambiar son los colores del texto o de fondo.

Después de cambiar las propiedades del estado Al pasar el cursor te recomiendo que lo vuelvas a dejar en el estado Valor predeterminado.

Pero lo más importante es la acción que va a ejecutar el botón, en Acción le voy a indicar que quiero que haga el botón cuando pulse en él, en este primer caso voy a elegir *Navegación de páginas* y elijo en el destino Página 1.

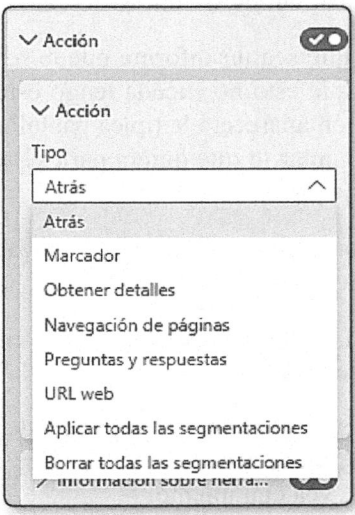

Figura 5.23. Acciones que se pueden ejecutar desde los botones

Con la tecla de Control pulsada hago clic en el botón y me lleva a la Página 1, cuando se publique el informe no hace falta pulsar en la tecla Control para que funcionen los botones.

Cuando voy a la ficha Insertar, Botón hay una opción que es *Navegador*, *Navegador de páginas*, de esta manera creará una barra de botones con todas las páginas del informe, aunque después en las propiedades se puede elegir qué páginas son las que se quieren visualizar en este objeto visual. En este caso hay que quitar la página actual, páginas ocultas, en general todas las páginas a las que no quiero añadir un botón para ir a esa página.

En un informe lo mejor es diseñar solo un botón y a partir de ahí copiar y pegar el botón cambiando las propiedades, si quiero hacer algún cambio en las propiedades, puedo copiar el formato yendo a la ficha de *Inicio, Copiar formato*.

Si elijo *Url web* lo que va a hacer el botón al hacer clic sobre él es ir a una determinada página web, lo mejor es ir a un navegador, llegar a la página deseada y copiar la dirección, para que funcione cualquier botón en la versión Desktop hay que pulsar la tecla de control.

Esto puede ser muy útil si dentro del informe se quiere mostrar información muy cambiante como cambio de divisas, cotización en bolsa, etc.

Copio y pego el botón y voy a acciones de este botón donde voy a elegir la opción *Preguntas y respuestas*, también cambio el texto del botón por Preguntas.

Por muy completo que sea un informe puede ser que el usuario final eche de menos algún dato, para que esto no suceda tengo esta opción ya que cuando el usuario haga clic en este botón aparecerá la típica pantalla de preguntas y respuestas donde el usuario puede preguntar lo que quiera para visualizarlo, pero no se puede añadir el resultado al informe.

Voy a copiar el botón en una página donde tenga un gráfico por país ya que anteriormente creé la página de detalles por país.

Cambio el texto del botón por Detalles país y en acción le indico *Obtener detalles*, destino la página de detalles por país.

Anteriormente explique cómo hacer la página de detalles, pero el problema es como sabe el usuario que puede acceder a una página de detalles, lo más fácil es ponerle un botón para que lo vea claramente.

Cuando selecciono cualquier cosa que no sea un país, el botón seguirá desactivado, pero en el momento que selecciono un país se activa el botón y al hacer clic en el me lleva a la página de detalles y me muestra sólo los valores del país seleccionado.

Ahora voy a copiar el botón en la página que he creado los marcadores y en acción le voy a indicar *Marcador*, quiero ir al marcador en el que estaban todos lo registros y todos los objetos visuales visibles.

En el texto de este botón le voy a poner quitar filtros porque al pulsar sobre este botón vuelve a este marcador por lo que quita filtros, interacciones y segmentaciones.

Puedo copiar el botón y aplicarle la acción Borrar todas las segmentaciones de esta manera quita filtros y segmentaciones, pero no quita las interacciones.

También, hay una acción que es Aplicar todas las segmentaciones, esta opción es muy útil para que cada vez que se aplica una segmentación no se tenga que hacer una llamada al servidor y filtrar los datos, de esta manera se seleccionan todas las segmentaciones y después hay que hacer clic en este botón para que se apliquen todas de una vez, haciendo solo una llamada al servidor ahorrando gran cantidad de tiempo.

Estas son las acciones que se pueden usar en Power Bi, a una forma le puedo asignar todas las acciones que he explicado, a una imagen le puedo asignar todas las acciones menos la de obtener detalles.

5.9 ADMINISTRAR Y CREAR ROLES

Algo muy común es hacer un informe para que lo vean distintos departamentos o distintas personas de una empresa, pero sólo quiero que puedan ver parte del informe es decir los datos que atañen a cada una de esas personas. Para eso en la ficha de modelado esta la opción *Administrar roles*.

Figura 5.24. Botones de seguridad en Power Bi

Un rol es un filtro para ver solo los registros que cumplan las condiciones indicadas, con un rol no puedo indicar que se vea una página si y otra no o unos determinados objetos.

En administrar roles puedo crear un determinado rol, por ejemplo, voy a crear el rol España para ver solo los datos de España.

Hago clic en el botón *Administrar roles* y hago clic en el botón Nuevo, pongo de nombre España, elijo la tabla de clientes y agregamos un filtro donde el país sea igual a España.

Le podría poner varias condiciones y elegir si esas condiciones se unen con una Y para que se cumplan todas o con una O para que sea suficiente con que se cumpla una, en este caso sólo le voy a poner la condición que el país sea España.

El rol debe ser como el que aparece en la siguiente imagen y hago clic en el botón Guardar.

Figura 5.25. Crear un rol

Al hacer clic en el botón ver como roles puedo escribir el nombre de un usuario para ver cómo ve el informe ese usuario, en este caso voy a probar lo que he hecho, para ello hago clic en el botón ver como roles y elijo el rol España.

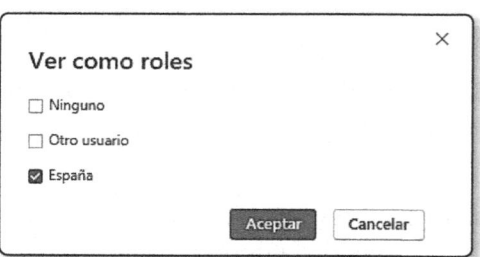

Figura 5.26. Visualizar el rol deseado

Ahora Power BI está mostrando el informe con el rol de España, en todas las páginas se ven solamente los datos de España.

Cuando se publica el informe, se le pueden asignar distintos roles a cada uno de los usuarios que estén autorizados a ver el informe.

Puedo hacer clic otra vez en ver como roles y le puedo decir ninguno, de esta manera vuelvo a ver el informe normal, es decir con todos los registros y todos los datos correspondientes.

De esta manera es muy sencillo acotar los datos que tiene que ver cada usuario, eso sí hay que pensarlo antes de empezar a diseñar el informe para que sean coherentes después los datos que van a aparecer en el informe.

Sobre todo, la gran ventaja de esta opción es que puedo hacer solamente un informe y hacer llegar a cada usuario solo la información que le interesa o que está autorizado a ver, sin necesidad de crear varios informes, por lo que la actualización es mucho más fácil.

Para asignar los roles a las personas hay que publicar el informe por lo que lo explicaré en el servicio de Power Bi.

5.10 ANALIZAR RENDIMIENTO

Hay veces que cuando se trabaja con un informe tarda mucho en generar la respuesta a las acciones que se realizan, sobre todo si tenemos un portátil o un ordenador que es un poco lento.

Voy a analizar dónde están esos cuellos de botella para ver qué se puede arreglar a la hora de generar ese informe. Para ello voy a ir a la pestaña de Ver y hago clic en *Analizador de rendimiento*, también se puede ir a la ficha *Optimizar* y hacer clic en el botón Analizador de rendimiento y muestra el panel que se ve en la parte inferior.

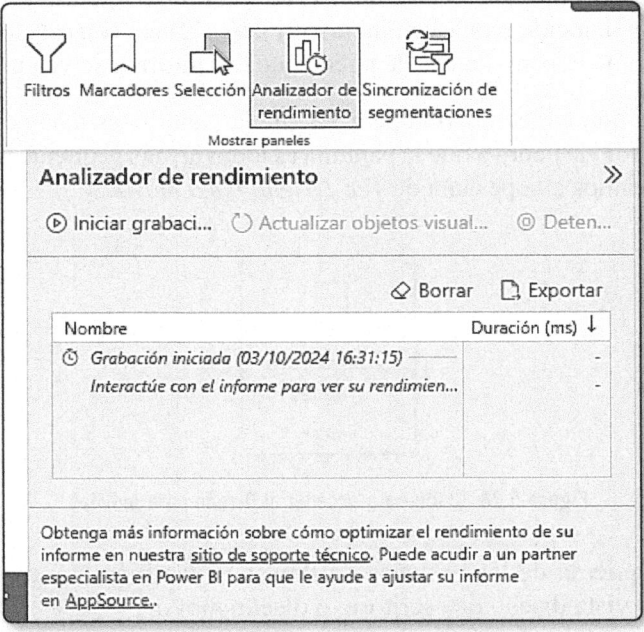

Figura 5.27. Pantalla Analizador de rendimiento

Le puedo indicar iniciar grabación y voy a ir reproduciendo los pasos donde el ordenador tarda más en mostrar el informe, voy a ir viendo una estadística de lo que tarda en hacer cada uno de los procesos correspondientes.

Puedo seguir accediendo a las distintas páginas o interactuar en cada una de ellas segmentando, pulsar en una tabla e ir viendo el tiempo que tarda en interactuar con el resto de los objetos, si veo que hay una determinada página que tarda mucho en cargar sería bueno dividirla en varias páginas para que no sea tan lenta la carga.

También, se puede deber a que está leyendo demasiados datos o que simplemente estamos con una conexión DirectQuery y la red no vaya bien.

Los objetos externos a Power Bi suelen ser más lentos que los nativos de Power Bi, por ejemplo, los mapas de ArcGys son bastante lentos en cargar.

Este panel solo muestra los problemas que se pueden tener al visualizar el informe, una vez que he terminado de navegar por el informe detengo la grabación y analizo los resultados obtenidos.

5.11 DISEÑO MÓVIL

Cuando se publique el informe, este informe se podrá ver en cualquier dispositivo, no solamente en un Pc., incluso si hay páginas con mucha información, según el tamaño de la pantalla del Pc puede que ese informe se vea mejor o peor.

Pero en una tablet se vería peor ya que la pantalla es más pequeña y en un móvil se vería todavía peor ya que la pantalla es todavía más pequeña, para solucionar este problema vamos a la pestaña de *Ver, Diseño para móviles*.

Figura 5.28. Botón para acceder al Diseño para móviles

A la izquierda de las pestañas de Power Bi también hay dos botones para alternar entre la vista diseño de escritorio o diseño móvil.

Al hacer clic en el botón de Diseño para móviles aparece la siguiente pantalla.

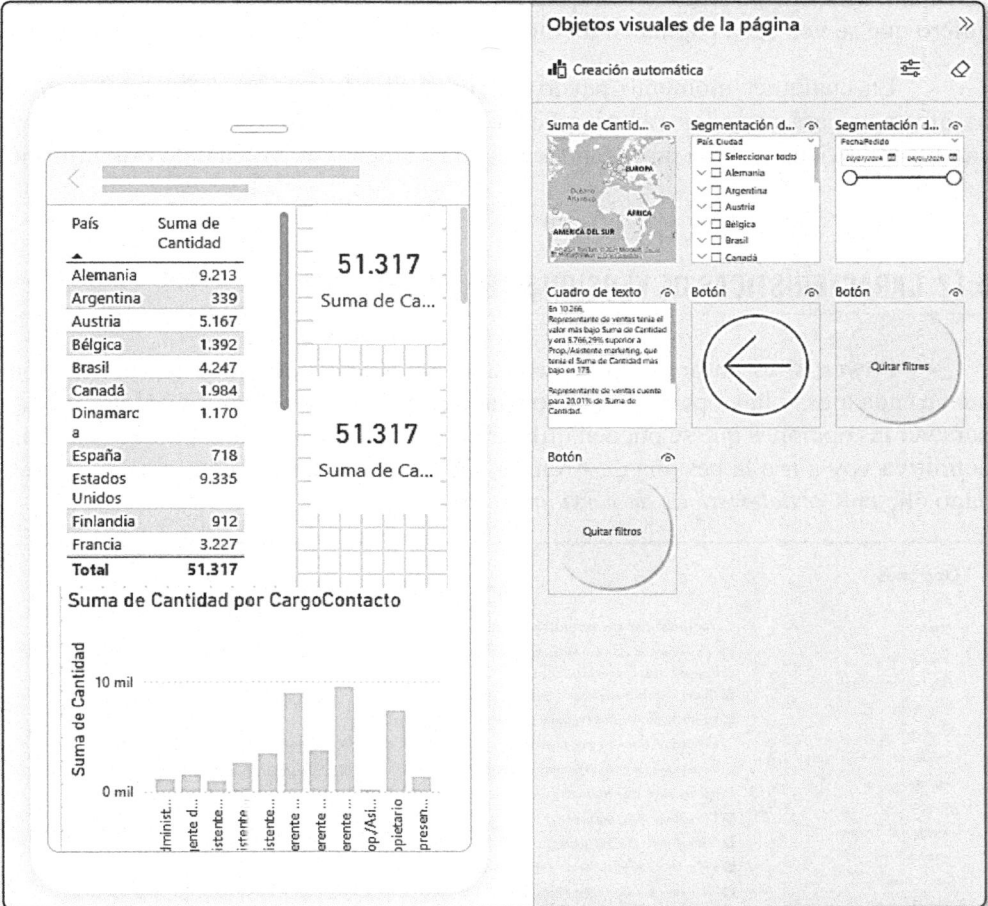

Figura 5.29. Pantalla diseño móvil

En la parte de la izquierda aparece la pantalla de un teléfono, y en la parte de la derecha los objetos visuales que hay en esta página, ahora solo hay que ir arrastrando los objetos visuales que quiero que aparezcan en la vista móvil, se puede cambiar el tamaño de cada objeto.

No hay que añadir todos los controles, a lo mejor, en el móvil solo quiero ver un par de objetos.

Se pueden cambiar las propiedades como el tamaño del texto en la vista del móvil y eso no afecta a como se ve el informe en la vista escritorio, esto es muy importante porque verdaderamente son dos diseños distintos.

Sin hacer prácticamente nada, ya que solamente he arrastrado los objetos visuales que tengo ya hechos y si quiero los puedo personalizar para diseñar como quiero que se vea cada página en un móvil.

En cualquier momento puedo volver al diseño escritorio y ver que no le ha afectado para nada los cambios hechos en la vista móvil, o sea solamente he cambiado la visualización de este informe a través de un móvil cuando este informe se publique.

5.12 CARACTERÍSTICAS DE VERSIÓN PRELIMINAR

Power BI es un programa en constante evolución ya que lanza una versión nueva cada mes, y hay opciones que no añade de una manera definitiva al programa, para ver las opciones que se pueden utilizar pero que no se han añadido de una forma definitiva voy a ir a la pestaña de Archivo, Opciones y configuración y en opciones hago clic en *Características de versión preliminar.*

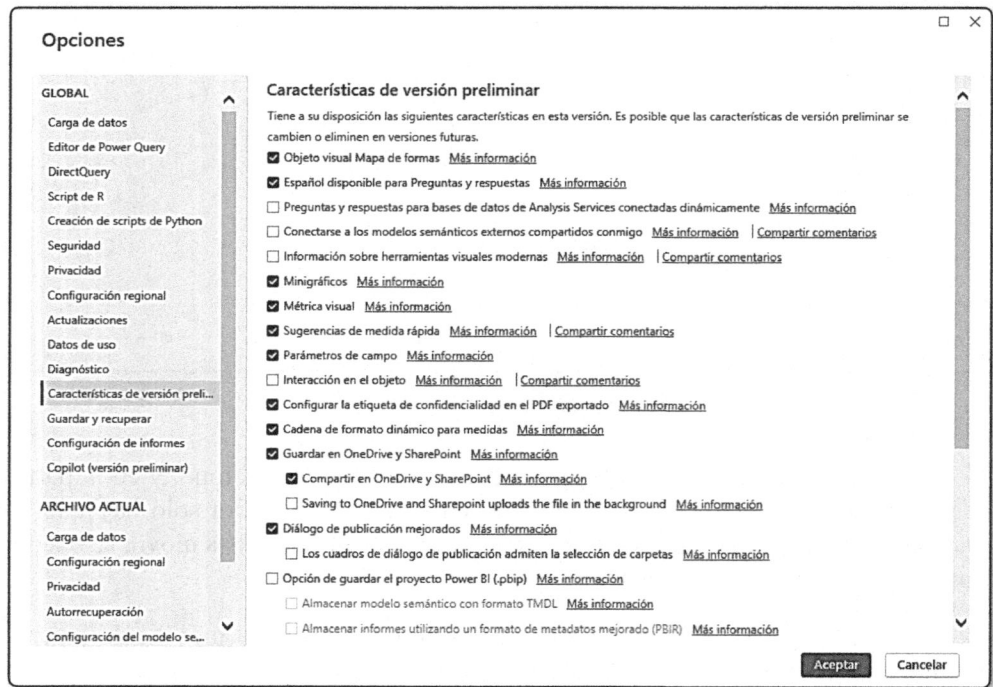

Figura 5.30. Características de versión preliminar

En opciones al igual que todos los programas de Microsoft, se pueden personalizar las distintas opciones que tenemos para trabajar con el programa, pero en este caso hay una opción que no tienen en otros programas, que son características de versión preliminar.

Aquí Microsoft va a ir poniendo distintas opciones antes de incorporarlas al programa definitivamente, para así saber la opinión de los usuarios y saber si les gusta o no, para después incorporarlas definitivamente al programa.

En la parte superior de la ventana nos explica, que puede que se cambien o eliminen en versiones futuras.

Por ejemplo, podemos marcar la opción parámetros de campo, de esta podré usar esta característica de Power Bi.

De la misma manera podría ir viendo cada una de las opciones que hay aquí y si tengo dudas, hay un vínculo que me lleva a la página web correspondiente para obtener más información y así decidir si quiero aplicar ese cambio o no.

Otra de las opciones que puedo destacar es el uso de preguntas y respuestas en español, aunque sigue funcionando mejor en inglés.

Hago clic en aceptar y en muchas de estas características Power Bi indica que es necesario el reiniciar la aplicación.

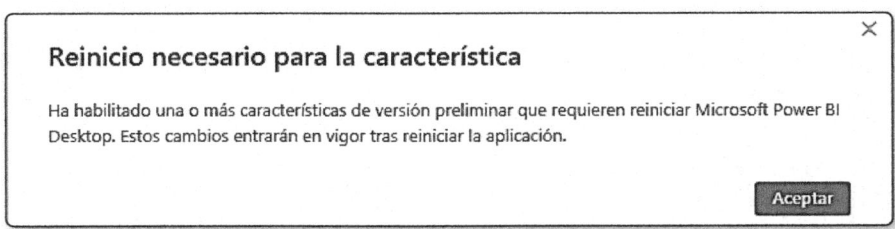

Figura 5.31. Al cambiar las opciones de versión preliminar muchas veces hay que reiniciar Power Bi

Hago clic en aceptar, cierro la aplicación y la vuelvo a abrir y veré que se han incorporado los cambios que le hayamos indicado.

Si no me gusta el cambio puedo ir otra vez a características de la versión preliminar y desactivar la opción que no me guste.

Todo es cuestión de gustos y ver cómo prefiero trabajar, igual que esta opción puedo probar el resto de las opciones que hay en *Características en versión preliminar*.

Incluso nos puede sorprender que opciones que se han añadido a Power Bi hace meses y que Microsoft publicó en las novedades de ese mes, se encuentren todavía en versión preliminar.

5.13 PARÁMETROS DE CAMPO

Los parámetros de campo me van a permitir elegir varios campos que después podré ir cambiando entre ellos cuando lo añada a un objeto.

En la ficha de modelado voy a hacer clic en el botón parámetro nuevo y voy a *elegir Parámetro de campo.*

Figura 5.32. Insertar parámetro de campo

Power Bi me muestra la siguiente pantalla.

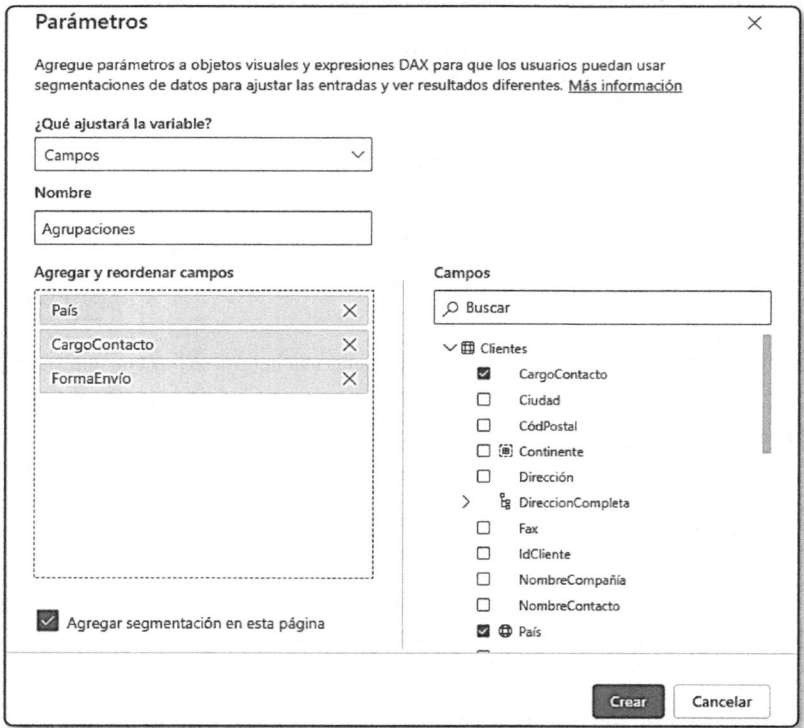

Figura 5.33. Opciones para crear un parámetro de campo

En el nombre le voy a llamar Agrupaciones y voy a añadir el campo País, el campo Cargo de contacto y el campo Forma de envío.

Dejo marcada la opción de añadir segmentador y hago clic en el botón crear.

Ahora hay un segmentador en la hoja y se ha creado una tabla nueva, que contiene una columna con el nombre que le he dado a este parámetro.

Voy a añadir cualquier objeto, por ejemplo, un gráfico de columnas y voy a añadir la columna de esta tabla nueva en el eje X y en el eje Y voy a añadir la cantidad.

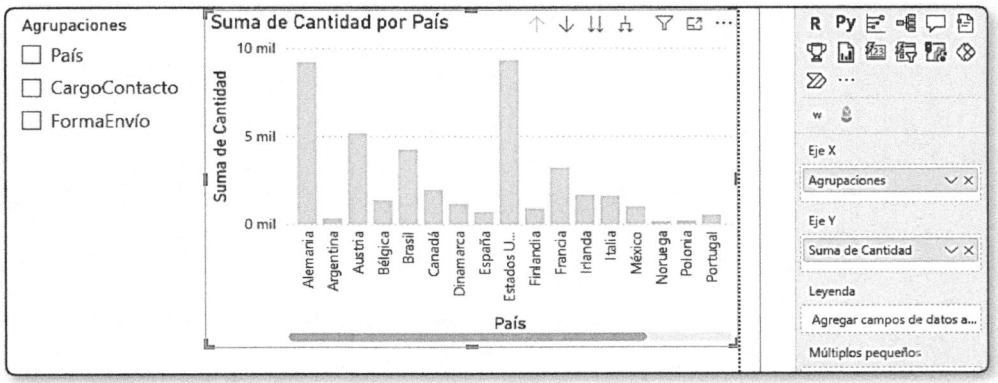

Figura 5.34. Configuración del parámetro de campo

Ahora puedo ir haciendo clic en los distintos valores del segmentador y podré ver cómo cambia el gráfico ya que en el eje X muestra el campo seleccionado.

Esta herramienta es muy versátil y ahorra mucho espacio en el diseño del informe ya que en un mismo objeto puedo mostrar distintos campos.

6

DAX

6.1 INTRODUCCIÓN

En capítulos anteriores explique la diferencia que hay entre crear columnas y medidas, también vimos una pequeña introducción a DAX, ahora ha llegado el momento de ver DAX en mayor profundidad.

DAX es el lenguaje de fórmulas que usa Power Bi para crear los cálculos necesarios en cada caso.

Este capítulo de DAX lo voy a desarrollar en un informe de Power Bi distinto al que desarrollo en el resto de los ejemplos que explico en este libro, eso sí los datos de origen son los mismos NeptunoActualiazo.

6.2 CREACIÓN TABLA DE MEDIDAS

Aunque no es obligatorio cuando quiero tener varias medidas lo mejor es crear una tabla donde mostrar todas las medidas.

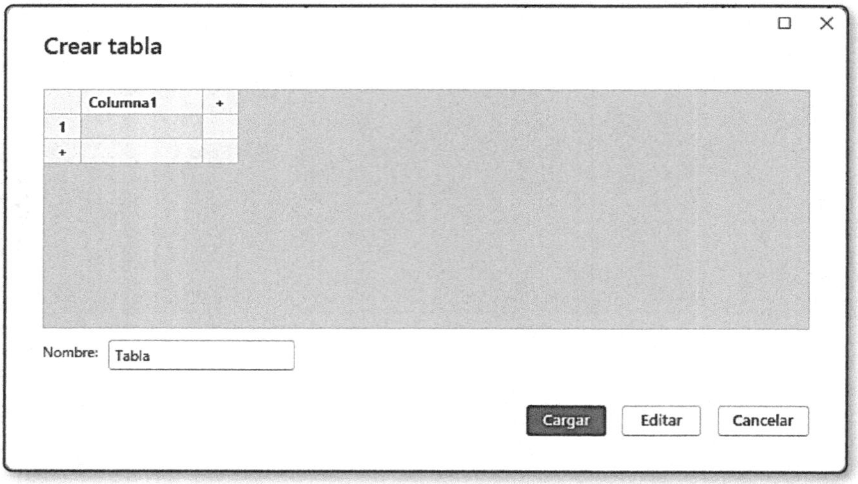

Figura 6.1. Creación de la tabla de medidas

Dentro de la ficha de Inicio voy a hacer clic en el botón Introducir datos, en el nombre de la tabla le puedo decir Medidas, el resto lo puedo dejar como está ya que después ocultaré la columna de esta tabla.

Al hacer clic en cargar ya tendré la tabla medidas con un campo que se llama Columna1.

6.3 FUNCIONES BÁSICAS

Como todo hay que empezar por el principio en este caso voy a empezar por las funciones básicas.

Para ver mejor el resultado voy a poner una tabla con el campo país y voy a ir añadiendo las medidas que voy a ir creando.

Me sitúo en la tabla Medidas y en la ficha Herramientas de tablas voy a hacer clic en Nueva medida.

Para que después estén ordenadas las medidas en el orden que las voy explicando las voy a ir numerando, aunque también podría ir a la vista modelo y crear una carpeta dentro de la tabla con los elementos seleccionados.

Al igual que en Excel lo primero que voy a hacer es aprender a sumar, por lo que le voy a poner de nombre a la medida 01SumaCantidad y le indico que va a ser igual a la función *Sum*, al escribir en la barra de fórmulas se van desplegando las palabras reservadas que empiezan por el texto que estoy escribiendo, puedo moverme por la lista y pulsar la tecla tabulador para añadir la palabra reservada a la fórmula, elijo el campo cantidad, cierro el paréntesis y pulso Enter, de esa manera ya he creado la primera medida.

Me refiero a palabras reservadas porque en algunos sitios se pueden añadir medidas, en otros sitios columnas, en otras funciones, en general en una medida puedo poner una función o una medida, pero no puedo poner directamente una columna.

Cuando elijo una función me muestra una breve ayuda de esa función y la sintaxis que necesita, si la función tiene varios argumentos, estos van separados por comas en vez de punto y coma como en Excel, por lo demás la sintaxis es igual ya que se debe poner el nombre de la función y entre paréntesis los argumentos, eso si los nombres de las funciones están en inglés.

Esta primera medida queda de esta forma.

01sumaCantidad = SUM(Detalles_de_pedidos[Cantidad])

En DAX da igual mayúsculas y minúsculas, puedo poner espacios tanto en el nombre de la medida como en la fórmula, incluso puedo pulsar Shift + Enter para escribir la fórmula en varias líneas.

Cuando creo una medida y la añado a un objeto visual no puedo modificar la operación de resumen que tiene.

Microsoft dice que es más eficiente crear esta medida 01sumaCantidad que añadir el campo cantidad y que calcule la suma.

Al añadir esta primera medida a la tabla medidas que me he creado, ya puedo ocultar el campo de esta tabla porque el objetivo de esta tabla es mostrar las medidas agrupadas.

Una vez que ya he explicado cómo sumar voy a seguir con más funciones, lo siguiente que voy a necesitar es contar y para ello hay varias funciones que me van a ayudar.

La primera función para contar es *Count* que me permite saber el número de valores que hay en una determinada columna, por lo demás es similar a la función *sum* ya que solo debo añadir el campo que quiero contar, esta medida podría quedar de la siguiente manera.

02ContarRegiones = COUNT(Clientes[Región])

Hay veces que no quiero contar los valores de un campo sino los registros que hay, para eso tengo la función *countrows*, la diferencia está en que el argumento no es una columna sino una tabla, por lo que la medida podría quedar de la siguiente forma y me servirá para saber cuántos clientes hay.

03ContarRegistros = COUNTROWS(Clientes)

También, puedo necesitar saber cuántos registros hay en blanco, para eso puedo utilizar la función *countblank* que tiene como argumento el campo en el que quiero contar, en este caso voy a contar los valores en blanco del campo región, la medida podría quedar así.

04ContarBlancos = COUNTBLANK(Clientes[Región])

Una función que de momento no existe en Excel y que puede ser muy útil, es el contar valores distintos, por ejemplo, yo quiero saber en cuantas ciudades tengo clientes, si utilizo alguna de las funciones anteriores me calcula cuantos clientes hay porque cuenta los registros, aunque están repetidos, sin embargo, puedo utilizar la función *distinctcount* que me permite contar los valores sin repetir, el argumento que necesita esta función es un campo y podría quedar de la siguiente forma.

05NCiudades = DISTINCTCOUNT(Clientes[Ciudad])

Hay funciones que nos pueden sonar de otros programas como Excel, pero hay veces que estas funciones no son exactamente iguales, la función *Min* y la función *Max* tienen dos sintaxis distintas.

La función *Min* devuelve el valor más pequeño y *Max* el más grande, la primera sintaxis consiste en escribir el nombre del campo del que quiero saber el valor más pequeño, en este caso quiero saber la cantidad más pequeña y podría quedar la medida de esta forma.

06CantidadPequeño = MIN(Detalles_de_pedidos[Cantidad])

La otra sintaxis de estas funciones es escribir dos medias, en esta medida estoy comparando las medidas 02ContarRegiones y 04ContarBlancos y como estoy utilizando la función Max devolverá el valor más grande de las dos medidas, podría quedar de esta manera.

07MaximoComparacion = MAX([02ContarRegiones],[04ContarBlancos])

Por supuesto también se puede calcular la media con la función A*verage*, es similar a las funciones anteriores, si quiero calcular la media de la cantidad esta sería una forma de calcularla.

08Media = Average(Detalles_de_pedidos[Cantidad])

Al hacer una división puede dar error, si quiero hacer una división segura, es decir que en caso de error ponga un determinado valor entonces puedo utilizar la función D*ivide*, esta función tiene tres argumentos, primero el numerador, después el denominador y por último el valor que queremos que devuelva la función si da error, este último argumento puedo ver en la sintaxis que esta entre corchetes, lo que significa que es opcional, como en Excel los argumentos opcionales son siempre los últimos, en este caso voy a dividir las medidas 05ContarCiudades y la 02Contar regiones, esta última medida tiene muchos valores 0 que dan error por lo que le digo que ponga un 0 en caso de que de error, podría quedar de esta forma la medida.

09DivisionSegura = DIVIDE([05ContarCiudades],[02ContarRegiones],0)

Todas estas medidas las he ido añadiendo a una tabla con el campo país y quedaría como se puede ver a continuación.

País	01sumaCantidad	02ContarRegiones	03ContarRegistros	04ContarBlancos	05Nciudades	06CantidadPequeña	07MaximoComparacion	08Media	09DivisionSegura
Alemania	9.213		11	11	11	2	11	28,09	0,00
Argentina	339		3	3	1	1	3	9,97	0,00
Austria	5.167		2	2	2	4	2	41,34	0,00
Bélgica	1.392		2	2	2	2	2	24,86	0,00
Brasil	4.247	9	9		5	2	9	20,92	0,56
Canadá	1.984	3	3		3	3	3	26,45	1,00
Dinamarca	1.170		2	2	2	2	2	25,43	0,00
España	718		5	5	3	1	5	13,30	0,00
Estados Unidos	9.335	13	13		12	1	13	26,37	0,92
Finlandia	912		2	2	2	2	2	16,00	0,00
Francia	3.227		11	11	9	2	11	17,83	0,00
Irlanda	1.684	1	1		1	2	1	30,62	1,00
Italia	1.632		4	4	4	1	4	19,66	0,00
México	1.025		5	5	1	1	5	14,24	0,00
Noruega	161		1	1	1	2	1	10,06	0,00
Polonia	200		1	1	1	3	1	14,29	0,00
Portugal	533		2	2	1	2	2	17,77	0,00
Reino Unido	2.727	1	7	6	2	1	6	20,35	2,00
Suecia	2.250		2	2	2	2	2	22,96	0,00
Suiza	465		1	1	1	6	1	21,14	0,00
Venezuela	2.936	4	4		4	2	4	24,88	1,00
Total	51.317	31	91	60	70	1	60	23,81	2,26

Figura 6.2. Funciones básicas en una tabla por países

En esta tabla se puede observar cómo va distribuyendo el cálculo de cada medida por los distintos países de la tabla.

6.4 FUNCIONES X

Una vez que conoces las funciones básicas voy a ir profundizando en DAX, ahora voy a explicar las funciones X.

Estas funciones me van a permitir hacer operaciones y después aplicar la función de resumen.

Como en las funciones anteriores voy a insertar una hoja, donde voy a insertar una tabla con el campo país.

Algo muy común es que yo quisiera calcular la suma del total, pero no tengo la columna total, el total es precioUnidad*cantidad.

En este caso voy a tener que utilizar la función *sumx* ya que me permite hacer la suma de una expresión evaluada en cada fila, es decir primero hace la operación en cada fila y después hace la suma.

Cuando escribo *sumx* veo en la sintaxis que primero debo de escribir de qué tabla quiero los datos y a continuación la operación de resumen que quiero hacer, por lo que esta medida Total podría quedar de esta manera.

10Total = sumx(Detalles_de_pedidos,Detalles_de_pedidos[Cantidad]
*Detalles_de_pedidos[PrecioUnidad])

Al igual que en otros programas como Excel puedo aplicar condiciones a las operaciones que realizo, por ejemplo, en Excel tengo las funciones Sumar.Si y Sumar.Si.Conjunto para hacer la suma de los registros que cumplan una determinada condición.

En DAX también se pueden aplicar filtros a los distintos cálculos que haga, estos filtros se pueden hacer de varias formas.

La primera forma va a ser con la función *Filter*, esta función devuelve una tabla a la cual le aplico el filtro que quiero.

Por ejemplo dentro de una función *sumx*, cuando voy a escribir la tabla de donde quiero tomar los datos, en vez de escribir el nombre de una tabla voy a utilizar la función *filter*, al usar esta función veo que tiene dos argumentos primero en la tabla que quiero filtrar y luego la condición, donde le puedo indicar por ejemplo [CargoContacto]="Propietario", a continuación cierro el paréntesis de la función *filter*, una coma para ir al siguiente argumento y escribo la medida Total, la medida resultante será como sigue.

11TotalPropietarios = Sumx(Filter(Clientes,Clientes[CargoContacto]=
"Propietario"),[10Total])

Como en casi todos los programas de Windows los textos fijos tienen que ir entre comillas.

En este caso hemos visto que ya se va complicando porque voy poniendo una función dentro de otra.

En este tipo de comparaciones de texto no se pueden utilizar caracteres comodín, aunque hay funciones de texto parecidas.

No siempre el crear una medida tiene que ser una algo complicado, cuando creo una medida puedo llamar a otra medida, pero dentro de la fórmula de una medida no puedo añadir directamente un campo.

Si quiero calcular el total de los que no son propietarios puedo crear una medida que sea Total – TotalPropietarios, quedaría de la siguiente manera.

12NoPropietarios = [10Total]-[11TotalPropietarios]

Aunque he explicado que con *sumx* puedo añadir un filtro, es más fácil usar la función *Calculate*, esta función es de las más importantes de Dax por no decir la más importante.

Cuando utilizo la función Calculate primero debo de poner el cálculo, que puede ser una medida y a continuación la condición por la que filtrar.

En la condición puedo indicar que un campo sea igual a un valor, pero en este caso le voy a indicar si el valor de un campo está dentro de una lista de valores, para ello pongo en nombre del campo y a continuación IN, ahora entre llaves pongo los distintos valores que quiero incluir, como son valores de texto tienen que ir entre comillas, al final hay que cerrar el paréntesis de *calculate*. Esta medida puede quedar como se ve a continuación.

13TotalRepresentantes = CALCULATE([10Total],'Clientes'[CargoContacto]
IN { "Representante agente ventas", "Representante de ventas" })

Pero las funciones X no es solo Sumx, casi todas las funciones básicas que hemos visto tienen su correspondiente función X.

Ahora por ejemplo quiero saber la media de una medida, no puedo utilizar la función Average porque solo me reconoce los campos, pero no las medidas entonces tengo que utilizar la función Averagex, aunque no quiera añadir ningún filtro.

En este caso las medidas que tengo están en una tabla que no tiene registros por lo que va a dar 0, pero la medida sería de esta forma.

14MediaTotal = AVERAGEX(medidas,[10Total])

A la hora de contar también es muy común el querer añadir condiciones para que solo cuente los registros que cumplan determinadas condiciones.

En este caso voy a utilizar la función *countx*, para contar los registros que la cantidad es menor de 100, para ello debo de incluir una función *filter* indicando que los datos están en la tabla detalles de pedidos, como condición le indico que la suma de la cantidad sea menor de 100, cierro el paréntesis de *filter*, una coma para ir al siguiente argumento y en expresión le digo Total, la medida quedará como se ve a continuación.

15ContarPeques = COUNTX(FILTER(Detalles_de_pedidos,SUM (Detalles_de_pedidos[Cantidad])<100),[10Total])

Para terminar con estas funciones x voy a explicar un ejemplo con la función *Maxx*, al igual que en los casos anteriores dentro de la función x voy a utilizar la función *filter* para delimitar los registros en los que quiero operar, pero ahora voy a comparar con una fecha, para escribir una fecha voy a escribir la función *Date* donde tengo que poner año, mes y día de esa fecha, en este ejemplo quiero mostrar el total más grande cuya fecha del pedido sea mayor al 1 de enero de 2026.

16TotalGrande = Maxx(Filter(Pedidos,Pedidos[FechaPedido] >date(2026,1,1)),[10Total])

Estos son algunos ejemplos de las funciones x, en la siguiente imagen puedes ver como quedan si las has ido añadiendo a una tabla como decía.

País	10Total	11TotalPropietarios	12TotalNoPropietarios	13TotalRepresentantes	14MediaTotal	15ContarPeques	16TotalGrande
Alemania	244.640,63 €	13.157,50	231.483,13	39.771,87			17.250,00
Argentina	8.119,10 €		8.119,10	2.844,10		34	2.220,00
Austria	139.496,63 €		139.496,63				6.750,00
Bélgica	35.134,98 €		35.134,98				4.581,00
Brasil	114.968,48 €		114.968,48	7.310,62			15.810,00
Canadá	55.334,10 €		55.334,10				4.422,00
Dinamarca	34.782,25 €	18.138,45	16.643,80				1.936,00
España	19.431,89 €	5.297,80	14.134,09			54	2.362,25
Estados Unidos	263.726,98 €	32.723,47	231.003,51	187.307,64			16.321,90
Finlandia	20.218,45 €		20.218,45			57	611,30
Francia	85.058,76 €	25.466,85	59.591,91	1.992,05			2.083,40
Irlanda	57.317,39 €		57.317,39				10.835,24
Italia	36.738,35 €		36.738,35	1.545,70			3.592,00
México	24.073,45 €	19.730,45	4.343,00	4.242,20			1.196,00
Noruega	5.735,15 €	5.735,15	0,00			16	2.684,40
Polonia	3.371,95 €	3.371,95	0,00			14	686,00
Portugal	12.468,65 €		12.468,65	5.317,10		30	2.633,90
Reino Unido	60.331,51 €		60.331,51	21.330,50			4.675,00
Suecia	59.808,70 €	32.555,55	27.253,15				6.527,25
Suiza	12.886,30 €	12.886,30	0,00			22	1.887,00
Venezuela	60.814,89 €	19.378,25	41.436,64	23.611,58			3.107,50
Total	1.354.458,59 €	188.441,72	1.166.016,87	295.273,36			17.250,00

Figura 6.3. Tabla de países con funciones X

6.5 CALCULATE Y FILTROS

Ahora voy a explicar la función *Calculate* y las funciones de las que dispongo para modificar cómo le afectan los filtros.

En este ejemplo en una página nueva voy a añadir tres tablas, una con país y total, otra con cargo de contacto y total y otra con el campo idPedido de la tabla de pedidos y total, la hoja tendrá este aspecto.

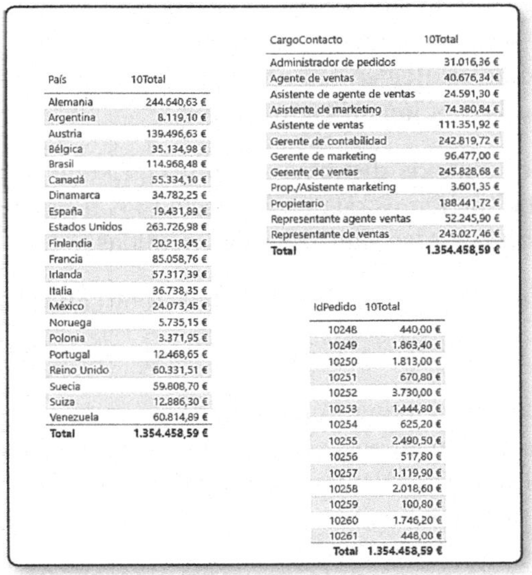

País	10Total
Alemania	244.640,63 €
Argentina	8.119,10 €
Austria	139.496,63 €
Bélgica	35.134,98 €
Brasil	114.968,48 €
Canadá	55.334,10 €
Dinamarca	34.782,25 €
España	19.431,89 €
Estados Unidos	263.726,98 €
Finlandia	20.218,45 €
Francia	85.058,76 €
Irlanda	57.317,39 €
Italia	36.738,35 €
México	24.073,45 €
Noruega	5.735,15 €
Polonia	3.371,95 €
Portugal	12.468,65 €
Reino Unido	60.331,51 €
Suecia	59.808,70 €
Suiza	12.886,30 €
Venezuela	60.814,89 €
Total	**1.354.458,59 €**

CargoContacto	10Total
Administrador de pedidos	31.016,36 €
Agente de ventas	40.676,34 €
Asistente de agente de ventas	24.591,30 €
Asistente de marketing	74.380,84 €
Asistente de ventas	111.351,92 €
Gerente de contabilidad	242.819,72 €
Gerente de marketing	96.477,00 €
Gerente de ventas	245.828,68 €
Prop./Asistente marketing	3.601,35 €
Propietario	188.441,72 €
Representante agente ventas	52.245,90 €
Representante de ventas	243.027,46 €
Total	**1.354.458,59 €**

IdPedido	10Total
10248	440,00 €
10249	1.863,40 €
10250	1.813,00 €
10251	670,80 €
10252	3.730,00 €
10253	1.444,80 €
10254	625,20 €
10255	2.490,50 €
10256	517,80 €
10257	1.119,90 €
10258	2.018,60 €
10259	100,80 €
10260	1.746,20 €
10261	448,00 €
Total	**1.354.458,59 €**

Figura 6.4. Aspecto de la página creada

La primera medida que voy a crear va a ser para calcular la cantidad vendida en España, en este caso quiero operar en un campo de la tabla por lo que tengo que utilizar la función *sum*, pero a esta función no puedo añadirle condiciones por lo que tengo que envolverla con una función *calculate* para poder ponerle la condición que el país sea España, la medida queda de la siguiente manera.

```
17CantidadEspaña = Calculate(sum(Detalles_de_pedidos[Cantidad]),
                   Clientes[País]="España")
```

Ahora añado una tarjeta donde pongo esta medida y al hacer clic en las otras tablas de la hoja, veré que al hacer clic en un país no le va a afectar para nada, sin embargo, si hago clic en las otras tablas si le afecta, esto se debe a que la condición de país ya la lleva en la propia medida.

A continuación, voy a hacer otra medida igual, pero en vez de utilizar el campo cantidad voy a utilizar la medida Total, por lo que la medida es más sencilla y quedaría como se puede ver a continuación.

18 TotalEspaña = CALCULATE([10Total],Clientes[País]="España")

Añado otra tarjeta a la página y le añado esta medida, al hacer clic en el resto de las tablas se puede observar que el comportamiento de esta tarjeta es igual que la anterior.

Una vez que he explicado cómo se comporta una medida con condiciones voy a explicar cómo se puede modificar este comportamiento, lo primero es cómo puedo hacer para que no le afecten los de filtros de campos o tabla que le indique, para eso voy a utilizar la función *all* en los filtros.

All admite dos sintaxis distintas, puedo poner uno o varios campos o una tabla, lo que hace esta función es que no le afecten los filtros de esos campos o esa tabla, por lo que podría crear las siguientes dos medidas.

19 TotalNoFiltroPais = CALCULATE([10Total],all(Clientes[País]))

20 TotalNoFiltroClientes = CALCULATE([10Total],all(Clientes))

Añado dos tarjetas y pongo una medida en cada una, al hacer clic en las tablas veo que si hago clic en un país no le afecta a ninguna, si hago clic en un cargo de contacto sí que filtra en la primera, pero no en la segunda y si hago clic en un pedido les afecta a las dos tarjetas.

También, puede que quiera lo contrario es decir que de una determinada tabla solo le afecten los filtros de unos campos, si utilizamos la función *AllExcept* le indico que quiero ver todos los registros menos los del campo indicado, si escribo la siguiente medida.

21 TotalSiFiltroPais = CALCULATE([10Total],ALLEXCEPT
(Clientes,Clientes[País]))

Añado esta medida a una tarjeta, ahora al hacer clic en un país sí que filtra, pero si hago clic en otro campo de la tabla de clientes como puede ser cargoContacto no le afecta el filtro, si hago clic en un campo de otra tabla como IdPedido sí que le afecta el filtro.

Si quiero quitar todos los filtros que se aplican de una determinada tabla puedo utilizar la función *AllCrossFiltered* e indicar de qué tabla quiero quitar los filtros, quedando la medida de la siguiente manera.

22LimpiarFiltros = CALCULATE([10Total],ALLCROSSFILTERED(clientes))

Añado una tarjeta y añado la medida, de esta manera cuando le aplico cualquier filtro de la tabla de clientes no se ve afectado, pero si hago clic en la tabla pedidos sí le afecta.

Con la función Rankx puedo crear un ranking, es decir indicar con un número cual es mayor sin necesidad de cambiar el orden.

En este caso voy a añadir la siguiente medida a la tabla de países.

23ranking = RANKX(Clientes[País],[10Total])

Pero mi sorpresa es que todos los países son el número 1 ya que al poner la medida en la tabla ya filtra por ese país, para que eso no suceda voy a utilizar la función *all*, para que calcule el ranking según todos los países quedando la medida de la siguiente manera.

23ranking = RANKX(all(Clientes[País]),[10Total])

Ahora sí me va numerando los países según las ventas que he tenido.

Otra forma de quitar los filtros es con la función *RemoveFilters*, con esta función puedo elegir de qué campos o de qué tabla quiero quitar los filtros, si quiero quitar los filtros de la tabla clientes, la medida puede quedar como la siguiente.

24QuitarFiltros = CALCULATE([10Total],REMOVEFILTERS(Clientes))

Añado la medida a una tarjeta y veo que no le afectan los filtros de la tabla de clientes, pero si los de la tabla pedidos.

Con la función SelectedValue puedo saber el valor que hay seleccionado, además como tiene dos argumentos puedo poner el texto que quiero que ponga si no hay ningún valor seleccionado.

Si quiero saber qué país esta seleccionado, puedo crear la siguiente medida.

25ValorSeleccionado = SELECTEDVALUE(Clientes[País],"Seleccionar país")

Añado una tarjeta donde pongo esta medida y veré que en principio pone Seleccionar país y cuando selecciono un país, pone el país seleccionado.

La página que he creado podría quedar de la siguiente forma.

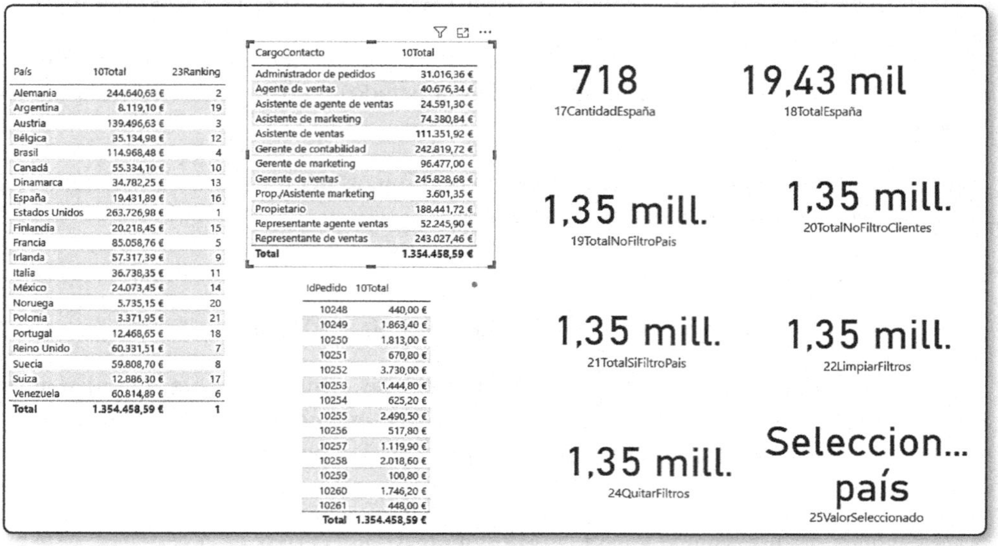

Figura 6.5. Aspecto final de la hoja

6.6 CONDICIONALES

En todos los programas donde se pueden escribir funciones existen las funciones condicionales, es decir funciones a las cuales le puedo poner una condición, si se cumple la condición hace una cosa y si no la cumple hace otra, en Excel es la función si, en DAX al igual que en los lenguajes de programación es la función *If*.

Voy a añadir una hoja nueva y para ver mejor que los resultados son correctos voy a añadir una tabla con el campo país y las medidas 10Total y 05 contar ciudades.

Ahora voy a crear una medida que voy a llamar tamaño, pongo el igual y a continuación escribo la función *If*, al abrir el paréntesis veo que tiene tres argumentos, primero pongo la condición en este caso si el total es mayor de 100000, si se cumple la condición devolverá la parte verdadera, donde voy a escribir grande y si no la cumple devolverá la parte falsa donde escribo pequeño, cuando pongo textos literales tienen que ir entre comillas, la medida quedará de la siguiente forma.

26Tamaño = If([10Total]>100000,"Grande","Pequeño")

Al añadir esta medida a la tabla ya veré los que son grandes y pequeños, si quiero destacar más algún valor podría usar un formato condicional.

Este caso está bien, pero no siempre va a ser tan sencillo en el sentido que solo es si se cumple una condición hace una cosa y sino otra.

En el siguiente caso voy a explicar cómo podría añadir el valor mediano a la medida anterior.

Empiezo creando la medida tamaño2 que es igual a un *If*, si se cumple la condición devuelve la parte verdadera, pero en la parte falsa vuelvo a añadir otro *If* es decir si no se cumple la primera condición le vuelvo a preguntar, en este caso le digo si el total es mayor de 50000 quiero que ponga mediano y si no cumple ninguna condición pondrá pequeño. Como he abierto dos ifs debo de cerrar dos paréntesis, la medida quedará de la siguiente forma.

27Tamaño2 = If([10Total]>100000,"Grande",If([10Total]
>50000,"Mediano","Pequeño"))

Si añado esta medida a la tabla ya veo los grandes, los medianos y los pequeños, por supuesto puedo poner más ifs encajados unos dentro de otros.

Power Bi es un programa muy visual, por lo tanto, voy a hacer más atractiva la fórmula anterior, en todos los programas que funcionan bajo Windows 10 o superior con la combinación de teclas Windows + punto puedo insertar Emojis.

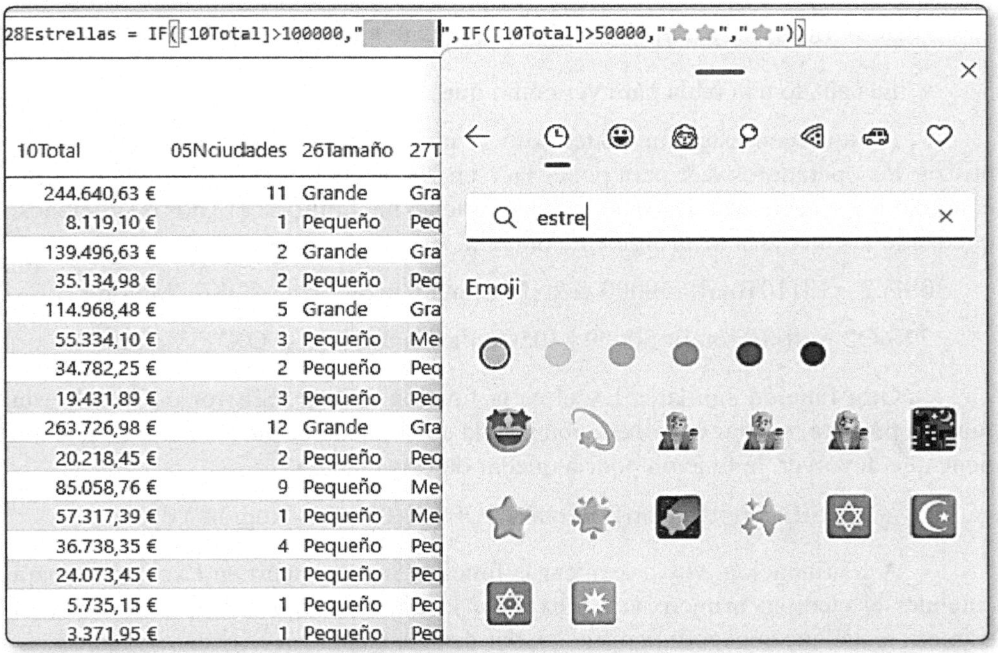

Figura 6.6. Insertar emoji con Windows +

Creo una medida nueva donde copio la anterior, le cambio el nombre por estrellas y sustituyo grande por tres estrellas, mediano por dos estrellas y pequeño por una estrella, quedando la medida de la siguiente manera.

28Estrellas = IF([10Total]>100000,"★★★",IF([10Total]>50000,"★★","★"))

De esta manera queda mucho más visual el resultado de la medida.

Hay veces que quiero poner varias condiciones de distintas columnas, entonces puedo utilizar la función *And* o la función *Or*, igual que en Excel con la función Y y la función O.

Estas funciones van dentro del argumento condición de la función If.

Estas dos funciones a diferencia de otros programas como puede ser Excel solo admiten dos argumentos, es decir solo puedo poner dos condiciones.

Con And se tienen que cumplir las dos condiciones para que sea verdad y con Or en el momento que se cumpla una condición ya es verdad.

En este caso quiero evaluar que para que un país sea Ok el total debe ser superior a 50000 y/o estar en más de 3 ciudades, las medidas quedarían de esta forma.

29SiY = If(And([10Total]>50000,[05ContarCiudades]>3),"OK","Mejorar")

31SiO = If(Or([10Total]>50000,[05ContarCiudades]>3),"OK","Mejorar")

Las añado a la tabla para ver cómo queda.

Aunque con estas funciones solo se pueden poner dos condiciones puedo utilizar los operadores && para poner la Y en varias condiciones o || la o en varias condiciones, en este caso la gran ventaja es que no me limito a solo dos condiciones, quedando las medidas de la siguiente manera.

30SiY2 = If([10Total]>50000 && [05ContarCiudades]>3,"OK","Mejorar")

32SiO2 = If([10Total]>50000 || [05ContarCiudades]>3,"OK","Mejorar")

Otra función similar a Excel es la función *IfError*, SiError en Excel, esta función permite insertar una operación y si da error puedo elegir el resultado que me tiene que devolver, la función podría quedar de esta manera.

33SiError = Iferror([10Total]/COUNT(Clientes[Región]),0)

A continuación, voy a explicar la función *Switch*, elegir en Excel, pero para entender el ejemplo primero voy a explicar la función *FirstDate* que devuelve la primera fecha que encuentra, podría quedar de esta manera.

34DiaSemana= Firstdate(Pedidos[FechaPedido])

A continuación, voy a explicar la función *Weekday*, esta función es similar a DiaSem de Excel ya que devuelve el día de la semana de una fecha, tiene dos argumentos primero la fecha y después si quiero que el lunes sea el primer día de la semana tengo que poner un 2 en el segundo argumento.

Esta función devuelve un número del 1 al 7 indicando el día de la semana.

Esta medida quedaría de la siguiente manera.

34DiaSemana = weekday(FIRSTDATE(Pedidos[FechaPedido]),2)

Pero realmente la función que quiero explicar es la función Switch en la que a partir de un valor le puedo indicar que me ponga otro valor distinto, por ejemplo, si es 1, lunes, 2 martes, etc.

Si en el último argumento no pongo un valor numérico, pero si el texto eso significa que todos los valores que no están en la lista devolverán ese valor.

La siguiente medida cambia los números que devuelve la función *Weekday* por el día de la semana que representa.

34DiaSemana = SWITCH(weekday(FIRSTDATE(Pedidos[FechaPedido]),2),1, "Lunes",2,"Martes",3,"Miércoles",4,"Jueves",5,"Viernes","Fin de semana")

La tabla final tendrá un aspecto parecido a este.

País	10Total	05N.ciudades	26Tamaño	27Tamaño2	28Estrellas	29SiY	30SiY2	31SiO	32SiO2	33SiError	34DiaSemana
Alemania	244.640,63 €	11	Grande	Grande	☆ ☆ ☆	Ok	Ok	Ok	Ok	0,00	Miércoles
Argentina	8.119,10 €	1	Pequeño	Pequeño	☆		Mejorar	Mejorar	Mejorar	Mejorar	0,00	Martes
Austria	139.496,63 €	2	Grande	Grande	☆ ☆ ☆	Mejorar	Mejorar	Ok	Ok	0,00	Lunes
Bélgica	35.134,98 €	2	Pequeño	Pequeño		Mejorar	Mejorar	Mejorar	Mejorar	0,00	Fin de semana
Brasil	114.968,48 €	5	Grande	Grande	☆ ☆ ☆	Ok	Ok	Ok	Ok	12.774,28	Fin de semana
Canadá	55.334,10 €	3	Pequeño	Mediano	☆ ☆	Mejorar	Mejorar	Ok	Ok	18.444,70	Martes
Dinamarca	34.782,25 €	2	Pequeño	Pequeño	☆	Mejorar	Mejorar	Mejorar	Mejorar	0,00	Fin de semana
España	19.431,89 €	3	Pequeño	Pequeño		Mejorar	Mejorar	Mejorar	Mejorar	0,00	Lunes
Estados Unidos	263.726,98 €	12	Grande	Grande	☆ ☆ ☆	Ok	Ok	Ok	Ok	20.286,69	Fin de semana
Finlandia	20.218,45 €	2	Pequeño	Pequeño	☆	Mejorar	Mejorar	Mejorar	Mejorar	0,00	Martes
Francia	85.058,76 €	9	Pequeño	Mediano	☆	Ok	Ok	Ok	Ok	0,00	Fin de semana
Irlanda	57.317,39 €	1	Pequeño	Mediano	☆ ☆	Mejorar	Mejorar	Ok	Ok	57.317,39	Martes
Italia	36.738,35 €	4	Pequeño	Pequeño	☆	Mejorar	Mejorar	Ok	Ok	0,00	Miércoles
México	24.073,45 €	1	Pequeño	Pequeño		Mejorar	Mejorar	Mejorar	Mejorar	0,00	Martes
Noruega	5.735,15 €	1	Pequeño	Pequeño	☆	Mejorar	Mejorar	Mejorar	Mejorar	0,00	Lunes
Polonia	3.371,95 €	1	Pequeño	Pequeño	☆	Mejorar	Mejorar	Mejorar	Mejorar	0,00	Martes
Portugal	12.468,65 €	1	Pequeño	Pequeño	☆	Mejorar	Mejorar	Mejorar	Mejorar	0,00	Fin de semana
Reino Unido	60.331,51 €	2	Pequeño	Mediano	☆ ☆	Mejorar	Mejorar	Ok	Ok	60.331,51	Fin de semana
Suecia	59.808,70 €	2	Pequeño	Mediano	☆ ☆	Mejorar	Mejorar	Ok	Ok	0,00	Lunes
Suiza	12.886,30 €	1	Pequeño	Pequeño	☆	Mejorar	Mejorar	Mejorar	Mejorar	0,00	Martes
Venezuela	60.814,89 €	4	Pequeño	Mediano	☆ ☆	Ok	Ok	Ok	Ok	15.203,72	Fin de semana
Total	**1.354.458,59 €**	**70**	**Grande**	**Grande**	**☆ ☆ ☆**	**Ok**	**Ok**	**Ok**	**Ok**	**43.692,21**	**Martes**

Figura 6.7. Tabla con los valores condicionales

6.7 TEXTO

Los textos siempre están como menos falta hace, por eso voy a explicar ahora distintas funciones para poder manipular el texto.

Para desarrollar este ejemplo y ver el resultado voy a añadir una tabla con los campos ciudad y país.

Como no puedo añadir los campos directamente a una medida tengo que envolverlos con alguna función, como hay un valor único de esos campos voy a utilizar la función *min*.

Algo muy típico es querer unir varios textos, es decir concatenarlos, existe varias formas de hacerlo.

La primera es con la función Concatenate, es parecida a la función Concat de Excel, pero en Dax solo admite dos cadenas por lo que concatenar dos campos y poner un espacio entre medias hace que sea muy complejo ya que hay que añadir dos funciones Concatenate una dentro de otra, quedaría de la siguiente manera.

35Concatenar = CONCATENATE(min(clientes[ciudad]),
concatenate(" ",min(Clientes[País])))

Añadimos esta medida a la tabla para ver cómo queda.

Para evitar tener que poner tanta función y complicar la fórmula es más fácil utilizar el operador & e ir poniendo los campos y el texto fijo que quiero unir. Este operador también lo puedo usar en Excel, la medida quedaría de la siguiente forma.

36Concatenar2 = min(clientes[ciudad]) &" "& min(Clientes[País])

Al añadir esta medida a la tabla veo que el resultado es igual a la anterior.

En una medida o en un campo, al hacer clic sobre él, en la parte superior puedo cambiar las propiedades, entre ellas el formato, pero cambia el formato en todas las visualizaciones de este campo o esta medida.

Pero hay veces que quiero cambiar el formato en un determinado sitio por eso tengo la función *Format*, donde puedo elegir con qué formato quiero visualizar esa medida o ese campo.

La función Format tiene dos argumentos, primero la expresión y después el formato, este formato es igual que los formatos personalizados de Excel solo hay que tener en cuenta que las comas son para los miles y los puntos para los decimales.

En la posición donde hay un 0 va a poner siempre esa posición por ejemplo punto 00 va a poner siempre dos decimales, las almohadillas indican que si hay suficientes números pondrá el punto de los miles, la medida podría quedar de la siguiente manera.

37Formato = FORMAT([10Total],"#,##0.00")

Pero al añadir esta medida veo que no está bien alineado ya que está mostrando este cálculo como un texto, para evitarlo voy a utilizar la función *Value*, esta función convierte un valor numérico almacenado como texto en un número, por lo que solo debo envolver la medida anterior con esta función *Value*, la medida quedaría como se ve a continuación.

38Valor = VALUE(FORMAT([10Total],"#,##0.00"))

Al añadir esta medida a la tabla se puede apreciar la diferencia de utilizar la función *Value*.

Hay veces que de un texto quiero extraer una determinada parte, esto es muy útil sobre todo cuando tenemos códigos, referencias, etc. por ejemplo en un código postal de España los dos primeros caracteres son la provincia, el tercero un cero si es la capital u otro número si no es la capital y los dos últimos números indican el distrito postal, si quiero extraer alguna de estas informaciones puedo usar alguna de las funciones que voy a explicar a continuación.

Si quiero extraer caracteres por el principio de una cadena voy a utilizar la función Left, es decir la función izquierda de Excel.

Esta función tiene dos argumentos primero la cadena y después el número de caracteres que quiero extraer, la medida podría quedar de esta manera.

39Izquierda = LEFT(MIN(Clientes[Ciudad]),3)

Al añadir esta medida veo que ha extraído los tres primeros caracteres de la medida 35concatenar.

Si quiero extraer caracteres por el final es decir por la derecha, utilizo la función *Right*, quedando la medida de la siguiente forma.

40Derecha = RIGHT(MIN(Clientes[Ciudad]),3)

Cuando se trabaja con cadenas que no tienen el mismo número de caracteres, suele ser muy importante conocer el largo en cada caso, para ello puedo usar la función *Len*.

41Largo = LEN(MIN(Clientes[Ciudad]))

Si quiero extraer caracteres en medio de una cadena debo usar la función *Mid*, esta función tiene tres argumentos, primero la cadena de donde quiero extraer el texto, después a partir de qué posición quiero extraer los caracteres y por último cuantos caracteres quiero extraer por lo que, si quiero extraer 3 caracteres desde la posición 4 de la medida 35concatenar, la medida quedaría de la siguiente forma.

42Extrae = MID(MIN(Clientes[Ciudad]),5,3)

Todas las funciones se pueden combinar para obtener resultados más complejos, con estos ejemplos quiero que veas algunas de las funciones que existen y para qué sirven.

Si quiero convertir un texto en minúsculas puedo usar la función Lower.

43Minusculas = LOWER(MIN(Clientes[Ciudad]))

Si quiero convertir un texto en mayúsculas puedo usar la función UPPER.

44Mayusculas = UPPER(MIN(Clientes[Ciudad]))

La pantalla final de las funciones de texto puede quedar de esta forma.

País	Ciudad	35Concatenar	36Concatenar2	37Formato	38ValorFormato	39Izquierda	40Derecha	41Largo	42Extrae	43Minusculas	44Mayusculas
Alemania	Aachen	Aachen, Alemania	Aachen, Alemania	3.763,21	3.763,21	Aac	hen	6	en	aachen	AACHEN
Estados Unidos	Albuquerque	Albuquerque, Estados Unidos	Albuquerque, Estados Unidos	52.245,90	52.245,90	Alb	que	11	que	albuquerque	ALBUQUERQUE
Estados Unidos	Anchorage	Anchorage, Estados Unidos	Anchorage, Estados Unidos	16.325,15	16.325,15	Anc	age	9	ora	anchorage	ANCHORAGE
Dinamarca	Århus	Århus, Dinamarca	Århus, Dinamarca	16.643,80	16.643,80	Årh	hus	5	s	århus	ÅRHUS
España	Barcelona	Barcelona, España	Barcelona, España	836,70	836,70	Bar	ona	9	elo	barcelona	BARCELONA
Venezuela	Barquisimeto	Barquisimeto, Venezuela	Barquisimeto, Venezuela	17.825,06	17.825,06	Bar	eto	12	uis	barquisimeto	BARQUISIMETO
Italia	Bérgamo	Bérgamo, Italia	Bérgamo, Italia	7.603,85	7.603,85	Bér	amo	7	amo	bérgamo	BÉRGAMO
Alemania	Berlín	Berlín, Alemania	Berlín, Alemania	4.596,20	4.596,20	Ber	lín	6	ín	berlín	BERLÍN
Suiza	Berna	Berna, Suiza	Berna, Suiza	12.886,30	12.886,30	Ber	rna	5	a	berna	BERNA
Estados Unidos	Boise	Boise, Estados Unidos	Boise, Estados Unidos	115.673,39	115.673,39	Boi	ise	5	e	boise	BOISE
Suecia	Bräcke	Bräcke, Suecia	Bräcke, Suecia	32.555,55	32.555,55	Brä	cke	6	ke	bräcke	BRÄCKE
Alemania	Brandenburgo	Brandenburgo, Alemania	Brandenburgo, Alemania	31.745,75	31.745,75	Bra	rgo	12	den	brandenburgo	BRANDENBURGO
Bélgica	Bruselas	Bruselas, Bélgica	Bruselas, Bélgica	10.430,58	10.430,58	Bru	las	8	ela	bruselas	BRUSELAS
Argentina	Buenos Aires	Buenos Aires, Argentina	Buenos Aires, Argentina	8.119,10	8.119,10	Bue	res	12	os	buenos aires	BUENOS AIRES
Estados Unidos	Butte	Butte, Estados Unidos	Butte, Estados Unidos	1.947,24	1.947,24	But	tte	5	e	butte	BUTTE
Brasil	Campinas	Campinas, Brasil	Campinas, Brasil	8.702,23	8.702,23	Cam	nas	8	ina	campinas	CAMPINAS
Venezuela	Caracas	Caracas, Venezuela	Caracas, Venezuela	1.488,70	1.488,70	Car	cas	7	cas	caracas	CARACAS
Bélgica	Charleroi	Charleroi, Bélgica	Charleroi, Bélgica	24.704,40	24.704,40	Cha	roi	9	ler	charleroi	CHARLEROI
Irlanda	Cork	Cork, Irlanda	Cork, Irlanda	57.317,39	57.317,39	Cor	ork	4		cork	CORK
Reino Unido	Cowes	Cowes, Reino Unido	Cowes, Reino Unido	6.146,30	6.146,30	Cow	wes	5	s	cowes	COWES
Alemania	Cunewalde	Cunewalde, Alemania	Cunewalde, Alemania	117.483,39	117.483,39	Cun	lde	9	wal	cunewalde	CUNEWALDE
Estados Unidos	Elgin	Elgin, Estados Unidos	Elgin, Estados Unidos	3.063,20	3.063,20	Elg	gin	5	n	elgin	ELGIN
Francia	Estrasburgo	Estrasburgo, Francia	Estrasburgo, Francia	19.088,00	19.088,00	Est	rgo	11	asb	estrasburgo	ESTRASBURGO
Estados Unidos	Eugenia	Eugenia, Estados Unidos	Eugenia, Estados Unidos	19.711,13	19.711,13	Eug	nia	7	nia	eugenia	EUGENIA
Alemania	Francfort	Francfort, Alemania	Francfort, Alemania	21.282,02	21.282,02	Fra	urt	9	cfu	francfort	FRANCFURT
Italia	Génova	Génova, Italia	Génova, Italia	20.033,20	20.033,20	Gén	ova	6	va	génova	GÉNOVA
Austria	Graz	Graz, Austria	Graz, Austria	113.236,68	113.236,68	Gra	raz	4		graz	GRAZ
Finlandia	Helsinki	Helsinki, Finlandia	Helsinki, Finlandia	3.601,35	3.601,35	Hel	nki	8	ink	helsinki	HELSINKI
Venezuela	Isla Margarita	Isla Margarita, Venezuela	Isla Margarita, Venezuela	17.889,55	17.889,55	Isl	ita	14	Ma	isla margarita	ISLA MARGARITA
Total		**Aachen, Alemania**	**Aachen, Alemania**	**1.354.458,5 9**	**1.354.458,59**	**Aac**	**hen**	**6**	**en**	**aachen**	**AACHEN**

Figura 6.8. Aplicación de funciones de texto

6.8 FECHAS

Ahora voy a explicar las funciones de fecha más comunes, para hacer este ejemplo voy a añadir una hoja nueva donde voy a poner una tarjeta de varias filas y voy a ir añadiendo cada una de las medidas que voy a ir haciendo.

En general estas funciones son muy rápidas de ver, además muchas de ellas nos sonarán de otros programas.

La primera función que voy a explicar es *Today* que devuelve la fecha actual, por lo que no necesita argumentos, pero hay que poner los paréntesis después del nombre de la función.

45Hoy = Today()

Muy parecida a la anterior es la función *Now*, esta función devuelve la fecha y la hora actual.

Todas las funciones que voy a ir explicando después de obtener el resultado se puede cambiar el formato.

46Ahora = Now()

Hay varias funciones para extraer parte de una fecha o en general información de una fecha, la primera que voy a explicar es *Day* que devuelve el día de una fecha, por supuesto puedo combinar varias funciones y si quiero saber solo el día de hoy la medida quedará así.

47Dia = Day(Today())

Si quiero saber el mes utilizo la función *Month*, quedando la medida de la siguiente manera.

48Mes = Month(Today())

Excel no tiene en cuenta los trimestres para casi nada, ni siquiera tiene una función que me devuelve el trimestre de una fecha, pero en Power Bi el trimestre es un elemento más de las jerarquías de las fechas, si quiero saber el trimestre de una fecha utilizo la función *Quarter*, si quiero saber el trimestre actual puedo escribir la siguiente medida.

49Trimestre = Quarter(Today())

Para extraer el año de una fecha utilizo la función *Year* igual que he utilizado las funciones anteriores.

50Año = Year(Today())

Muchas veces quiero escribir una fecha, pero a diferencia de Excel no puedo escribir directamente la fecha como tal, en algunos sitios la puedo escribir entre comillas, pero yo siempre escribo una fecha con la función *date*, esta función tiene tres argumentos donde debo de escribir el año, el mes y el día, cada uno de estos valores puede ser una o varias funciones, en la siguiente medida obtengo el primer día del año actual.

51ContruyeFecha = Date(Year(Today()),1,1)

Si quiero saber el día de la semana que es una fecha puedo utilizar la función *Weekday*, esta función devuelve un número del 1 al 7 indicando el día de la semana, esta función tiene 2 argumentos, en el primero hay que poner la fecha, pero en el segundo hay que indicarle como queremos que cuente los días de la semana, si quiero que empiece a contar por el lunes en este argumento debo de poner un 2 ya que si no empieza a contar por el domingo.

52DiaSemana = Weekday(TODAY(),2)

Según los países y la empresa se usa más o menos el número de semana, en todo caso lo puedo saber con la función *WeekNum*.

53NumeroSemana = Weeknum(TODAY())

A una fecha le puedo sumar o restar un número y le sumamos o le restamos días, pero si quiero sumar o restar meses puedo usar la función *Edate*, esta función tiene dos argumentos, primero la fecha y después el número de meses que quiero sumar si es un número positivo o restar si es un número negativo.

54SumarMeses = Edate(Today(),3)

Para temas de vencimientos es muy útil saber cuándo se acaba un mes, para eso está la función *EoMonth*, es similar a la función anterior ya que tiene dos argumentos en el primero pongo la fecha y en el segundo cuántos meses quiero sumar o restar, pero en vez de devolver la fecha exacta de sumar o restar esos meses *EoMonth* devuelve el último día de ese mes.

55FinMes = EoMonth(Today(),3)

Una gran ventaja a la hora de trabajar con DAX es que muchas funciones me permiten elegir en qué unidades quiero el resultado, una de ellas es dateDiff.

Esta función tiene tres argumentos fecha de inicio, fecha de fin y en qué unidad quiero la diferencia, puedo elegir entre segundos, minutos, horas, días, semanas, meses trimestres y años, en este ejemplo quiero saber cuántos meses han pasado desde el 2022 hasta ahora.

56Desde2022 = Datediff(date(2022,12,31),Today(),Month)

Power Bi se va actualizando todos los meses y una de esas posibles actualizaciones son las funciones, la función *NetWorkDays* se añadió sobre el 2022 si no recuerdo mal.

Esta función permite hacer operaciones con días laborables como en Excel.

Esta función tiene cuatro argumentos, pero los dos últimos son opcionales, el primero es la fecha de inicio, después la fecha de fin, con el tercero puedo indicar cuales son los días de descanso si no digo nada son sábado y domingo y por último días festivos o libres que tenga.

En la siguiente medida veo cuántos días laborables quedan desde hoy hasta fin de año.

57DiasLaborables = NETWORKDAYS(TODAY(),date(year(today()),12,31))

La pantalla con todas las medidas que he hecho podría quedar de la siguiente manera.

11/10/2024	11/10/2024 13...	11	10	4
45Hoy	46Ahora	47Dia	48Mes	49Trimestre
2024	01/01/24	5	41	11/01/2025
50Año	51ConstruirFec...	52DiaSemana	53NumSemana	54SumarMeses
31/01/2025	22	58		
55FinMes	56Desde2022	57DiasLaborables		

Figura 6.9. Medidas de fecha

6.9 PARÁMETROS

Los parámetros son variables con las que se puede interactuar con el usuario, lo que voy a hacer es crear un parámetro que acepte valores del 1 al 12 y aplicar ese número en distintas medidas.

Voy a la ficha *Modelado* y hago clic en P*arámetro nuevo*, hay dos opciones, campos ya lo expliqué anteriormente así que voy a hacer clic en *Intervalo numérico*.

En nombre le voy a llamar MiMes, aunque podría poner cualquier otro nombre, tipo de datos entero, mínimo 1 máximo 12, incremento 1 y el valor predeterminado 1, y quiero Agregar una segmentación en la página para que el usuario pueda modificar el valor del parámetro.

Una vez que le doy en el botón crear tendré una segmentación donde puedo elegir un número del 1 al 12.

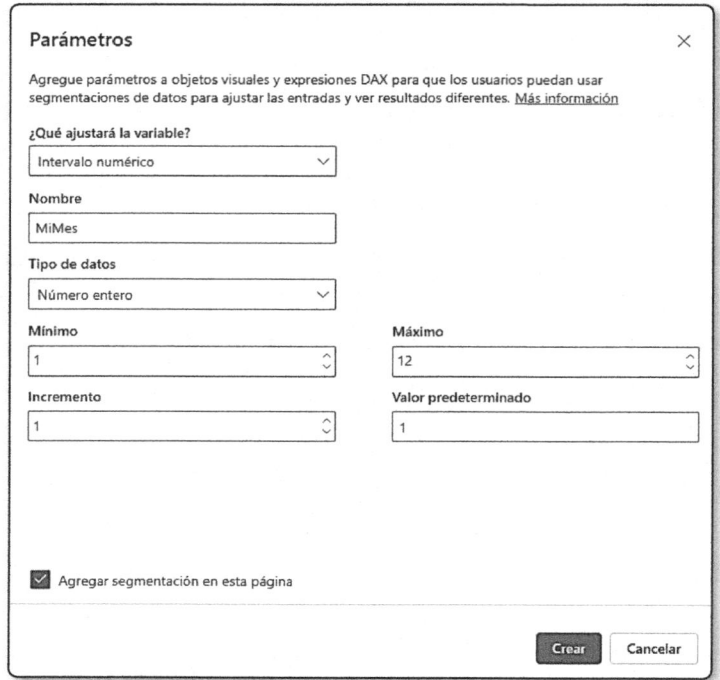

Figura 6.10. Insertar parámetro

Ahora voy a crear dos medidas en las que voy a utilizar este parámetro para poner una condición a una operación, en esta primera medida mediante una función Sumx le voy a indicar que solo quiero que sume los del mes que elija el usuario, en este caso solo estoy haciendo el filtro por mes no por años por lo que sumará todos los totales de ese mes independientemente del año.

58TotalParametros = SUMX(FILTER(Pedidos,MONTH(Pedidos[FechaPedido])= MiMes[Valor de MiMes]),[10Total])

Se puede ver cómo le digo que el mes de la fecha de pedido tiene que ser igual al parámetro MiMes, añado una tarjeta a la hoja y dentro pongo esta medida, cambio el valor del parámetro a través del segmentador y veo cómo cambia el resultado de la tarjeta.

Ahora voy a hacer una medida muy parecida en la que cambio el igual por menor igual para ver el acumulado, quedando la medida de la siguiente manera.

59TotalAcumuladoParametros = SUMX(FILTER(Pedidos,MONTH (Pedidos[FechaPedido])<=MiMes[Valor de MiMes]),[10Total])

Ahora veo el acumulado de los meses, añado otra tarjeta y pongo esta medida, al cambiar el valor del parámetro cambia el valor de las tarjetas.

Voy a añadir también un gráfico de columnas y pongo los países en el eje X y estas dos medidas en el eje Y, al modificar el valor del parámetro puedo comparar las ventas del mes con el acumulado.

Las medidas las puedo añadir en todos los tipos de objeto que quiera.

El aspecto final de la página se parecerá a este.

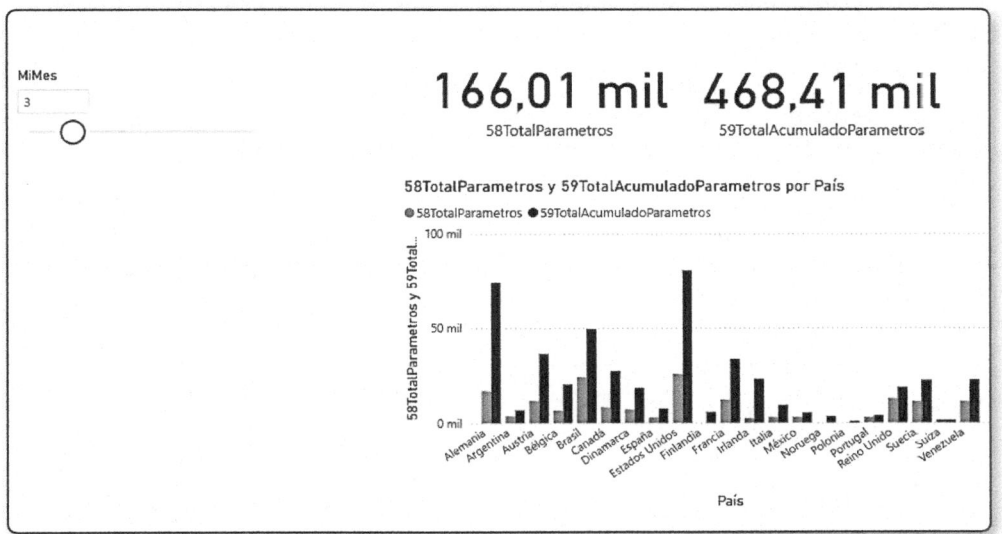

Figura 6.11. Página de uso de parámetros

6.10 CREACIÓN DE LA TABLA DE FECHAS

En Power Bi para hacer bien los cálculos entre fechas y utilizar las funciones de inteligencia de tiempo se debe de crear una tabla de fechas, esta tabla básicamente es una tabla donde están todas las fechas consecutivas sin repetir y sin huecos entre una fecha de inicio y una fecha de fin.

Si no creamos esta tabla de fechas Power Bi crea automáticamente una tabla interna para hacer los cálculos, pero sobre todo cuando hay grandes huecos entre las fechas no va a realizar bien los cálculos.

Por ejemplo, tienes el campo fecha de nacimiento de los empleados y otro campo fecha del pedido, entre medias hay grandes huecos y Power Bi no va a hacer bien los cálculos de inteligencia de tiempo.

Lo primero que voy a hacer es ir a la ficha Modelado y hacer clic en nueva tabla donde voy a escribir la siguiente fórmula.

Calendario = Calendar(Date(2024,1,1),Date(2026,12,31))

Con la función *Calendar* le indico desde qué fecha hasta qué fecha quiero que rellene la tabla, en este caso le he dicho del 1 de enero de 2024 al 31 de Diciembre de 2026, siempre es bueno que sean años enteros.

Me ha creado la tabla con un campo que se llama Date, a mí me gusta cambiarle el nombre del campo por Fecha, también puedo cambiar el formato de la fecha e indicarle fecha corta.

Seleccionando la tabla, voy a la ficha Herramientas de tablas y hago clic en el botón Marcar como tabla de fechas, donde me pregunta qué campo quiero y le digo el de fecha.

Ya he creado esta tabla de fechas, pero veré que ha cambiado el símbolo de este campo fecha ya que ha perdido la jerarquía y si pongo este campo en una matriz me aparecen los valores de uno en uno, no agrupados como una jerarquía.

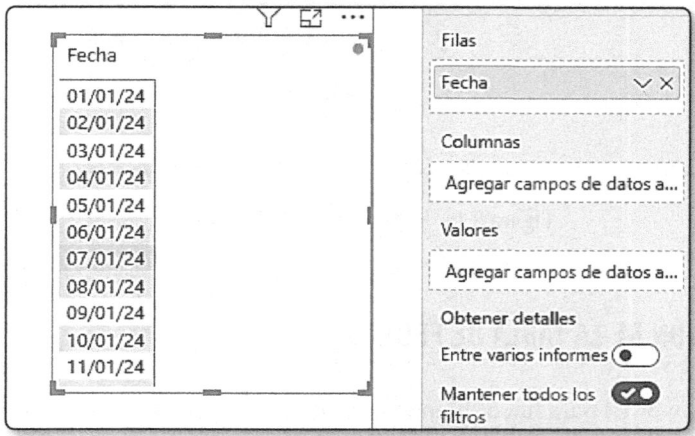

Figura 6.12. Fecha sin jerarquía

Esto es importante para entender que debo crear ahora todos los campos de la jerarquía para que siga teniendo el mismo aspecto de siempre.

Selecciono la tabla Calendario y en la ficha herramientas de tabla voy a hacer clic en Nueva columna y voy a crear la columna Año que será el año de la fecha, quedando la fórmula de la siguiente forma.

Año = YEAR(Calendario[Fecha])

A continuación, creo la columna trimestre con la siguiente fórmula.

Trimestre = "Trim " & QUARTER(Calendario[Fecha])

En este caso he tenido que concatenar el texto Trim ya que la función Quarter me pone el trimestre, pero no ese texto.

Ahora voy a crear la columna Mes con la siguiente fórmula.

Mes = Month(Calendario[Fecha])

De esta manera me pondría el número del mes, pero no el texto por lo que también voy a crear la columna MesTexto con esta fórmula.

MesTexto = Switch(Calendario[Mes],1,"Enero",2,"Febrero",3,"Marzo",4,"Abril", 5,"Mayo",6,"Junio",7,"Julio",8,"Agosto",9,"Septiembre",10,"Octubre",11, "Noviembre",12,"Diciembre")

En esta columna mediante la función Switch estoy recogiendo el valor de la columna antes creada y si es 1 esta función devuelve enero, 2, febrero y así sucesivamente todos los meses.

Ahora voy a hacer clic en los puntos suspensivos que hay al lado de la columna Año y hago clic en crear jerarquía, le cambio el nombre haciendo un doble clic sobre el nombre y escribo JerarquíaFecha.

Añado a esta jerarquía los campos trimestre, mesTexto y día.

Pruebo a añadir esta jerarquía a una matriz y veré que ahora sí funciona, si despliego los valores trimestre sale bien, pero los meses salen en orden alfabético por lo que tengo que dar un último paso seleccionando el campo mestexto y en la ficha Herramientas de columnas voy a hacer clic en Ordenar por columna y le indico mes, de esa manera el mesTexto está ordenado por el valor numérico del mes.

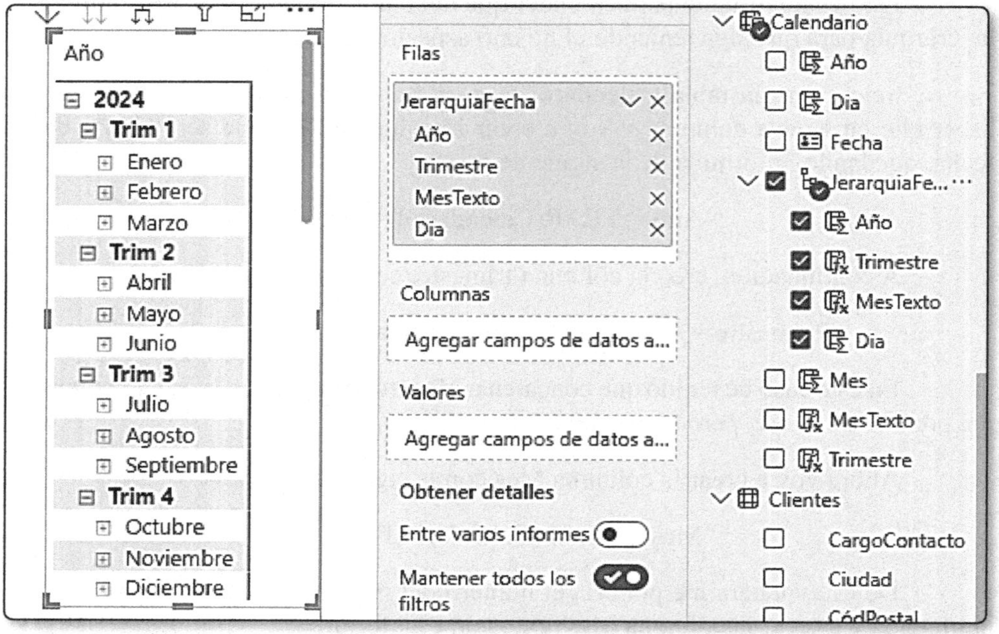

Figura 6.13. Tabla Calendario con la matriz creada

Una vez que he creado esta jerarquía voy a cambiar de vista para ir a la vista modelo, donde veo que esta tabla no tiene ninguna relación con las otras tablas, por lo que voy a arrastrar del campo fecha de la tabla calendario a Fecha de pedido de la tabla de pedidos, ya están relacionados los datos.

Al hacer la relación con el campo FechaPedido este campo también pierde la jerarquía.

Ahora voy a repetir la operación del campo Fecha de la tabla Calendario a Fecha de envío de la fecha de pedidos, puede haber dos relaciones entre dos tablas, pero solo una de las relaciones estará activa, para indicar que una relación esta inactiva la dibuja con líneas en vez de una línea.

Después explicaré como puedo hacer cálculos con esta segunda relación.

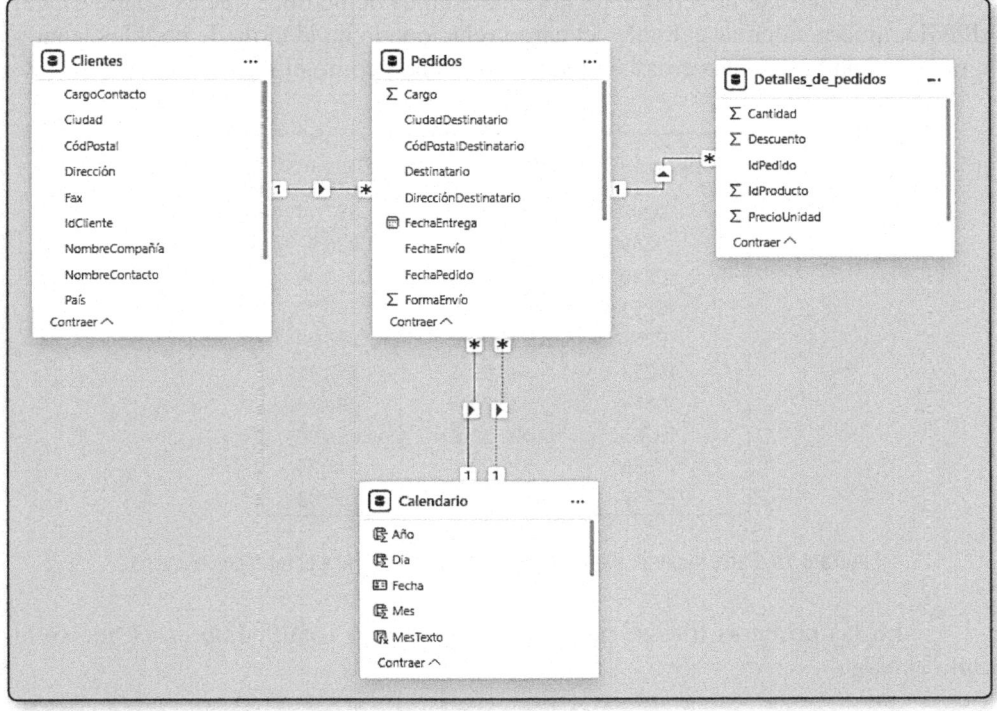

Figura 6.14. Vista modelo

6.11 FUNCIÓN RELATED

Los filtros siempre se propagan de la parte uno a la parte varios de la relación, pero si quiero ir de la parte varios a la parte uno puedo usar la función *Related*.

En una hoja nueva voy a añadir una tabla donde voy a poner la columna IdPedido de la tabla detalles de pedido y la medida total.

Quiero hacer una medida que sea el total + el campo cargo que está en la tabla de pedidos, pero yo tengo un campo de la tabla detalles de pedido.

Voy a crear la siguiente medida en la que quiero sumar al total el cargo relacionado en la tabla de pedidos, para ello dentro de la función *Related* escribo el campo al que quiero acceder, quedando la medida de la siguiente forma.

60TotalPedido = SUMX(Detalles_de_pedidos,[10Total]+
RELATED(Pedidos[Cargo]))

Con Sumx le indico que de la tabla detalles de pedidos que es donde está el IdPedio, quiero calcular el total + el cargo relacionado en la tabla de pedidos, añado la medida a la tabla antes creada y dará un resultado como el siguiente.

IdPedido	10Total	60TotalPedido
10248	440,00 €	537,14
10249	1.863,40 €	1.886,62
10250	1.813,00 €	2.010,49
10251	670,80 €	794,82
10252	3.730,00 €	3.883,90
10253	1.444,80 €	1.619,31
10254	625,20 €	694,14
10255	2.490,50 €	3.083,82
10256	517,80 €	545,74
10257	1.119,90 €	1.365,63

Figura 6.15. Parte superior de la tabla donde se ve el total y el total con el cargo

En las primeras filas se puede ver el total y el TotalPedido en el que se le suma el cargo.

6.12 FUNCIÓN USERRELATIONSHIP

La función UserRelationShip me permite elegir la relación con la que quiero hacer los cálculos, para poder elegir la relación esta relación tiene que existir.

Voy a crear una página nueva donde añado una matriz, en las filas pongo la jerarquía de fechas de la tabla calendario que he creado antes y en los valores añado la medida total.

Power Bi calcula el total agrupando por la fecha de pedido ya que es la relación por defecto que hay entre estas dos tablas.

Pero ahora voy a crear esta medida y la añado a los valores de la matriz anterior.

61TotalFechaEnvio = CALCULATE([10Total],USERELATIONSHIP (Calendario[Fecha],Pedidos[FechaEnvío]))

En esta medida con una función *Calculate* le indico que me calcule el total, pero a la hora de filtrar le indico con la función *UserRelationShip* que quiero utilizar la relación del campo fecha de la tabla calendario con el campo FechaEnvío de la tabla de pedidos, el resultado variará de la anterior medida ya que no agrupa en las mismas fechas como se puede ver en la siguiente imagen.

Año	10Total	61TotalFechaEnvio
⊟ **2024**	**235.943,60 €**	**212.395,50**
⊞ Trim 3	85.869,10 €	68.045,70
⊞ Trim 4	150.074,50 €	144.349,80
⊟ **2025**	**653.434,65 €**	**653.342,87**
⊞ Trim 1	140.718,80 €	155.190,40
⊞ Trim 2	150.104,97 €	152.259,69
⊞ Trim 3	169.471,76 €	153.492,59
⊞ Trim 4	193.139,12 €	192.400,19
⊟ **2026**	**465.080,34 €**	**488.720,22**
⊞ Trim 1	327.694,97 €	311.282,45
⊞ Trim 2	137.385,37 €	177.437,77
Total	**1.354.458,59 €**	**1.354.458,59**

Figura 6.16. Cálculos hechos con distintas relaciones

6.13 FUNCIONES DE INTELIGENCIA DE TIEMPO

En Dax existe una categoría de funciones que no existe en otros programas como son las funciones de inteligencia de tiempo.

Estas funciones no se pueden utilizar cuando la conexión a los datos es DirectQuery.

Voy a añadir una hoja nueva con una tabla donde pongo el campo país y voy a ir añadiendo las medidas que voy a ir creando.

La primera función que voy a explicar es *DatesBetween*, esta función permite especificar el intervalo que hay entre dos fechas para utilizarlas como filtro.

Esta función tiene tres argumentos, en el primero le indico de qué tabla debe coger los datos, después le indico desde qué fecha y hasta qué fecha quiero operar, en el siguiente ejemplo he puesto esta función dentro de los filtros de una función *Calculate* donde calculo el total del año 2025.

62Suma2025 = Calculate([10Total],Datesbetween(Calendario[Fecha], date(2025,1,1),date(2025,12,31)))

Si quiero saber cuándo se hizo el primer pedido en cada país voy a utilizar la función *FirstDate*, en este caso quiero la primera fecha del campo fecha pedido por lo que la medida quedaría así.

63PrimeraVenta = Firstdate(Pedidos[FechaPedido])

Si en vez de la primera fecha quiero la última fecha, con la misma sintaxis utilizaré la función *Lastdate*.

64UltimaVenta = Lastdate(Pedidos[FechaPedido])

Como he comentado anteriormente hay muchas funciones de Dax que permiten elegir en qué unidades quiero el resultado, una de ellas es *DateAdd* que es la función que voy a explicar ahora, esta función me permite añadir o quitar el número de intervalos que yo elija a una determinada fecha.

Esta función tiene tres argumentos fecha de inicio, número de intervalos y el intervalo que quiero usar.

En la siguiente medida le voy a añadir 15 días a la fecha del primer pedido, por lo que en fecha utilizo *Firstdate* a continuación, le digo 15 y como intervalo elijo días, quedando la medida de la siguiente manera.

65AñadirFecha = Dateadd(FIRSTDATE(Pedidos[FechaPedido]),15,DAY)

También, le puedo decir que me filtre a partir de una fecha según el número de periodos que elija, para eso voy a explicar la función *DatesInperiod*, esta función tiene cuatro argumentos, el primer argumento indica de dónde quiero coger las fechas, en el segundo argumento le indico a partir de qué fecha, en el tercer argumento le indico el número de periodos y por último el tipo de periodo que quiero utilizar.

En la siguiente medida quiero calcular el total pero dentro de unas fechas delimitadas, utilizando la función *Datesinperiod* le indico que utilizando el campo fecha de la tabla calendario, desde la fecha 1 de enero de 2025, selecciono los siguientes 4 meses.

66EnPeriod = Calculate([10Total],Datesinperiod(Calendario[Fecha],
date(2025,1,1),4,Month))

El resultado de estas medidas se parecerá a como se pueden ver en esta imagen.

País	62Suma2025	63PrimeraVenta	64UltimaVenta	65AñadirFecha	66EnPeriodo
Alemania	124.170,33	03/07/2024	03/05/2026		30.687,10
Argentina	1.816,60	07/01/2025	26/04/2026	22/01/2025	988,10
Austria	60.438,48	15/07/2024	03/05/2026	30/07/2024	18.370,55
Bélgica	12.087,10	07/07/2024	19/04/2026	22/07/2024	6.375,10
Brasil	44.690,51	06/07/2024	02/05/2026	21/07/2024	11.697,90
Canadá	35.157,10	15/10/2024	22/04/2026	30/10/2024	18.426,60
Dinamarca	27.192,65	27/10/2024	04/05/2026	11/11/2024	14.002,20
España	8.053,05	12/08/2024	19/04/2026	27/08/2024	338,20
Estados Unidos	118.829,10	20/07/2024	04/05/2026	04/08/2024	28.827,54
Finlandia	14.280,65	02/07/2024	13/04/2026	17/07/2024	4.169,00
Francia	47.905,80	06/07/2024	04/05/2026	21/07/2024	19.053,60
Guatemala	799,75	16/09/2024	02/03/2026	01/10/2024	
Irlanda	23.959,05	03/09/2024	28/04/2026	18/09/2024	6.411,50
Italia	10.300,95	05/08/2024	28/04/2026	20/08/2024	2.689,60
México	14.040,90	16/07/2024	03/05/2026	31/07/2024	7.096,70
Noruega	700,00	16/12/2024	08/04/2026	31/12/2024	200,00
Polonia	1.207,85	03/12/2024	21/04/2026	18/12/2024	
Portugal	7.284,75	12/10/2024	06/04/2026	27/10/2024	3.676,50
Reino Unido	24.484,60	24/08/2024	27/04/2026	08/09/2024	7.304,30
Suecia	28.309,70	22/07/2024	25/04/2026	06/08/2024	4.994,05
Suiza	18.702,50	09/07/2024	04/05/2026	24/07/2024	4.564,00
Venezuela	29.023,23	14/07/2024	03/05/2026	29/07/2024	10.816,20
Total	**653.434,65**	**02/07/2024**	**04/05/2026**	**17/07/2024**	**200.688,74**

Figura 6.17. Medidas de fechas

Para ver las siguientes funciones voy a añadir una nueva hoja donde voy a añadir una matriz, en las filas añado la jerarquía JerarquíaFecha y en valores añado la medida total, las medidas que voy a ir creando las voy a ir añadiendo a los valores de esta matriz.

Las primeras funciones que voy a explicar son *DatesXtd*, donde X puede ser M *month*, Q *Quarter* o Y *Year*, quedando *DatesMtd*, *DatesQtd* y *DatesYtd*.

Por ejemplo, *DatesMtd* acumula los valores de cada mes por lo que creó esta medida y lo añado a los valores de la matriz.

67TotalMesHastaFecha = *Calculate*([10Total],*Datesmtd*(Calendario[Fecha]))

Ahora si despliego los valores de la matriz hasta nivel de día veré que se van acumulando hasta que cambia de mes y vuelve a empezar la acumulación.

Año	10Total	67TotalMesHastaFecha
24	364,80 €	24.383,90
25		24.383,90
26		24.383,90
27	4.031,00 €	28.414,90
28	1.101,20 €	29.516,10
29	676,00 €	30.192,10
30	1.424,00 €	31.616,10
31	1.456,00 €	33.072,10
⊟ **Agosto**	**23.851,00 €**	**23.851,00**
1		
2		
3	2.142,40 €	2.142,40
4	538,60 €	2.681,00
5	307,20 €	2.988,20
6	420,00 €	3.408,20
7	1.200,80 €	4.609,00
8		4.609,00
9		4.609,00
10	1.488,80 €	6.097,80

Figura 6.18. Total acumulado por mes

Esta función en la versión anual, es decir con la función *DatesYtd*, al igual que en otras muchas funciones anuales puedo elegir cuándo acaba el año ya que muchas veces no se trabaja con años naturales sino con años fiscales.

Esta función tiene un argumento más que las anteriores, es opcional y puedo indicar cuándo acaba el año, si el año acaba el 30 de abril puedo escribir "30/4" por lo que la medida queda de la siguiente manera.

68TotalAñoHastaFecha = *Calculate*([10Total],*Datesytd*
(Calendario[Fecha],"30/4"))

Al desplegar los valores veré que los valores se van acumulando, pero no se reinicia el acumulado el 1 de enero sino el 1 de mayo.

También, resulta muy útil el poder comparar un valor con el mes siguiente, para eso está la función *NextMonth* que solo tiene un argumento que es de qué campo tiene que seleccionar la fecha, por lo que la medida podría quedar de la siguiente manera.

69SiguienteMes = *Calculate*([10Total],*Nextmonth*(Calendario[Fecha]))

De una manera análoga se puede comparar con el mes anterior con la función *PreviousMonth*, con esta función creo la siguiente función.

70MesAnterior = *Calculate*([10Total],*Previousmonth*(Calendario[Fecha]))

De la misma forma existen las funciones *NextQuarter*, *NextYear*, *PreviousQuarter* y *PreviousYear*.

Otro grupo de funciones para ver los totales por periodo son las de *TotalXtd* donde X puede ser M,Q o Y de *Month*, *Quarter* o *Year*, para saber el total del mes, trimestre o año.

Estas funciones tienen tres argumentos en el primero pongo la operación a realizar, después de donde tiene que elegir las fechas y a continuación opcionalmente puedo añadir un filtro.

En caso de que utilice *TotalYtd* tengo opcionalmente un cuarto argumento donde puedo especificar cuando empieza el año, podría crear una medida de la siguiente forma.

71TotalMes = *Totalmtd*([10Total],Calendario[Fecha])

Muchas veces me interesa un resultado determinado en un tiempo determinado, para eso puedo usar la función *ParallelPeriod*, es decir periodo paralelo.

Esta función tiene tres argumentos en el primero elijo de dónde quiero coger las fechas a continuación, cuántos periodos quiero y por último el tipo de periodo.

En la siguiente medida quiero saber el total de hace tres meses, por eso en número de periodo escribo -3 y en tipo de periodo *Month*, la medida quedaría de la siguiente forma.

72PeriodoParalelo = Calculate([10Total],Parallelperiod
(Calendario[Fecha], -3,Month))

Un caso muy común es comparar con el año anterior, para eso tengo la función Sameperiodlastyear, en este caso solo tiene un argumento que es de donde tiene que coger las fechas, la medida puede quedar de esta manera.

73MismoPeriodo = Calculate([10Total],Sameperiodlastyear(Calendario[Fecha]))

Al ir añadiendo las medidas a la matriz que nos creamos al principio el aspecto se parecerá a la siguiente imagen.

Año	10Total	67TotalMesHastaFecha	68TotalAñoHastaFecha	69SiguienteMes	70MesAnterior	71TotalMes	72PeriodoParalelo	73MismoPeriodo
⊟ 2024	235.943,60 €	58.071,30	235.943,60	57.047,70		235.943,60	85.869,10	
⊟ Trim 2				33.072,10				
⊞ Junio				33.072,10				
⊟ Trim 3	85.869,10 €	28.946,00	85.869,10	42.628,00		85.869,10		
⊞ Julio	33.072,10	33.072,10	33.072,10	23.851,00		33.072,10		
⊞ Agosto	23.851,00 €	23.851,00	56.923,10	28.946,00	33.072,10	56.923,10		
⊞ Septiembre	28.946,00 €	28.946,00	85.869,10	42.628,00	23.851,00	85.869,10		
⊟ Trim 4	150.074,50 €	58.071,30	235.943,60	57.047,70	28.946,00	235.943,60	85.869,10	
⊞ Octubre	42.628,00 €	42.628,00	128.497,10	49.375,20	28.946,00	128.497,10	33.072,10	
⊞ Noviembre	49.375,20 €	49.375,20	177.872,30	58.071,30	42.628,00	177.872,30	23.851,00	
⊞ Diciembre	58.071,30 €	58.071,30	235.943,60	57.047,70	49.375,20	235.943,60	28.946,00	
⊟ 2025	653.434,65 €	73.896,76	452.745,91	114.214,72	58.071,30	653.434,65	610.370,03	235.943,60
⊟ Trim 1	140.718,80 €	42.463,90	376.662,40	59.969,94	58.071,30	140.718,80	150.074,50	
⊞ Enero	57.047,70 €	57.047,70	292.991,30	41.207,20	58.071,30	57.047,70	42.628,00	
⊞ Febrero	41.207,20 €	41.207,20	334.198,50	42.463,90	57.047,70	98.254,90	49.375,20	
⊞ Marzo	42.463,90 €	42.463,90	376.662,40	59.969,94	41.207,20	140.718,80	58.071,30	
⊟ Trim 2	150.104,97 €	36.385,38	90.135,03	57.184,55	42.463,90	290.823,77	140.718,80	
⊞ Abril	59.969,94 €	59.969,94	436.632,34	53.749,65	42.463,90	200.688,74	57.047,70	
⊞ Mayo	53.749,65 €	53.749,65	53.749,65	36.385,38	59.969,94	254.438,39	41.207,20	
⊞ Junio	36.385,38 €	36.385,38	90.135,03	57.184,55	53.749,65	290.823,77	42.463,90	
⊟ Trim 3	169.471,76 €	62.268,64	259.606,79	65.058,50	36.385,38	460.295,53	150.104,97	
⊞ Julio	57.184,55 €	57.184,55	147.319,58	50.018,57	36.385,38	348.008,32	59.969,94	85.869,10
⊞ Agosto	50.018,57 €	50.018,57	197.338,15	62.268,64	57.184,55	398.026,89	53.749,65	33.072,10
⊞ Septiembre	62.268,64 €	62.268,64	259.606,79	65.058,50	50.018,57	460.295,53	36.385,38	23.851,00
⊟ Trim 4	193.139,12 €	73.896,76	452.745,91	114.214,72	62.268,64	653.434,65	169.471,76	28.946,00
Total	1.354.458,59 €	73.896,76	13.995,05	114.214,72	62.268,64	465.080,34	1.354.458,59	150.074,50
								889.378,25

Figura 6.19. Funciones de inteligencia de tiempo

6.14 FUNCIONES DE INFORMACIÓN

Hay veces que se debe de tener acceso a distintas informaciones para después tomar las decisiones que se deseen, para eso voy a explicar ahora las funciones de información.

Voy a añadir una hoja donde voy a añadir una tabla con los países, pero en este caso también voy a ir añadiendo varias tarjetas.

La primera función que voy a explicar es *Contains*, que me devuelve verdadero o falso según exista ese valor en el campo indicado, esta función tiene dos argumentos, primero el campo y después el valor, si quiero saber si tengo a Andorra entre los países podría quedar de la siguiente forma.

74Contiene = Contains(clientes,Clientes[País],"Andorra")

Añado una tarjeta y pongo esta medida dentro, verá que pone False ya que no existe Andorra entre los países de mis clientes.

También, puedo comprobar si dentro de una cadena de texto hay otra cadena, para eso voy a utilizar la función ContainsString, esta función tiene dos argumentos como es la cadena de texto y a continuación la cadena buscada.

Esta función admite caracteres comodín y no distingue mayúsculas y minúsculas, si quiero utilizar un campo tengo que envolverla en alguna función como he explicado en ejemplos anteriores.

Los caracteres comodín básicamente son dos ? se sustituye por un carácter y * se sustituye por una cadena de caracteres sea cual sea su longitud, es decir puede ser uno o varios caracteres.

La siguiente medida la voy a poner en la tabla al lado de cada país y si el nombre del país tiene una A pondrá verdadero y sino pondrá falso.

75ContieneTexto = *ContainsString*(min(Clientes[País]),"a*")

Si quiero hacer esta comparación, pero sin poder utilizar caracteres comodines y distinguiendo entre mayúsculas y minúscula usaré la función *Containsstringexact*, por lo demás es igual que la anterior, con la siguiente medida voy a ver qué países tienen una A mayúscula, después de crear la siguiente medida la añado a la tabla.

76ContieneTextoExacto = Containsstringexact(min(Clientes[País]),"A")

Al igual que en Excel hay muchas funciones que empiezan por Is y devuelven verdadero o falso según se cumpla esa condición.

La primera que voy a explicar de este tipo es *IsBlank*, es decir si está en blanco el valor que le indique, lo más común es que vaya dentro de un *If*.

En la siguiente medida le indico si la región está en blanco quiero que ponga un 0 y si no quiero que ponga la región, creo esta medida y la añado a la tabla.

77IsBlank = If(Isblank(Min(Clientes[Región])),0,Min(Clientes[Región]))

También, nos puede interesar saber si se ha aplicado un filtro en una tabla o en un campo, para eso uso la función *IsCrossFiltered*, esta función solo tiene un argumento que puede ser una tabla o una columna y devuelve verdadero o falso según se haya aplicado un filtro o no.

La siguiente medida me va a decir si se ha aplicado un filtro a la tabla de clientes. Añado esta medida a una tarjeta para comprobarlo.

78FiltroAplicado = IsCrossFiltered(Clientes)

La función *IsFiltered* devuelve verdadero o falso si hay filtros directos sobre la tabla o campo que escribimos como argumento, si quiero saber si se está aplicando algún filtro por país podría quedar de la siguiente manera. Añado esta medida a una tarjeta para comprobarlo.

79FiltroPais = Isfiltered(Clientes[País])

La función *Userprincipalname* me devuelve el nombre principal de usuario. La medida quedaría como vemos a continuación y la puedo poner dentro de una tarjeta para ver el resultado.

80Usuario = Userprincipalname()

Con la función UserName obtengo el nombre de dominio y el nombre de usuario de las credenciales proporcionadas al sistema en el momento de la conexión, la medida quedaría de la siguiente manera y la añado a una tarjeta.

81Usuario = Username()

Si quiero saber el idioma del usuario puedo usar la función Userculture que devuelve el código del país, la sintaxis es la siguiente y la añado a una tarjeta.

82Idioma = Userculture()

La página con estas medidas quedaría aproximadamente de la siguiente manera.

País	75ContieneTexto	76ContieneTextoExacto	77IsBlank
Alemania	True	True	0,00
Argentina	True	True	0,00
Austria	True	True	0,00
Bélgica	True	False	0,00
Brasil	True	False	RJ
Canadá	True	False	BC
Dinamarca	True	False	0,00
España	True	False	0,00
Estados Unidos	True	False	AK
Finlandia	True	False	0,00
Francia	True	False	0,00
Guatemala	True	False	0,00
Irlanda	True	False	Co. Cork
Italia	True	False	0,00
México	False	False	0,00
Noruega	True	False	0,00
Polonia	True	False	0,00
Portugal	True	False	0,00
Reino Unido	False	False	Isla de Wight
Suecia	True	False	0,00
Suiza	True	False	0,00
Venezuela	True	False	DF
Total	**True**	**True**	**AK**

False — 74Contiene

False — 78FiltroAplicado

False — 79FiltroPais

FRANPC\franw — 80UsuarioPrincioal

FRANPC\franw — 81Usuario

es-ES — 82Idioma

Figura 6.20. Funciones de información

Evidentemente es imposible ver todas las funciones que Microsoft pone a la disposición de todos los usuarios de Power Bi, pero con estos ejemplos que he estado explicando creo que ya hemos visto las más importantes, pero recuerda que en la ayuda puedes acceder al listado completo de funciones agrupadas por categorías y echar un vistazo.

Como has visto, aprender DAX es un paso en el aprendizaje de Power Bi y es una pena que no tenga un asistente como en Excel, incluso en PowerPivot de Excel tiene un asistente.

6.15 OTRAS FORMAS DE UTILIZAR LAS MEDIDAS

He explicado muchas funciones, pero las he usado solo para mostrar resultados, ahora voy a explicar otros casos y otras formas de hacer las medidas.

Algo que no había contado hasta ahora es la creación de variables en las medidas, con esta opción puedo hacer que una fórmula sea más fácil de entender y también que tenga mejor rendimiento.

Aunque no lo había hecho todavía, la siguiente medida la escribo en varias líneas, para cambiar de línea pulso Shift + Enter.

En la primera línea escribo el nombre de la medida, en la siguiente línea con la instrucción *var* creo una variable, en este caso escribo que la variable hoy=today().

En la siguiente línea creo la variable finAgno que es igual al último día del año actual.

Así sucesivamente puedo crear todas las variables que quiera, incluso puedo añadir una variable en la definición de otra.

Normalmente esto se usa con expresiones más complejas, pero quiero explicar la sintaxis y que no nos perdamos con otras funciones.

Después de declarar las variables escribo Return y la operación que quiero hacer con las variables, en este caso quiero que devuelva el número de días laborables que hay hasta fin de año por lo que uso la función Networkdays, quedando la medida de la siguiente forma.

```
83 Variables =
        var hoy=today ()
        var finAgno=date(YEAR(today()),12,31)
            Return Networkdays(hoy,finAgno,1)
```

Esta medida la añado a una tarjeta y veo que el resultado es correcto.

Ahora voy a crear una medida para cambiar los colores de un gráfico, lo primero que voy a hacer es elegir los colores que quiera, para eso lo primero que quiero que veas es cómo puedo saber los códigos de un color.

En cualquier pantalla de Power Bi donde puedo elegir un color, en la parte de abajo veo el código RGB, es decir la cantidad de rojo, verde y azul que tiene ese color, ya que son los colores primarios de la pantalla del ordenador, estos colores pueden tener valores desde 0 que no es nada de ese color a 255 que es el máximo de ese color, a la izquierda está el código hexadecimal de ese color que es el que voy a utilizar por lo tanto, copio el primer color y lo pego en otro sitio y repito la operación con el segundo color.

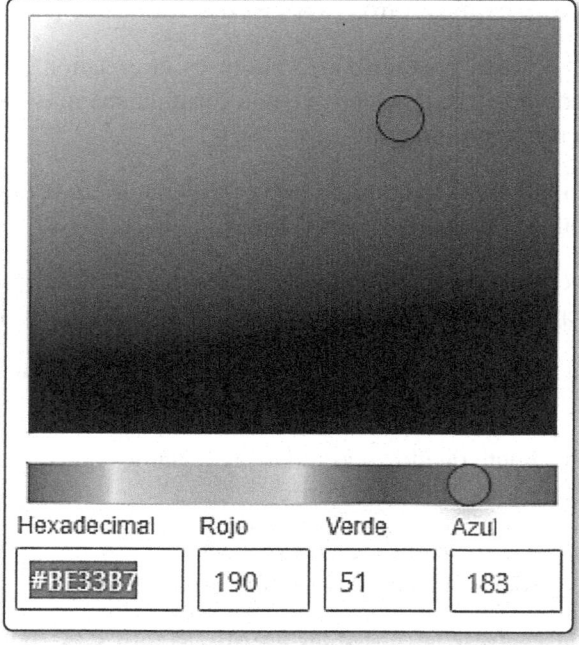

Figura 6.21. Elegir color en Power Bi

Ahora me creo la siguiente medida en la cual con un If si el país es alguno de los de América tendrá un color sino tendrá otro color, la fórmula es un poco larga, pero es muy fácil.

84Colores = if(min(Clientes[País])="Brasil" || min(Clientes[País])=
"Argentina" || min(Clientes[País])="Canadá" || min(Clientes[País])=
"Estados unidos" || min(Clientes[País])="México" || min(Clientes[País])=
"Venezuela","#51B3A8"," #BE33B7 ")

Ahora voy a crear un gráfico de columnas por país y total y en la propiedad color voy a hacer clic en el botón Fx para acceder al formato condicional.

En el estilo del formato elijo valor del campo y en el campo voy a elegir la medida 84Colores, cuando le digo aceptar veré los países de Europa de un color y los de América de otro como se puede ver en la siguiente imagen.

Figura 6.22. Medida utilizada para cambiar el color de las columnas

Voy a utilizar ahora la función *Userprincipalname* para hacer un botón que me lleve a distintas páginas de mi informe según el usuario, en este caso lo voy a hacer con mis datos, pero cada uno deberá probar con sus usuarios.

Este ejemplo me lo preguntó un alumno en las clases del curso oficial de Microsoft PL300 Analista Certificado por Microsoft que imparto con bastante regularidad.

Empiezo creando esta medida.

85Usuario = If(Userprincipalname()=”FranPc\franw”,”Fecha”,”Textos”)

En este caso estoy diciendo si mi usuario es FranPC\franw, el resultado es fecha, sino textos, tanto fecha como textos son páginas de mi informe y en este caso si es mi usuario.

Si quiero probar la medida la puedo poner en una tarjeta.

Pero lo importante es añadir un botón al que puedo darle un poco de formato, en la acción elijo Navegación entre páginas y en destino hago clic en el botón Fx para indicarle que en estilo quiero el valor del campo y lo quiero basar en la medida 85Usuario, debe quedar como se ve en la siguiente imagen.

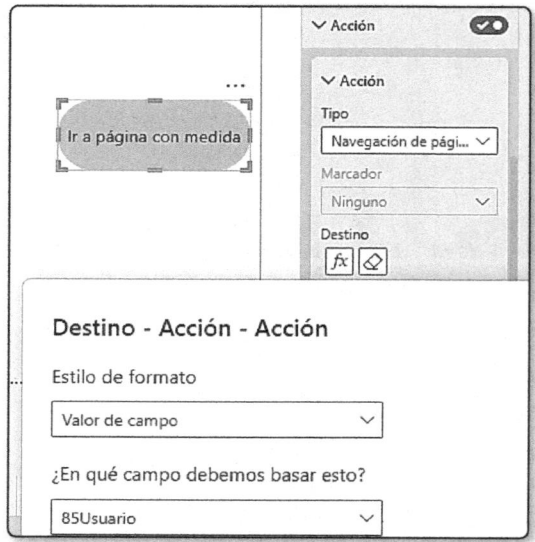

Figura 6.23. Configuración del botón con una medida

Si has escrito bien tu usuario al hacer clic en el botón te llevará a la página fecha, pero ahora cambia la medida y escribe mal el usuario, al hacer clic en el botón te llevará a la página textos.

Estos son dos ejemplos para usar medidas con órdenes condicionales y que lleven a cabo distintas órdenes según los valores que le hayamos indicado.

6.16 DAX PARA CREAR TABLAS

He estado utilizando Dax para crear medidas, para crear columnas y en algún caso para crear tablas, pero pasaba como argumento a otra función para crear un cálculo como hacía con la función Filter dentro de Sumx.

Ahora voy a explicar distintas opciones para crear tablas que no tienen que ser para crearlas físicamente, sino que también las podemos usar dentro de otras funciones para hacer cálculos.

Para crear las tablas que voy a ir explicando voy a ir a modelado y hago clic en el botón Nueva tabla.

La primera función de este tipo ya la hemos visto, es la función *Calendar* que sirve para crear fechas consecutivas y sin repetir, solo tiene dos argumentos fecha de inicio y fecha de fin, para crear la tabla de fechas que llamé calendario ya utilizamos esta función con la siguiente fórmula.

Calendario = Calendar(date(2024,1,1),Date(2026,12,31))

También, existe la función *Calendarauto* que analiza las fechas que tengo en el modelo semántico y genera la tabla automáticamente, pero en el momento que hay una fecha mal puesta puede crear un importante desbarajuste.

Incluso entre paréntesis se le puede indicar en qué mes acaba el año, pero no te recomiendo esta función.

CalendarioAutomatico = Calendarauto(3)

Las tablas que voy a ir generando también las voy a numerar en este caso empiezo por la 00 ya que voy a generar una tabla con una serie de números en la que puedo indicarle el intervalo.

Con la función *Generateseries* le indico en qué número debe comenzar, en qué número debe de acabar y el intervalo de incremento, si quiero los números del 1 al 100 quedaría de la siguiente forma.

00GenerateSeries = Generateseries(1,100,1)

En cualquiera de estos casos se puede ir a la vista de tabla para comprobar los resultados.

Ahora voy a crear una tabla con la función *Summarize* que agrupa por las columnas seleccionadas, en el primer argumento le indico de qué tabla debe de coger los datos en este caso he puesto una función *Filter* para que no coja todos los registros de la tabla de clientes sino solo los que son propietarios.

En el segundo argumento indico porqué campo quiero agrupar, en este caso por país, en el tercer argumento el nombre de la columna que voy a crear que la voy a llamar cantidades y por último la operación de resumen que voy a usar que va a ser la suma de la cantidad, quedando la definición de la tabla de la siguiente manera.

01TablaSummarize = SUMMARIZE(FILTER(Clientes,Clientes[CargoContacto]=
"Propietario").[País],"cantidades",sum(Detalles_de_pedidos[Cantidad]))

La tabla queda de la siguiente manera.

País	cantidades
Alemania	639
Guatemala	63
México	743
Suecia	1234
Francia	1060
España	190
Suiza	465
Estados Unidos	1249
Venezuela	1004
Noruega	161
Dinamarca	378
Polonia	200

Figura 6.24. Tabla con Summarize

Con la función CalculateTable accedo a una tabla y le puedo poner un filtro, en este caso en la tabla de clientes quiero solo los propietarios.

02TablaCalculateTable = Calculatetable(clientes,Clientes[CargoContacto]="Propietario")

El mismo resultado lo puedo obtener con la función *Filter* que he utilizado a la hora de hacer cálculos, la medida quedaría de esta forma.

03Filter = Filter(clientes,Clientes[CargoContacto]="Propietario")

El resultado sería el siguiente.

IdCliente	NombreCompañía	NombreContacto	CargoContacto	Dirección	Ciudad	Región	CódPostal	País	Teléfono	Fax
ANATR	Ana Trujillo Emparedados y helados	Ana Trujillo	Propietario	Avda. de la Constitución 2222	México D.F.		05021	Guatemala	(5) 555-4729	(5) 555-3745
ANTON	Antonio Moreno Taquería	Antonio Moreno	Propietario	Mataderos 2312	México D.F.		05023	México	(5) 555-3932	
BOLID	Bólido Comidas preparadas	Martín Sommer	Propietario	C/ Araquil, 67	Madrid		28023	España	(91) 555 22 82	(91) 555 91 99
BONAP	Bon app'	Laurence Lebihan	Propietario	12, rue des Bouchers	Marsella		13008	Francia	91.24.45.40	91.24.45.41
CHOPS	Chop-suey Chinese	Yang Wang	Propietario	Hauptstr. 29	Berna		3012	Suiza	0452-076545	
DUMON	Du monde entier	Janine Labrune	Propietario	67, rue des Cinquante Otages	Nantes		44000	Francia	40.67.88.88	40.67.89.89
FOLKO	Folk och fä HB	Maria Larsson	Propietario	Åkergatan 24	Bräcke		S-844 67	Suecia	0695-34 67 21	
GROSR	GROSELLA-Restaurante	Manuel Pereira	Propietario	5ª Ave. Los Palos Grandes	Caracas	DF	1081	Venezuela	(2) 283-2951	(2) 283-3397
LETSS	Let's Stop N Shop	Jaime Yorres	Propietario	87 Polk St. Suite 5	San Francisco	CA	94117	Estados Unidos	(415) 555-5938	
LINOD	LINO-Delicateses	Felipe Izquierdo	Propietario	Ave. 5 de Mayo Porlamar	I. de Margarita	Nueva Esparta	4980	Venezuela	(8) 34-56-12	(8) 34-93-93
OTTIK	Ottilies Käseladen	Henriette Pfalzheim	Propietario	Mehrheimerstr. 369	Köln		50739	Alemania	0221-0644327	0221-0765721
PARIS	Paris spécialités	Marie Bertrand	Propietario	265, boulevard Charonne	París		75012	Francia	(1) 42.34.22.66	(1) 42.34.22.77
SANTG	Santé Gourmet	Jonas Bergulfsen	Propietario	Erling Skakkes gate 78	Stavern		4110	Noruega	07-98 92 35	07-98 92 47
SIMOB	Simons bistro	Jytte Petersen	Propietario	Vinbæltet 34	Kobenhavn		1734	Dinamarca	31 12 34 56	31 13 35 57
TORTU	Tortuga Restaurante	Miguel Angel Paolino	Propietario	Avda. Azteca 123	México D.F.		05033	México	(5) 555-2933	
WHITC	White Clover Markets	Karl Jablonski	Propietario	305 - 14th Ave. S. Suite 38	Seattle	WA	98128	Estados Unidos	(206) 555-4112	(206) 555-4115
WOLZA	Wolski Zajazd	Zbyszek Piestrzeniewicz	Propietario	ul. Filtrowa 68	Warszawa		01-012	Polonia	(26) 642-7012	(26) 642-7012

Figura 6.25. Resultado de las tablas 02 y 03

Es muy común el querer añadir una columna desde Dax para eso está la función *AddColumns* donde primero le indico la tabla de la que parto, después el nombre de la columna que quiero crear y a continuación la fórmula de esa columna.

Los argumentos 2 y 3 los puedo repetir varias veces para crear varias columnas.

En la siguiente fórmula creo una tabla nueva con los datos de la tabla detalles de pedidos y creo el campo Total que es igual al precio unidad * cantidad.

04AñadirColumna = ADDCOLUMNS(Detalles_de_pedidos,"Total", Detalles_de_pedidos[PrecioUnidad]*Detalles_de_pedidos[Cantidad])

Con Dax también se puede hacer el típico Join de bases de datos es decir el unir en una tabla los registros de dos tablas relacionadas.

Lo lógico sería unir clientes con pedidos o pedidos con detalles de pedidos, pero como el campo que tienen en común estas tablas se llama igual da error, por lo que voy a unir clientes y detalles de pedidos con la función *CrossJoin*, la medida quedaría de la siguiente forma.

05Join = CROSSJOIN(Clientes,Detalles_de_pedidos)

La función *DateTable* permite crear la estructura de una tabla nueva e introducir los valores deseados.

En el siguiente ejemplo voy a crear la tabla 06DataTable que va a tener el campo DíaSemana de texto y nSemana como número entero a continuación, introduzco los valores de cada registro Lunes 1, Martes 2, etc.

Hay que prestar especial atención a la forma de introducir los registros ya que la lista de todos los registros va entre llaves y cada registro también va entre llaves, quedando la medida de la siguiente manera.

06DataTable = DATATABLE("DiaSemana",STRING,"nSemana",INTEGER, {{"Lunes",1},{"Martes",2},{"Miércoles",3},{"Jueves",4},{"Viernes",5}})

Quedando la tabla de la siguiente manera.

DiaSemana	nSemana
Lunes	1
Martes	2
Miércoles	3
Jueves	4
Viernes	5

Figura 6.26. Tabla creada con DataTable

La función *Distinct* es igual que la función Únicos de Excel ya que devuelve los valores sin repetir de una columna, voy a crear una nueva tabla con los valores sin repetir del campo que indique, en este caso quiero los países sin repetir.

07Distinct = Distinct(Clientes[País])

Para ver algunas funciones voy a importar también los archivos de Excel 2023 y 2024 y voy a llamar a las tablas Ventas 2023 y Ventas 2024.

Intersect me permite comparar dos tablas y devuelve todas las filas de la primera tabla que estén en la segunda, las dos tablas deben de tener el mismo número de columnas.

Esta función tiene dos argumentos, uno por cada tabla que quiero comparar, aunque a uno de ellos le puedo aplicar un filtro, en este caso comparo las ventas de 2023 con las ventas de 2024 pero solo del vendedor Ana.

08Intersect = Intersect(Ventas2023,FILTER (Ventas2024,Ventas2024[Vendedor]="Ana"))

Esta tabla no tiene ningún registro porque no hay ninguna fila que coincida.

La función *Row* va a crear una tabla de solo una fila en la que puedo crear las columnas que quiera con la operación de resumen que escriba.

En la sintaxis tengo que poner el nombre de la columna y después la operación de resumen que tiene que llevar a cabo, por ejemplo, creo la columna MediaPrecios que es la media del precio, la columna sumaCantidad que es la suma de la cantidad y la columna total, la fórmula de la tabla queda de la siguiente forma.

09Row = ROW("MediaPrecios",AVERAGE(Detalles_de_pedidos[PrecioUnidad]), "SumaCantidad",SUM(Detalles_de_pedidos[Cantidad]),"Total",SUmx(Detalles_ de_pedidos,Detalles_de_pedidos[Cantidad]*Detalles_de_pedidos[PrecioUnidad]))

El resultado es el siguiente

MediaPrecios	SumaCantidad	Total
26,2185197215777	51317	1354458,59

Figura 6.27. Resultado de tabla 09Row

La función *TopN* crea una tabla con el número de elementos superiores que le indique, esta función tiene tres argumentos en el primero le indico cuantos registros quiero tener a continuación le indico de qué tabla quiero extraer los datos y por último según qué campo debe de evaluarlo.

En el siguiente ejemplo voy a crear una tabla con los 10 clientes que tienen el total más grande.

10TopTen = TOPN(10,Clientes,[10Total])

El resultado sería este.

IdCliente	NombreCompañía	NombreContacto	CargoContacto	Dirección	Ciudad	Región	CódPostal	País	Teléfono	Fax
QUEEN	Queen Cozinha	Lúcia Carvalho	Asistente de marketing	Alameda dos Canários, 891	Sao Paulo	SP	05487-020	Brasil	(11) 555-1189	
KOENE	Königlich Essen	Philip Cramer	Asistente de ventas	Maubelstr. 90	Brandenburgo		14776	Alemania	0555-09876	
MEREP	Mère Paillarde	Jean Fresnière	Asistente de marketing	43 rue St. Laurent	Montreal	Québec	H1J 1C3	Canadá	(514) 555-8054	(514) 555-8055
HANAR	Hanari Carnes	Mario Pontes	Gerente de contabilidad	Rua do Paço, 67	Rio de Janeiro	RJ	05454-876	Brasil	(21) 555-0091	(21) 555-8765
RATTC	Rattlesnake Canyon Grocery	Paula Wilson	Representante agente ventas	2817 Milton Dr.	Albuquerque	NM	87110	Estados Unidos	(505) 555-5939	(505) 555-3620
ERNSH	Ernst Handel	Roland Mendel	Gerente de ventas	Kirchgasse 6	Graz		8010	Austria	7675-3425	7675-3426
FOLKO	Folk och fä HB	Maria Larsson	Propietario	Åkergatan 24	Bräcke		S-844 67	Suecia	0695-34 67 21	
QUICK	QUICK-Stop	Horst Kloss	Gerente de contabilidad	Taucherstraße 10	Cunewalde		01307	Alemania	0372-035188	
SAVEA	Save-a-lot Markets	Jose Pavarotti	Representante de ventas	187 Suffolk Ln.	Boise	ID	83720	Estados Unidos	(208) 555-8097	
HUNGO	Hungry Owl All-Night Grocers	Patricia McKenna	Asistente de ventas	8 Johnstown Road	Cork	Co. Cork		Irlanda	2967 542	2967 3333

Figura 6.28. Resultado de la tabla anterior con la función TopN

La función *Union* une dos tablas que tienen la misma estructura es igual que la opción anexar consultas de Power Query.

Al escribir esta función puedo unir todas las tablas que desee, para unir Ventas2023 y Ventas2024 utilizo la siguiente fórmula.

11Union = union(Ventas2023,Ventas2024)

Con la función *Except* puedo poner dos tablas que tengan las mismas columnas y crea una tabla con los registros de la primera que no están en la segunda, en este caso voy a comparar las tablas Ventas2023 y Ventas2024.

12Except = EXCEPT(Ventas2023,Ventas2024)

Filters devuelve los valores que se aplican directamente como filtros a una columna, se puede envolver con un *Countrows* para saber cuántos son.

13Filters = FILTERS(Clientes[País])

La función Values añade todos los valores sin repetir, se puede poner una columna o una tabla, si se pone una columna devuelve los valores de esa columna sin repetir, si se añade una tabla devuelve los valores de esa tabla sin repetir.

14Values = VALUES(Clientes[País])

Con la función Treatas puedo escribir unos valores y una columna, esta función va a crear una tabla nueva con los valores que hay en la columna indicada.

En este caso yo quiero crear una tabla con Juan, Gema y Jesús si están en la columna Vendedor de la tabla Ventas 2023.

15Treatas = TREATAS({"juan","Gema","Jesús"},Ventas2023[Vendedor])

El resultado es el siguiente.

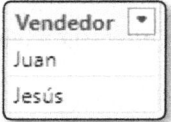

Figura 6.29. Resultado de la fórmula 15Treatas

No pone a Gema puesto que no está en la tabla Ventas2023 en la columna vendedor.

6.17 GRUPO DE CÁLCULO

Un grupo de cálculo sirve para crear una matriz de fórmulas que quiero siempre usar juntas.

Para crear un grupo de cálculo debo ir a la vista modelo y al hacer clic en Grupo de cálculo, aparece un mensaje desaconsejando las medidas implícitas, hago clic en el botón Sí.

En la parte de la derecha se abre el analizador de objetos del modelo semántico donde se puede ver las culturas utilizadas, los grupos de cálculo, medidas, relaciones, roles, tablas, etc.

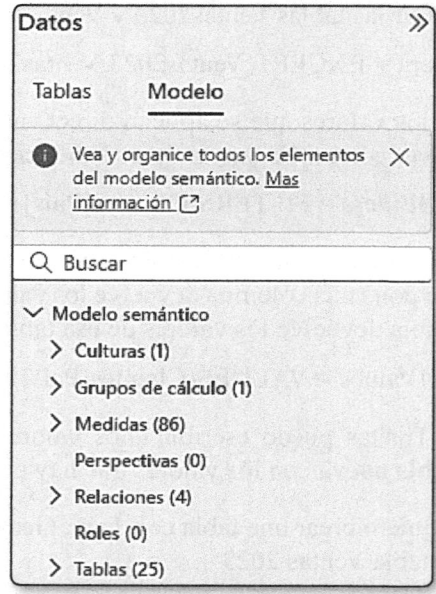

Figura 6.30. Objetos del modelo semántico

Le digo uno nuevo y escribo la siguiente medida.

GerenteContabilidadMeasure = calculate(SELECTEDMEASURE(),
Clientes[CargoContacto]="Gerente de Contabilidad")

Repito la medida con Propietario.

PropietarioMeasure = calculate(SELECTEDMEASURE(),
Clientes[CargoContacto]="Propietario")

Y con gerente de Marketing.

GerenteMarketingMeasure = calculate(SELECTEDMEASURE(),
Clientes[CargoContacto]="Gerente de marketing")

Añado una hoja nueva donde añado una matriz con este campo en columnas, país y ciudad en filas y la medida total en los valores, quedando la matriz de la siguiente manera.

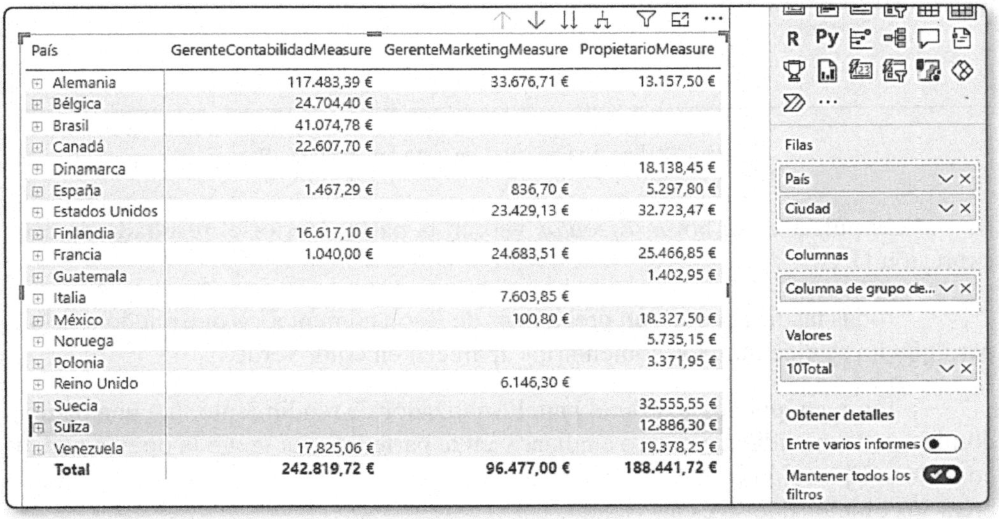

País	GerenteContabilidadMeasure	GerenteMarketingMeasure	PropietarioMeasure
Alemania	117.483,39 €	33.676,71 €	13.157,50 €
Bélgica	24.704,40 €		
Brasil	41.074,78 €		
Canadá	22.607,70 €		
Dinamarca			18.138,45 €
España	1.467,29 €	836,70 €	5.297,80 €
Estados Unidos		23.429,13 €	32.723,47 €
Finlandia	16.617,10 €		
Francia	1.040,00 €	24.683,51 €	25.466,85 €
Guatemala			1.402,95 €
Italia		7.603,85 €	
México		100,80 €	18.327,50 €
Noruega			5.735,15 €
Polonia			3.371,95 €
Reino Unido		6.146,30 €	
Suecia			32.555,55 €
Suiza			12.886,30 €
Venezuela	17.825,06 €		19.378,25 €
Total	**242.819,72 €**	**96.477,00 €**	**188.441,72 €**

Filas: País, Ciudad

Columnas: Columna de grupo de...

Valores: 10Total

Obtener detalles

Entre varios informes

Mantener todos los filtros

Figura 6.31. Matriz con el grupo de cálculo

De esta manera cada vez que añada este grupo de cálculo se añadirán todas las medidas que he creado con las condiciones que le he indicado.

En este caso he hecho una medida similar, pero con distintas condiciones, por supuesto podría haber creado varias medidas distintas para poder añadir todas las medidas de una sola vez.

6.18 VISTA DE CONSULTAS DAX

En el apartado de las vistas, en la parte izquierda de la pantalla se ha añadido un nuevo icono que es Vista de consultas Dax, hago clic en ese botón, donde aparece la siguiente pantalla.

Esta vista sirve para comprobar los resultados de expresiones DAX que uso para crear consultas.

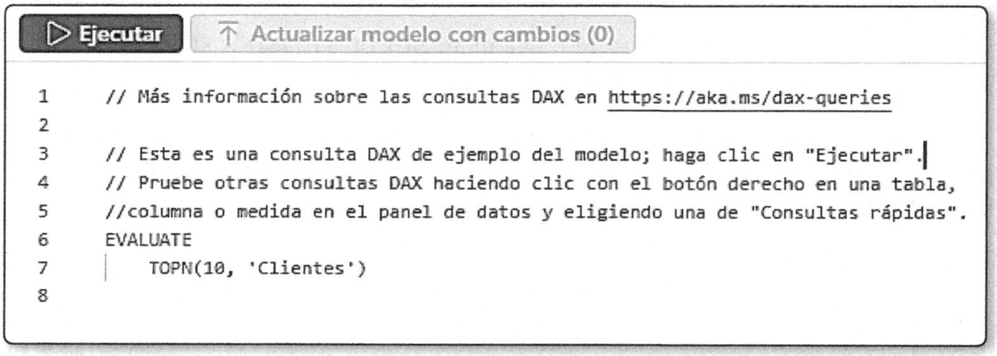

```
▷ Ejecutar      ↑ Actualizar modelo con cambios (0)

1     // Más información sobre las consultas DAX en https://aka.ms/dax-queries
2
3     // Esta es una consulta DAX de ejemplo del modelo; haga clic en "Ejecutar".
4     // Pruebe otras consultas DAX haciendo clic con el botón derecho en una tabla,
5     //columna o medida en el panel de datos y eligiendo una de "Consultas rápidas".
6     EVALUATE
7        TOPN(10, 'Clientes')
8
```

Figura 6.32. Pantalla de inicio de vista de consultas Dax

Al pulsar en el botón *Ejecutar* veo en la parte inferior el resultado de esta expresión DAX.

Todas las líneas que van precedidas de // son comentarios que puedo escribir pero que no se ejecutan, los comentarios aparecen en color verde.

También, puedo mostrar el panel Analizador de rendimiento, ir a una página donde esté la medida que quiero analizar y en la parte inferior tengo la opción copiar consulta o Ejecución en DAX Vista de consultas y me muestra la consulta DAX para crear los objetos que se están viendo.

Se van creando distintas hojas con las consultas que se van creando.

Evaluate es la palabra reservada para poner el código DAX, es obligatoria y es donde va la fórmula, *Define* es opcional donde puedo poner nombre a las partes a usar en la fórmula.

Por ejemplo, *Evaluate Distinct*(Clientes[País]) devuelve una columna con el nombre de cada país.

En el botón Paleta de comandos muestra las distintas combinaciones de teclas que puedo usar en esta pantalla.

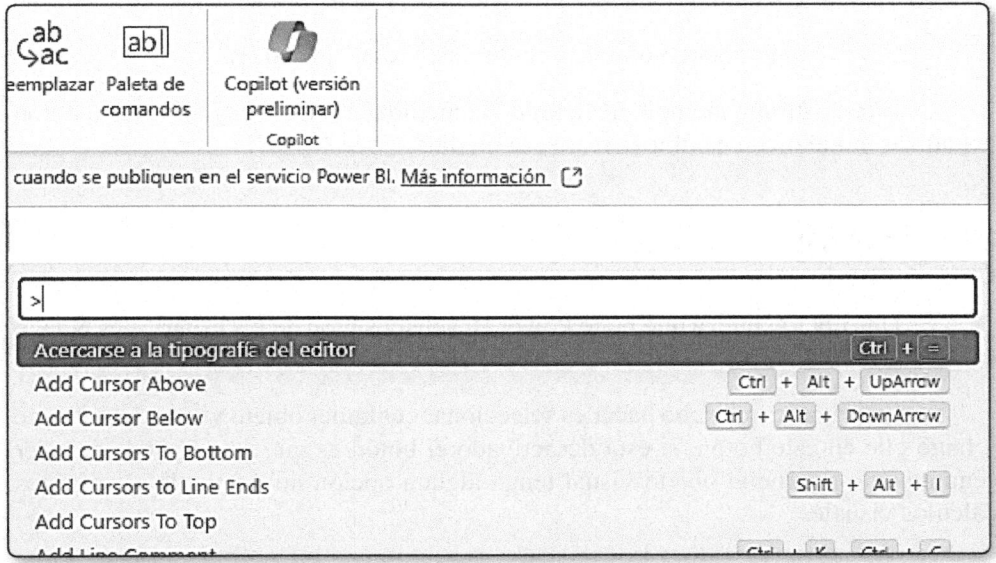

Figura 6.33. Combinaciones de teclas disponibles

Puedo tener varios *Evaluate* en una misma consulta y en la parte inferior puedo elegir el resultado que quiero visualizar.

Evaluate Addcolumns(Detalles_de_pedidos,"Total", Detalles_de_
pedidos[PrecioUnidad]*Detalles_de_pedidos[Cantidad])

Puedo utilizar funciones de filtros como por ejemplo *KeepFilters* que añade un filtro a los existentes, *Order By* sirve para ordenar.

Evaluate Addcolumns(Detalles_de_pedidos,"Total", Detalles_de_
pedidos[PrecioUnidad]*Detalles_de_pedidos[Cantidad]) order by [Total] DESC

Star At a partir de qué número empieza, ojo no son registros sino el valor por el que se filtra.

Evaluate Addcolumns(Detalles_de_pedidos,"Total",
Detalles_de_pedidos[PrecioUnidad]*Detalles_de_pedidos[Cantidad])
order by [Total] Desc Start At 100

Se pueden crear medidas para usar dentro de otras medidas, define Measure

'Medidas'[Total2]=SUMX(Detalles_de_pedidos,Detalles_de_pedidos
[Cantidad]*Detalles_de_pedidos[PrecioUnidad])

Evaluate Summarizecolumns("Total",[Total2])

En este último ejemplo he definido la medida Total2, si hago clic en el botón actualizar modelo con cambios crearé esa medida.

6.19 NUEVO CÁLCULO VISUAL

Una opción nueva que pone Power Bi a disposición de los usuarios es Nuevo cálculo visual.

Lo primero que debo hacer es seleccionar cualquier objeto visual del informe y hago clic en este botón, si está desactivado el botón es que no se puede acceder seguramente porque el objeto visual tenga alguna opción no compatible con estos cálculos visuales.

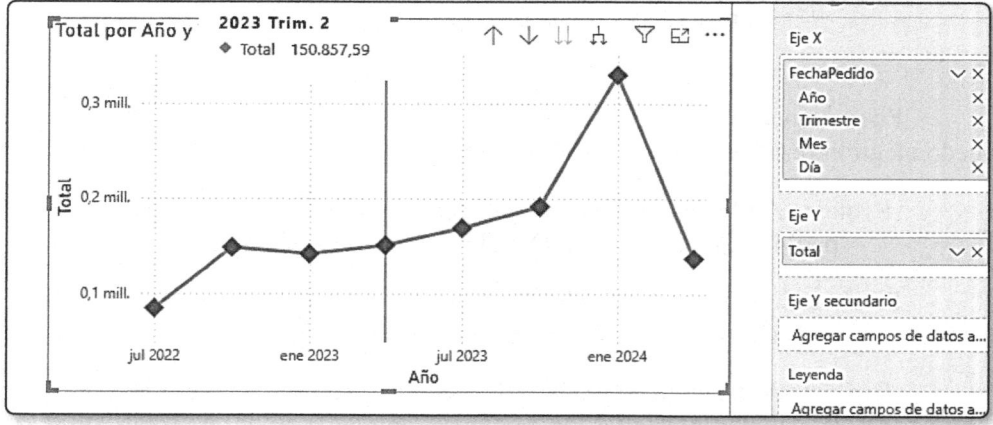

Figura 6.34. Gráfico de líneas

En este caso tengo un gráfico de líneas en el que he tenido que quitar la previsión ya que, sino no podía utilizar este nuevo cálculo visual, para activar esta opción puedo hacer clic en la ficha de Inicio o en los puntos suspensivos dentro del gráfico.

Ahora tengo el gráfico y en la parte inferior los datos que representa, en la barra de fórmulas puedo hacer clic en el botón Fx y veo las opciones que puedo usar.

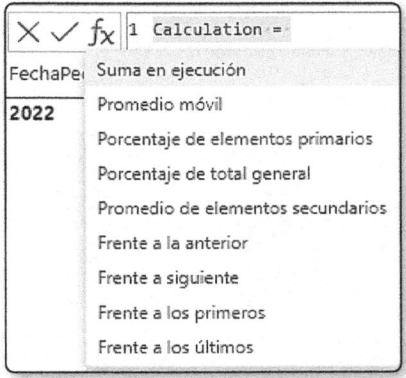

Figura 6.35. Funciones de cálculo visual

Voy a elegir la opción frente al siguiente ya que en este gráfico ya veo la opción frente al anterior.

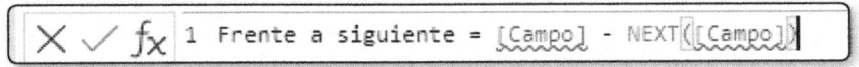

Figura 6.36. Fórmula del cálculo

Ya solo tengo que sustituir donde pone campo por la medida que quiera añadir, en este caso el 10Total.

Me ha hecho el cálculo en la tabla de la parte inferior, me ha añadido esa línea al gráfico y en las propiedades, en el eje Y también ha añadido este nuevo cálculo, desde aquí puedo editar el cálculo en cualquier momento.

En este caso lo he hecho en un gráfico, pero lo puedo hacer en mapas, tablas, etc.

Voy a hacer otro ejemplo en el que voy a escribir la fórmula que yo quiero, para ello voy a crear un gráfico de columnas donde pongo el año de fecha de pedido en el eje X, en el eje Y pongo la medida 10Total y voy a crear un nuevo objeto visual en el que pongo esta fórmula.

acumulado = RUNNINGSUM([10Total])

De esta manera me va a ir creando este acumulado, el resultado será el siguiente.

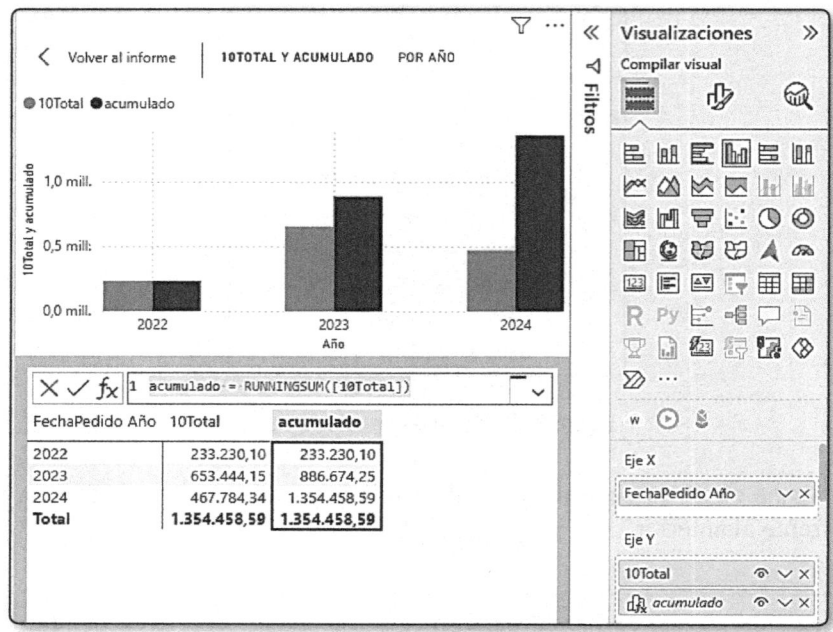

Figura 6.37. Resultado de este cálculo visual

En este gráfico veo las ventas que he tenido cada año y lo puedo ir comparando con el acumulado que he creado, lo puedo ver tanto dentro del gráfico como en la tabla de los valores.

En los campos del eje Y también puedo observar el total y este campo cálculo visual que llamo acumulado, al hacer clic sobre él cambiar el nombre, moverlo, o quitar el campo.

Esta es una opción que Microsoft ha puesto hace poco, seguro que en el futuro la van añadiendo más opciones.

7

PUBLICAR

7.1 INTRODUCCIÓN

Una vez que he diseñado el informe lo voy a publicar para que otras personas puedan acceder al informe.

Vamos a ver que para poder publicar el informe necesito un sitio donde publicarlo, es decir una cuenta de Microsoft 365 que tenga Power Bi.

Una vez lo publique explicaré las distintas opciones que existen, aunque para algunas de estas opciones como compartir el informe se necesita una versión de pago de Power BI.

7.2 PUBLICAR INFORME

Voy a explicar ahora como se puede publicar el informe de Power Bi Desktop. Cuando estoy logado aparece mi cuenta en la esquina superior derecha de la aplicación, en caso de que no esté logado me va a pedir el usuario y la contraseña para logarme en mi cuenta de Microsoft 365.

Voy a hacer clic en el botón *Publicar* en la ficha de Inicio o en la ficha de Archivo *Publicar*, si no he guardado los cambios me pregunta si quiero guardar los cambios.

Figura 7.1. Botón publicar

En caso de tener varias Áreas de trabajo, Power Bi me pregunta en que área de trabajo quiero guardar el informe, según los permisos que tenga podré publicar en determinadas áreas de trabajo.

Más adelante explicaré qué es un Área de trabajo y cómo gestionarla, para hacernos una idea un área de trabajo es una carpeta compartida con otras personas.

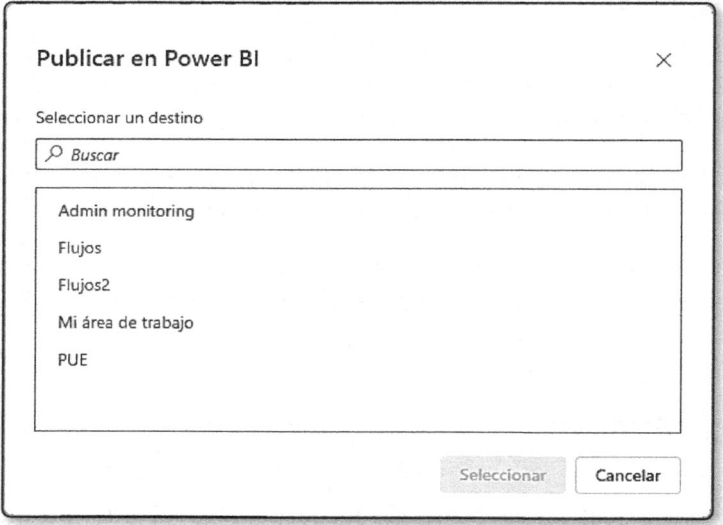

Figura 7.2. Elección de área de trabajo

Si ya existe un informe con ese nombre me pregunta si lo quiero reemplazar, si es el mismo, le puedo decir que sí para que se actualice y le digo abrir el informe.

Ya tengo publicado el informe en esta área de trabajo dentro de Power BI, el área de trabajo por defecto es *Mi área de trabajo*.

Esta área de trabajo es especial ya que tengo acceso a ella, aunque no tenga una licencia de pago, pero hay muchas cosas que no puedo hacer en esta área de trabajo, pero sí en otras áreas de trabajo que me pueda crear.

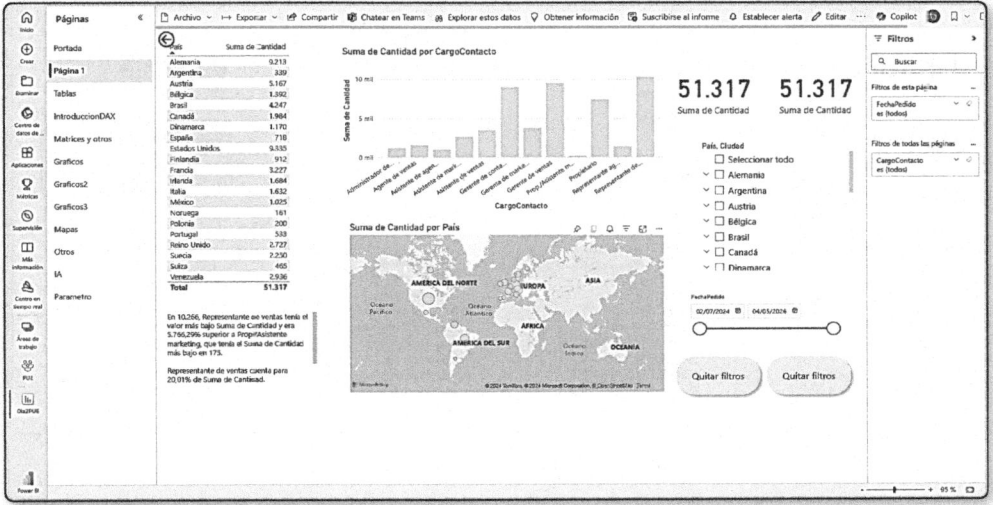

Figura 7.3. Informe publicado

Vemos como queda el informe publicado, a la derecha está el panel de filtros, donde se puede filtrar por los campos que se hayan diseñado. Desde aquí hay distintas opciones que voy a ir explicando.

En la parte de la izquierda están las páginas y puedo hacer clic en cada página para ver su contenido, esta opción es distinta que en la versión Desktop que aparecían abajo.

Ahora para que funcionen los botones no hace falta pulsar la tecla de Control.

Cuando se publica el informe también se ha publicado el modelo de datos en el que se basa el informe.

7.3 VERSIONES DE POWER BI

En cualquier buscador se puede escribir "licencias power bi" e ir a la página de Microsoft donde nos explican las licencias disponibles.

https://www.microsoft.com/es-es/power-platform/products/power-bi/pricing

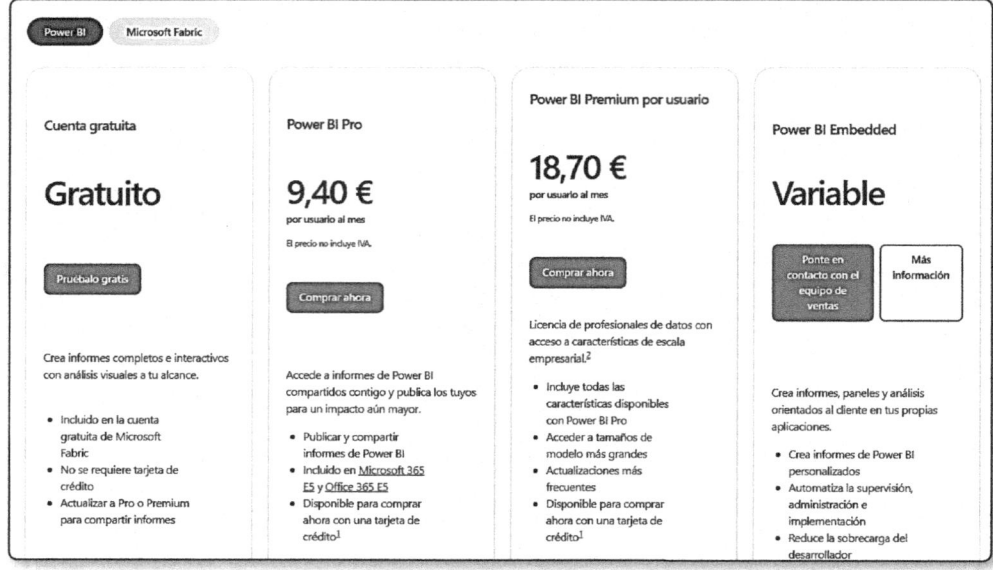

Figura 7.4. Planes de precios de Power Bi

Esta página muestra los precios y opciones disponibles en el momento que se escribe este libro, pero por supuesto Microsoft puede cambiar el contenido de esta página en cualquier momento.

Se puede ver que hay varios tipos de licencias, la primera es gratuita, pero con esta versión no se puede compartir información con otras personas.

Esta es la opción más importante por la que se necesita una versión de pago, pero hay otras opciones para las cuales también se necesita una versión de pago.

Además, la versión de pago la necesita tanto la persona que comparte la información como la persona que va a ver la información.

La siguiente versión es Power Bi Pro ahora mismo vale 9,40 € + IVA, pero viene incluida en Microsoft 365 E5, con esta versión se puede compartir la información que se publique.

A continuación, está la versión Power Bi Premium por usuario por 18,70 € + IVA que permite acceder a modelos más grandes y tiene actualizaciones más frecuentes.

También, está Power Bi Embedded para automatizar la gestión de nuestros informes.

En la parte inferior de esta página se puede ver una comparativa de las distintas versiones.

Si se hace clic en el botón Microsoft Fabric se pueden ver también las distintas opciones de Microsoft Fabric.

Seguramente todo esto sea transparente para ti, pero es importante saber que se necesita una licencia de pago para poder compartir y visualizar la información y para otras opciones de Power Bi.

De todos modos, se puede usar una versión de prueba de 60 días de versión superior a la que tengas, es decir si tienes una versión gratuita puedes probar la versión Pro.

7.4 OPCIONES DEL INFORME PUBLICADO

Una vez que he explicado las versiones de Power Bi, voy a volver al informe que he publicado y voy a explicar las opciones que existen.

Quizás lo más destacado es el poder compartir este informe con otras personas, para ello voy a pulsar en el botón compartir.

Desde aquí puedo escribir el nombre o dirección de las personas que quiero que tengan acceso al informe, o si quiero copiar el vínculo, o enviarlo por mail o en un canal de Teams o compartir el vínculo de PowerPoint.

Puedo ver estas opciones en la siguiente imagen que muestra la pantalla que aparece.

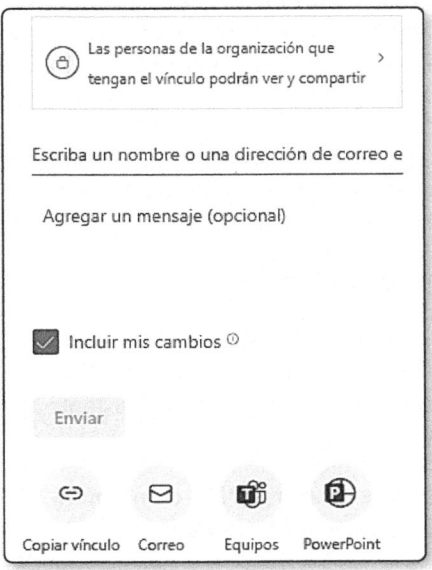

Figura 7.5. Opciones para enviar el vínculo

Para elegir el tipo de vínculo voy a hacer clic en la primera opción donde pone las personas de mi organización que tengan el vínculo podrán ver y compartir, al hacerlo aparece la siguiente pantalla.

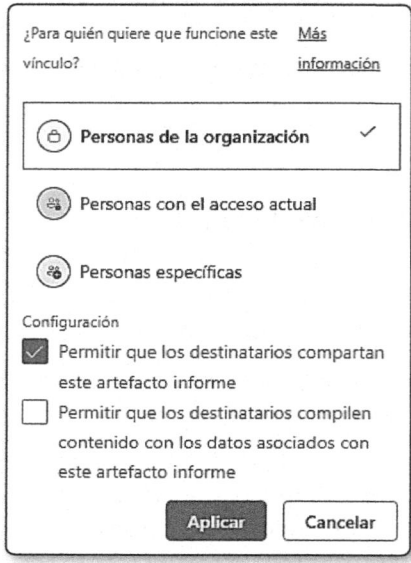

Figura 7.6. Opciones para compartir el informe

En principio el informe solo lo puedo compartir con personas de mi organización, aunque lo puede cambiar el administrador para poder compartir con personas externas.

Le puedo decir que puedan acceder las personas específicas que yo elija, cualquier persona de mi organización o personas con acceso actual por ejemplo en un canal de Teams.

Además, en la parte inferior puedo elegir si estas personas pueden volver a compartir el informe o si lo pueden compilar.

Esta es la forma de compartir un informe de una manera puntual con otras personas, pero si se desea mantener un flujo constante de información con otras personas lo mejor es crear un área de trabajo.

El informe se puede exportar a PDF como en la versión Desktop de Power Bi, pero hay dos opciones más muy atractivas.

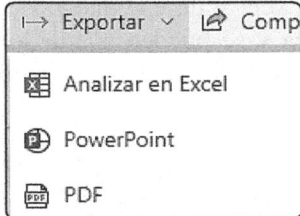

Figura 7.7. Formatos de exportación del informe de Power Bi

Aquí también puedo exportar a PowerPoint, donde se puede insertar datos en directo, PowerPoint crea una presentación con dos diapositivas, en la primera de ellas está el objeto de Power Bi, es un informe totalmente interactivo, pero dentro de PowerPoint por lo que está disponible lo mejor de cada programa, la única limitación es que no puedo cambiar de páginas en el informe de Power Bi, por lo que tendría que haber añadido botones para cambiar de página en el informe.

En el primer desplegable de esta pantalla esta la opción de Exportar como imagen en este caso crea diapositivas con cada una de las páginas del informe, pero no es interactivo, solo hace una foto de cada página.

Se puede ver la pantalla de exportación a PowerPoint en la siguiente imagen.

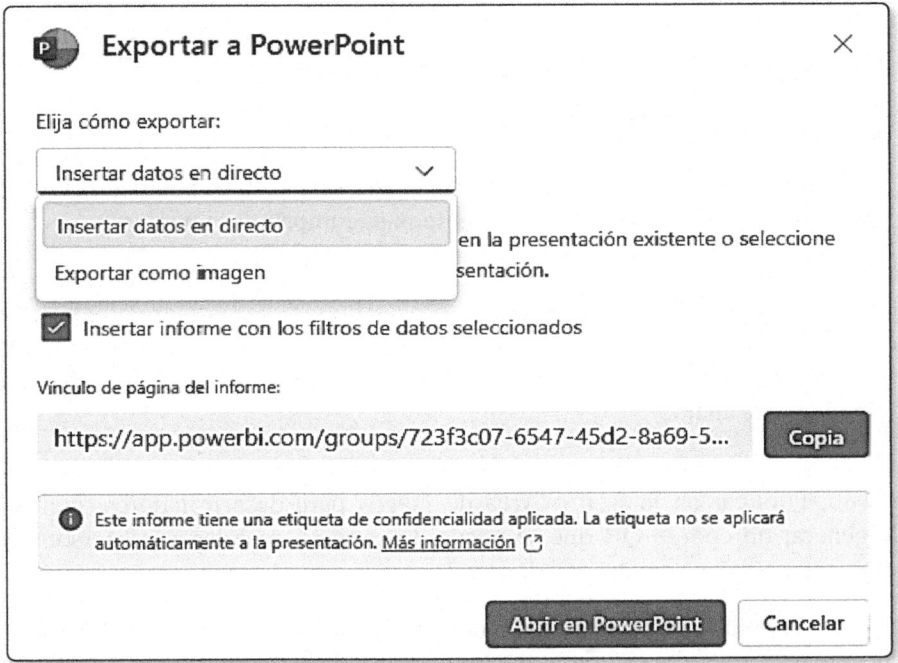

Figura 7.8. Exportar a PowerPoint

Se puede exportar a Excel y de esa manera crea un nuevo libro de Excel donde crea una tabla dinámica y se pueden añadir los mismos campos que están disponibles en el informe de Power Bi ya que los ha añadido al modelo de ese archivo de Excel que ha creado.

En el menú de Archivo está la opción de *Guardar una copia* que permite guardar una copia del informe en esta o en otra área de trabajo.

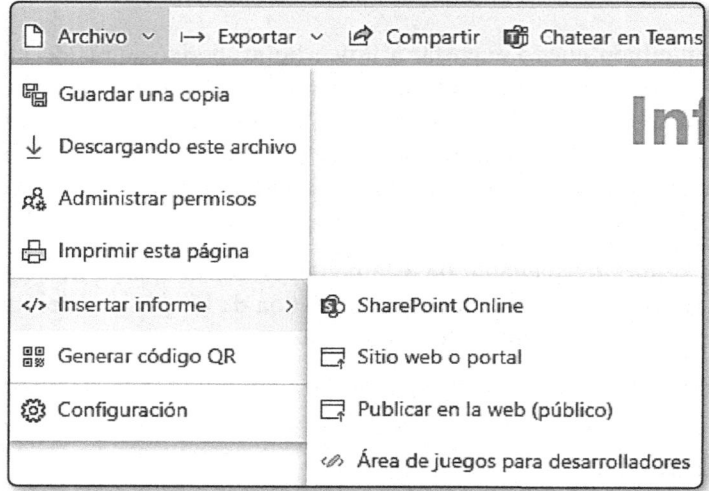

Figura 7.9. Menú de archivo del informe publicado

También, se puede descargar este archivo PBIX para trabajar con el informe en local desde Power Bi Desktop, además se puede imprimir la página.

Hay una opción que es administrar permisos, pero verdaderamente cuando estoy en Mi área de trabajo sirve de poco, solo puedo indicar si quiero que la persona a la que he compartido el informe lo pueda volver a compartir, que pueda compilar el objeto o quitar el acceso a este objeto, para gestionar mejor la seguridad habrá que crear un área de trabajo.

Desde archivo también se puede Insertar un informe en Sharepoint online, Sitio Web, Publicar en la web o Área de juegos para desarrolladores, incluso se puede generar un código QR que se puede descargar y mandar a las personas que deseemos que puedan acceder al informe.

En la opción Configuración se pueden personalizar opciones de visualización del informe, por ejemplo, si quiero que las pestañas de las hojas aparezcan en la parte inferior en vez de a la derecha de la pantalla.

Según la política de la empresa el informe antes de publicarlo definitivamente puede pasar por distintos estados, Promocionado es cuando el informe está a punto de distribuirse y Certificado cuando el informe ya ha sido aprobado y se puede distribuir.

También, se pueden personalizar los filtros, si el usuario puede guardar los filtros, puede usar la búsqueda en los filtros o cambiar el tipo de filtros, estas son algunas de las opciones que hay en la configuración.

Hay que tener en cuenta que estoy explicando las opciones que tiene el propietario del informe, evidentemente el resto de las personas que tengan acceso al informe no tendrán tantas opciones en el informe.

En el botón de Editar se entra en el diseño del informe y puede cambiarse, tiene casi las mismas opciones que la versión Desktop incluso se puede acceder al modelo de datos, hasta hace poco no se podía acceder a los datos ni crear medidas ni columnas por lo que el trabajo de diseño desde la web era muy limitado, ahora se puede hacer prácticamente lo mismo que en la versión Desktop.

Antes utilizaba esta opción solo para los últimos ajustes de un informe, en esa última reunión con un cliente, al mostrarle el informe si quería hacer algún pequeño cambio lo hago desde aquí, ya que el cliente lo veía mejor y no hay que publicar constantemente el informe, cuando se daba por terminada la revisión me descargo el PBIX.

En la siguiente imagen se puede ver la vista diseño del informe dentro del servicio de Power Bi.

Figura 7.10. Edición del informe desde el servicio de Power Bi

Para volver a la visualización del informe hay que hacer clic en Vista lectura.

En nuestro día a día tenemos muchas cosas en la cabeza y se nos puede olvidar revisar los resultados de los informes, para que eso no suceda me voy a suscribir al informe.

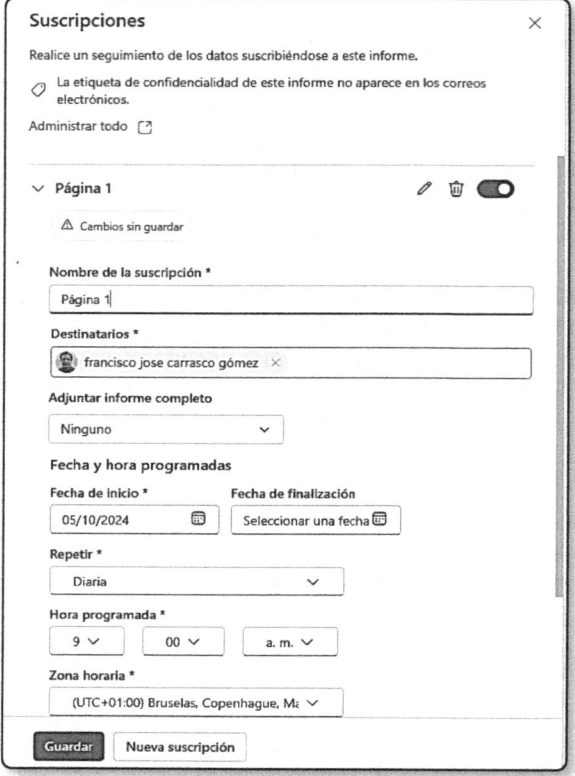

Figura 7.11. Crear la suscripción a un informe

Lo primero que debo hacer es poner un nombre a esta suscripción, como soy el propietario del informe puedo ponerme como destinatario, pero también a otras personas, el resto de las personas que tienen acceso al informe solo se pueden suscribir ellas, pero no a otras personas.

Si se ha exportado el informe se puede adjuntar en esta suscripción, se le puede indicar entre qué fechas quiero recibir esta suscripción, con qué frecuencia y a qué hora quiero recibir el informe.

También, puedo elegir la zona horaria, un asunto en el correo electrónico que se va a mandar, así como el mensaje que se va a enviar.

Para ver más claro el mensaje se puede añadir una miniatura de la página que tenga el resumen más importante.

Figura 7.12. Miniatura mandada en la suscripción

Cuando recibo el correo electrónico puedo ver la imagen que añade al correo, si los datos son correctos no me preocupo hasta el siguiente correo de la suscripción y si hay algo que consultar, en el correo puedo hacer clic en el botón Open report in Power Bi para acceder al informe.

Una vez que se han configurado estas opciones se puede guardar la suscripción, incluso una vez guardada se puede enviar.

El informe genera sus propias estadísticas para tener una información completa de cuándo y cómo se ha visitado, no se puede acceder a esta opción nada más publicar el informe, hay que esperar un poco para que aparezca la opción Abrir métricas de uso.

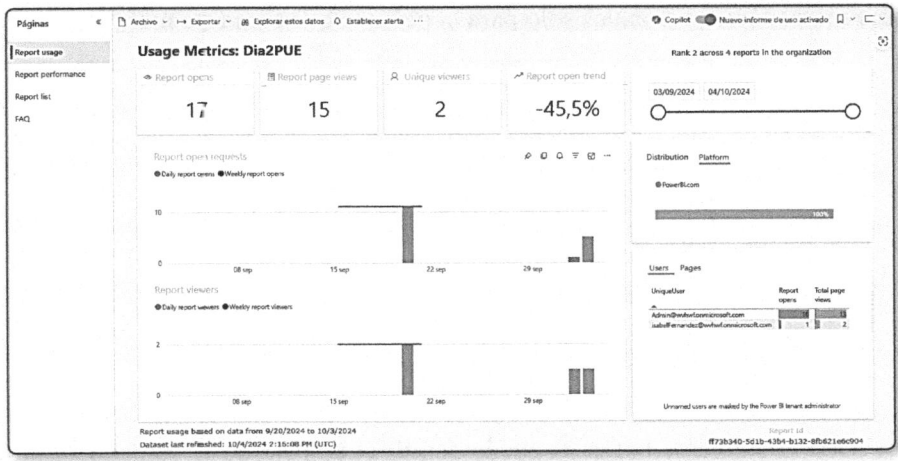

Figura 7.13. Estadísticas de consumo del informe

En esta pantalla se puede ver las veces que se ha abierto el informe, el número de páginas vistas se puede filtrar entre qué fechas quiero ver los datos, distintos gráficos por usuarios, plataformas, etc.

En la parte de la izquierda se puede acceder a distintos informes, en principio aparece en la pestaña Report usage es decir estadísticas de visitas, después está Report performance o sea el informe de rendimiento y a continuación Report List con la lista de informes visualizados, por último, FAQ con las explicaciones de los distintos apartados de estas estadísticas.

En el menú de Archivo se puede guardar una copia de las estadísticas, descargar las estadísticas, etc. este informe también se puede exportar tanto a Power Point como Analizarlo con Excel.

Los siguientes botones que hay en el informe son:

Figura 7.14. Botón restablecer filtros y segmentaciones

Quita los filtros y segmentaciones que se hayan aplicado sobre el informe, pero no quita las interacciones, para eso podía crear un botón que me lleve al marcador donde se ven todos los registros.

Este botón solo aparece activo cuando se ha aplicado un filtro o una segmentación sobre los datos.

El siguiente botón es M*arcadores*, con este botón tengo acceso a los marcadores que se hayan definido en la versión Desktop pero también está la opción de crear marcadores personales solo para la persona que crea este marcador.

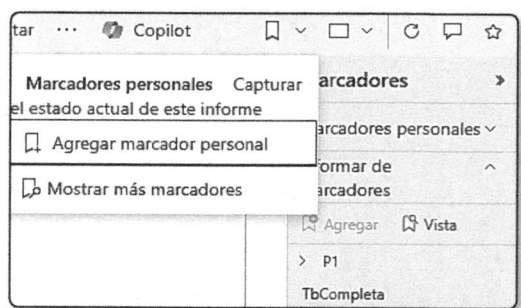

Figura 7.15. Botón y panel de marcadores

Con el siguiente botón se puede definir el tamaño de la pantalla, si quiero ver el informe a pantalla completa, por defecto está como en la versión Desktop en ajustar a la página es decir ver la página completa y ajusta el zoom, también se le puede decir Ajustar al ancho o tamaño real.

En este mismo menú esta la opción Colores en contraste alto, sobre todo para personas que tengan problemas de visión.

En la esquina inferior derecha al igual que en Power Bi Desktop están los botones para cambiar el zoom.

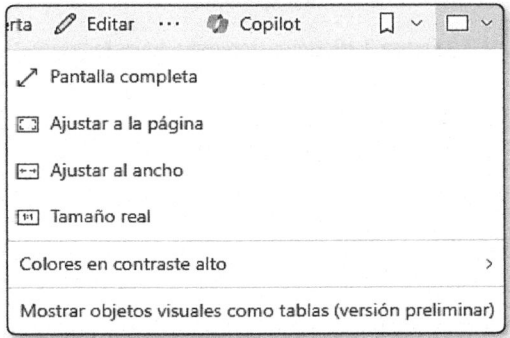

Figura 7.16. Tamaño de la ventana

Figura 7.17. Botón actualizar

El siguiente botón es para actualizar el informe por si ha habido cualquier cambio en el informe.

Figura 7.18. Panel de comentarios

A continuación, se pueden añadir comentarios, esto es muy útil para ver en qué se puede mejorar el informe, que los consumidores de la información puedan hacer preguntas o hablar directamente entre ellos.

Figura 7.19. Botón agregar a favoritos

Por último, con el botón de la estrella se puede añadir este informe a los favoritos.

7.5 MI ÁREA DE TRABAJO

Una vez que ya he explicado las opciones del informe voy a ver los botones que aparecen a la izquierda de la pantalla, ya que con ellos se puede ir a las distintas partes del servicio de Power Bi, es decir Power Bi en la web.

Voy a explicar las más importantes, si ves esta pantalla con un portátil verás que algunos botones están escondidos, pero los puedes mostrar en cualquier momento.

Figura 7.20. Botón de inicio

La primera opción es *Inicio* donde se pueden ver los últimos objetos con los que se han trabajado en Power Bi, también se pueden acceder directamente a los favoritos o a las aplicaciones.

Figura 7.21. Botón crear

En el botón Crear se pueden crear vínculos con distintos orígenes de datos como Excel o CSV, en la parte inferior se pueden crear elementos de Fabric como Lakehouse o Bloc de notas.

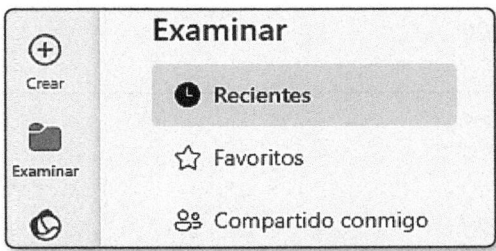

Figura 7.22. Botón examinar con las opciones correspondientes

La siguiente opción que hay es examinar dónde puedo ver los objetos recientes, es decir con los que recientemente he trabajado, los objetos favoritos y los objetos que otras personas han compartido conmigo.

Figura 7.23. Botones OneLake, aplicaciones y métricas

Ahora hay una serie de opciones que explicaré más adelante como son *Centro de datos de OneLake*, *Aplicaciones* para ver las aplicaciones a las que tengo acceso, *Métricas* para acceder a las métricas que vaya creando.

Figura 7.24. Botón supervisión

Supervisión sirve para ver el estado de los objetos.

Microsoft está haciendo un gran esfuerzo en que si alguien no utiliza sus programas no sea porque no tiene donde aprender a manejarlos, por eso está la opción *Más información*.

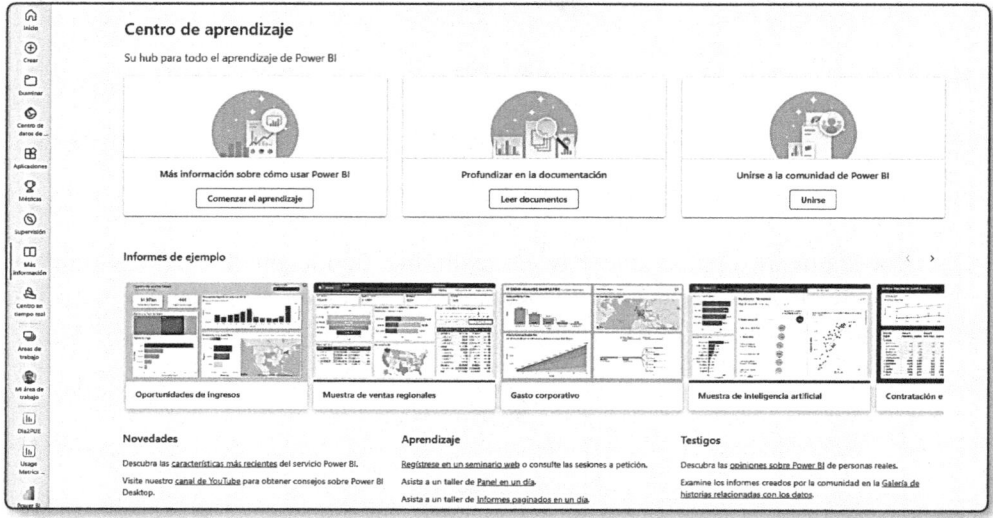

Figura 7.25. Pantalla de recursos de aprendizaje de Power Bi

En la parte superior puedo hacer clic en Comenzar aprendizaje donde puedo leer varios cursos para aprender a manejar los distintos aspectos de Power Bi.

También, tengo el botón profundizar en la documentación para tener acceso a temas más avanzados de Power Bi, también me puedo unir a la Comunidad de Power Bi para intercambiar conocimiento y experiencias con otras personas.

En la parte inferior están los informes de ejemplo en los que me puedo fijar y aprender para hacer mejor mis informes.

En la parte inferior puedo acceder a las novedades de Power Bi, registrarme en seminarios y talleres, etc.

En resumen, Microsoft pone a la disposición de todos sus usuarios distintas opciones para el aprendizaje de una de sus herramientas estrella como es Power Bi.

A continuación, están las distintas áreas de trabajo de las que hablaré más adelante y por último está el botón para acceder a Mi área de trabajo que es donde voy a hacer clic.

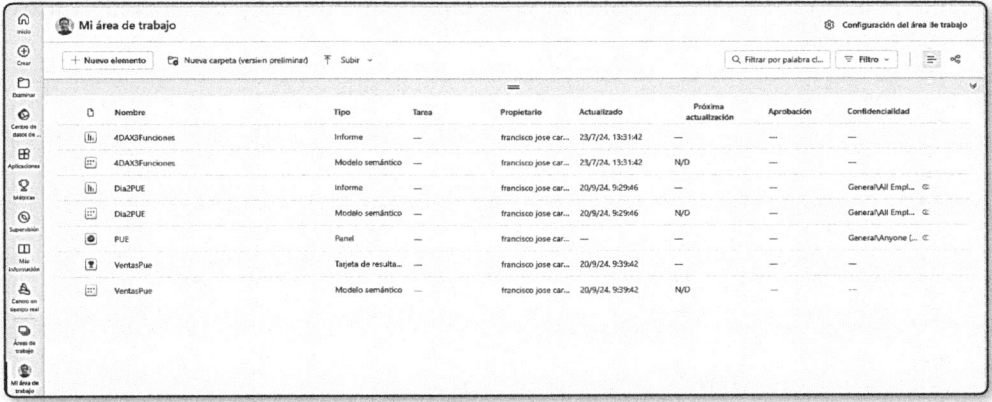

Figura 7.26. Mi área de trabajo con sus objetos

Aquí veo todos los objetos publicados en esta área de trabajo, se puede hacer clic en los encabezados de las columnas para cambiar el orden en el que aparecen los objetos.

Desde el botón Nuevo elemento se pueden crear informes, informes paginados, paneles y tarjetas de resultados, yo prefiero crear los informes desde la versión Desktop, los informes paginados prácticamente no se usan y los paneles y tarjetas de resultados los explicaré más adelante.

También, se pueden obtener datos, almacenar datos, preparar los datos, hacer un seguimiento de los datos, etc.

Hasta hace poco las áreas de trabajo eran un caos a la hora de encontrar objetos porque no se podían crear carpetas donde organizar los objetos, ahora ya se pueden crear, pero en el momento de escribir este libro esta opción está todavía en versión preliminar.

Con el botón subir puedo copiar archivos Pbix o Rdl (SQL Server), a mi área de trabajo para tomarlos como origen para crear un informe o cualquier otro objeto dentro del servicio de Power Bi.

Más a la derecha está la opción de filtrar, puedo escribir el nombre del objeto que quiero buscar y según voy escribiendo el nombre Power Bi me va a ir mostrando los objetos que coinciden con la búsqueda.

En el botón de filtro puedo elegir los tipos de objetos que quiero visualizar en cada momento.

A la derecha del todo está la opción vista linaje, en esta vista se ve de dónde vienen los datos y hacia dónde van, en este caso de un archivo de Excel Xlsx, se ha creado un informe semántico, del cual se ha creado un informe y de uno o de varios informes se puede crear un panel.

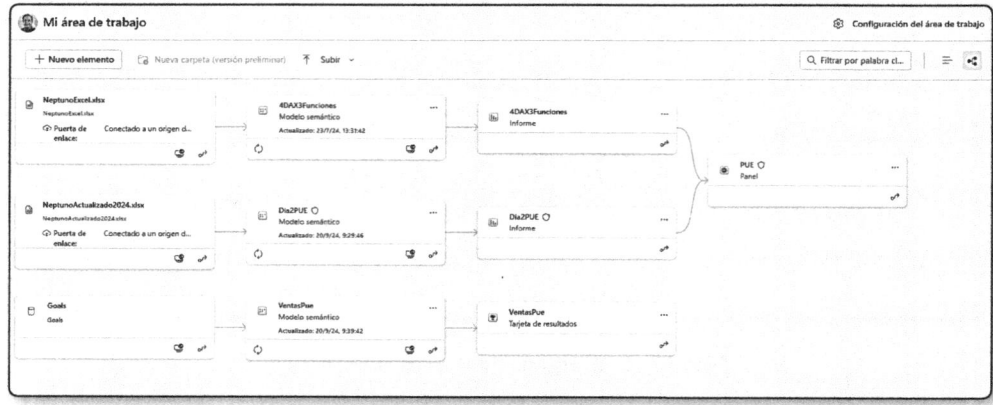

Figura 7.27. Vista linaje del área de trabajo

El botón que está por encima con una rueda dentada es la Configuración del área de trabajo donde puedo ver el tipo de licencia con la que se ha creado el área de trabajo y cuánto espacio libre tengo en el área de trabajo.

Al situarme encima de cualquier informe aparecen las opciones de compartir o añadir a favoritos.

Figura 7.28. Opciones de informe

Si hago clic en el check de un informe puedo moverlo o asignarle una tarea que esté ya creada, puedo seleccionar varios objetos para ejecutar estas acciones en los objetos seleccionados.

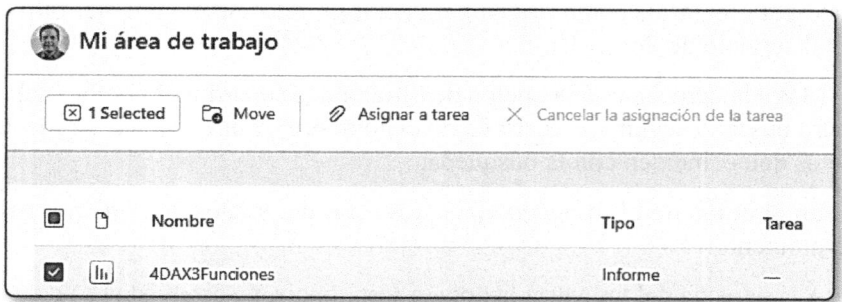

Figura 7.29. Informe seleccionado

Además, puedo pulsar en el botón que tiene tres puntos suspensivos para ver todas las opciones de este informe, algunas ya las he explicado como Analizar en Excel, Eliminar, Guardar una copia, Configuración, Linaje, Administrar permisos o Mover, pero hay otras opciones como conclusiones rápidas que no había explicado todavía.

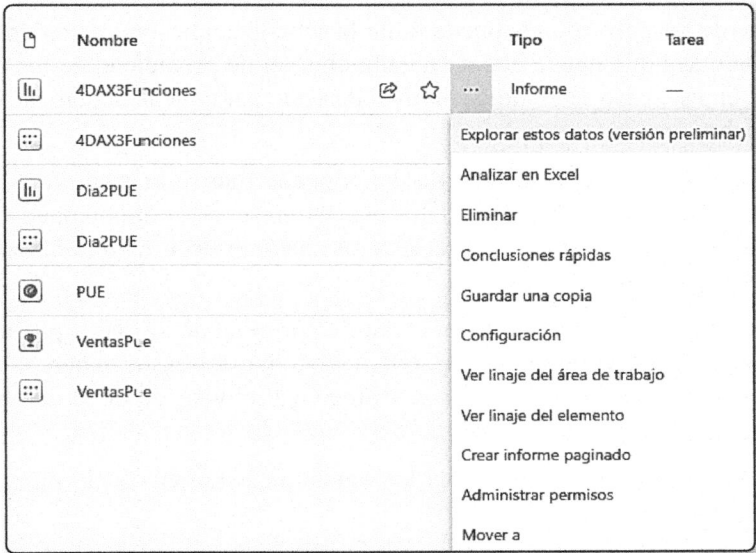

Figura 7.30. Menú contextual de los informes

Al hacer clic en esta opción aparecen varios gráficos generados por Inteligencia Artificial que se pueden añadir a cualquier panel del que sea propietario.

Para añadir un gráfico solo debo pulsar en el botón que aparece con una chincheta e indicarle en qué panel deseo añadir el objeto.

7.6 MODELO SEMÁNTICO

Cuando se publicó el informe automáticamente se publicó el modelo semántico que contiene los datos con el mismo nombre que el informe.

Al situarme encima del modelo semántico aparecen dos opciones, la primera que tiene dibujado una flecha que gira sobre sí misma, actualiza el modelo semántico, en caso de que haya cualquier error aparece un triángulo avisándome del error.

Figura 7.31. Botones del modelo semántico

En el segundo botón que aparece sirve para programar actualización, al hacer clic en este botón me lleva a la pantalla de configuración del modelo semántico.

Si ha habido algún error en la actualización en esta pantalla se verá rápidamente donde ha fallado la actualización.

Uno de los pasos donde puede fallar la actualización son las credenciales del origen de datos ya que puede que no tengan el nivel de privacidad de los datos que se necesite, en este caso se le indica el nivel deseado para que la actualización pueda llevarse a cabo.

Según donde este el origen de datos puede que se necesite una puerta de enlace, lo mejor es que el origen de datos esté en un servidor donde puedan acceder el resto de las personas que tienen acceso a los datos, es decir en un Sharepoint o en un OneDrive de empresa.

Aunque no es la mejor opción el archivo original de los datos puede estar en un OneDrive Personal o en local en mi ordenador, en estos casos deberé instalar una puerta de enlace, lo bueno es que Power Bi me va a ir avisando de lo que falla en la actualización para poder arreglarlo.

La puerta de enlace comunica los datos que están en local con el servidor para que se puedan actualizar los datos.

En caso de ser necesario instalar una puerta de enlace ya aparece un vínculo y no tengo más que seguir los pasos de la instalación.

Estas puertas de enlace ocupan bastante, me sorprendió ver que eran más de 100 de Megas cada puerta, según donde estén los datos se pueden necesitar puertas de enlace locales o conexiones en la nube.

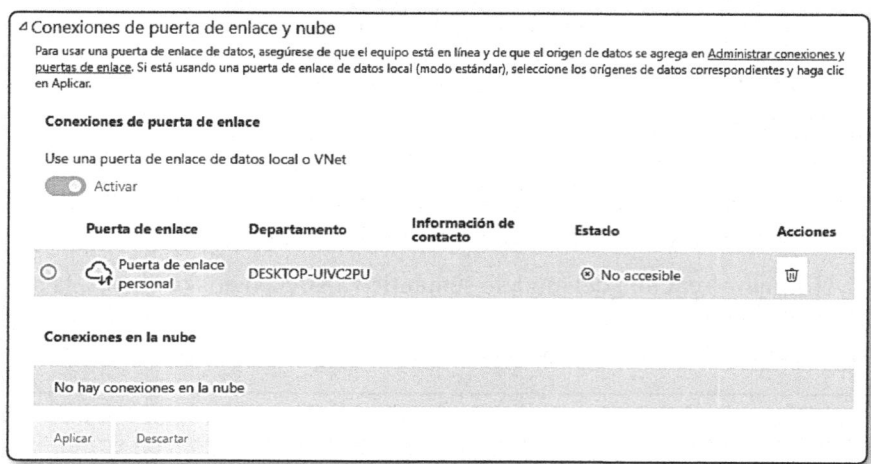

Figura 7.32. Conexión de puerta de enlace con datos en local instalada

Una vez que está todo bien configurado, puedo probar a actualizarlo a mano, pero lo mejor es que puedo programar las actualizaciones.

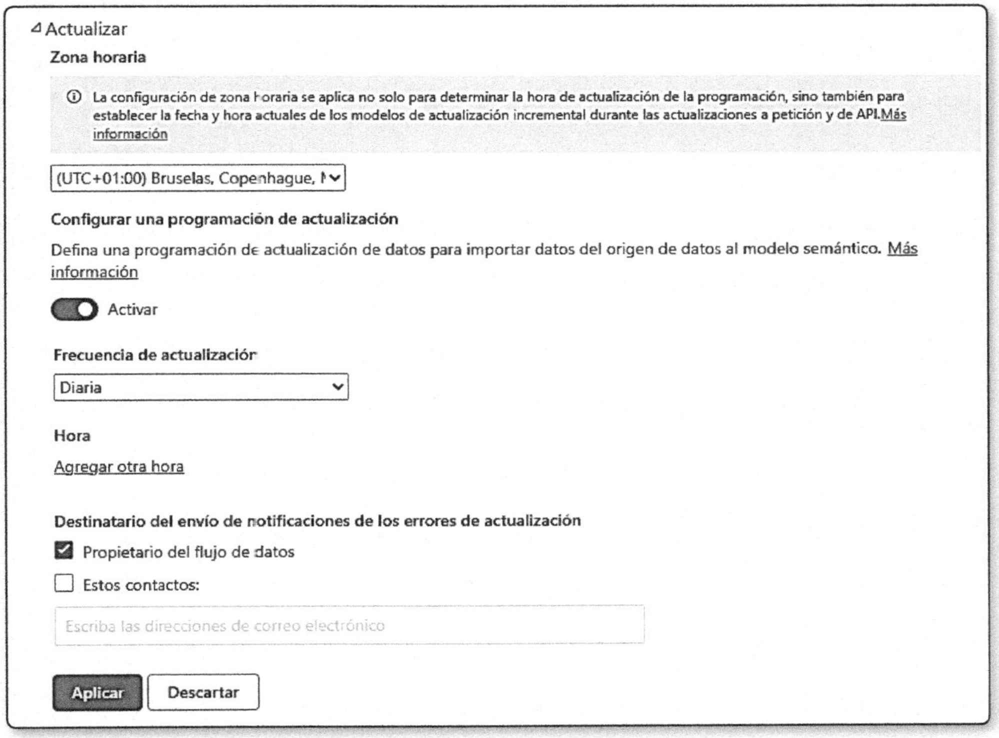

Figura 7.33. Ventana para configurar las actualizaciones

Lo primero que hago es elegir la zona horaria en la que estoy, después puedo activar la actualización que puede ser diaria o semanal.

Según el tipo de licencia que tenga puedo añadir hasta 8 o 48 actualizaciones.

Pero estas actualizaciones pueden fallar por muchos motivos, aunque estén bien configuradas, en caso de que fallen se puede avisar al propietario del modelo semántico, pero también a las personas que se deseen.

Una vez configuradas las actualizaciones automáticas hago clic en Aplicar y vuelvo a mi área de trabajo para seguir viendo propiedades del modelo semántico.

Hay muchas propiedades que son iguales que en los informes, pero hay otras que son propias de los modelos semánticos.

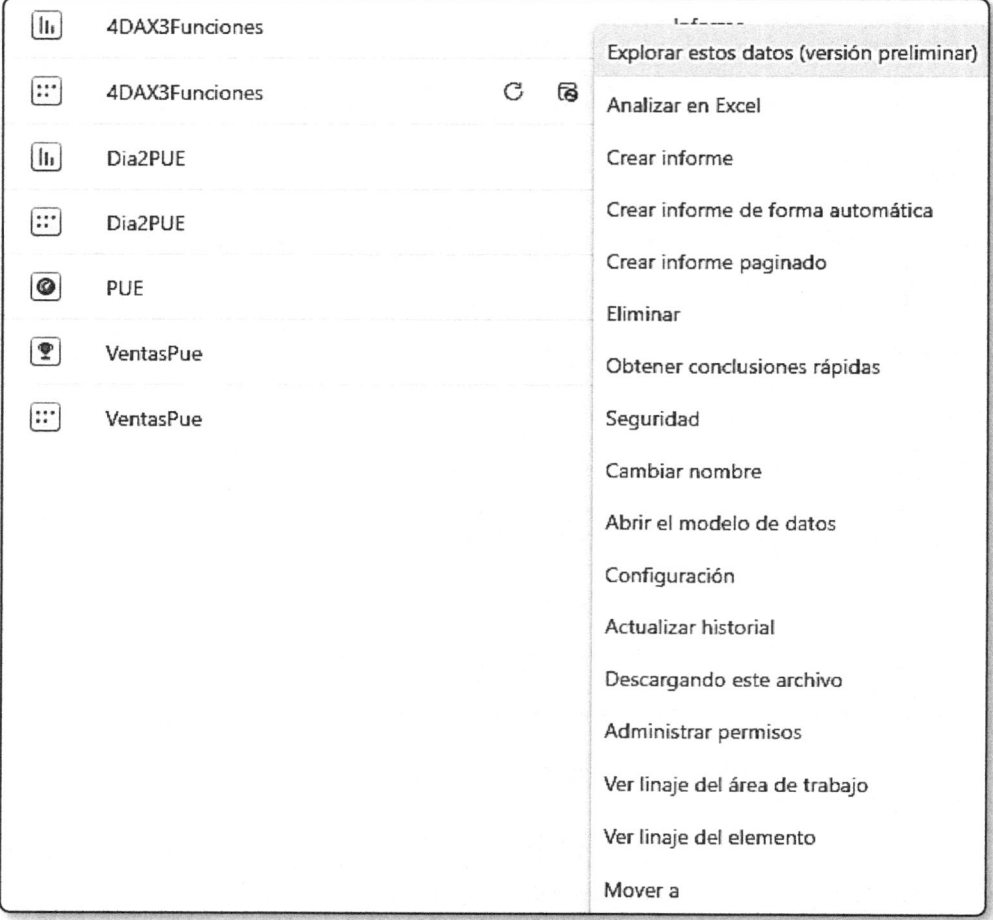

Figura 7.34. Menú contextual del modelo semántico

Se pueden crear informes en blanco, informes automáticos e informes paginados.

La opción más importante es abrir el modelo de datos, esto fue un gran avance en el servicio de Power Bi, aquí se puede acceder a crear medidas, columnas y tablas, así como las tablas y las relaciones que hay entre ellas.

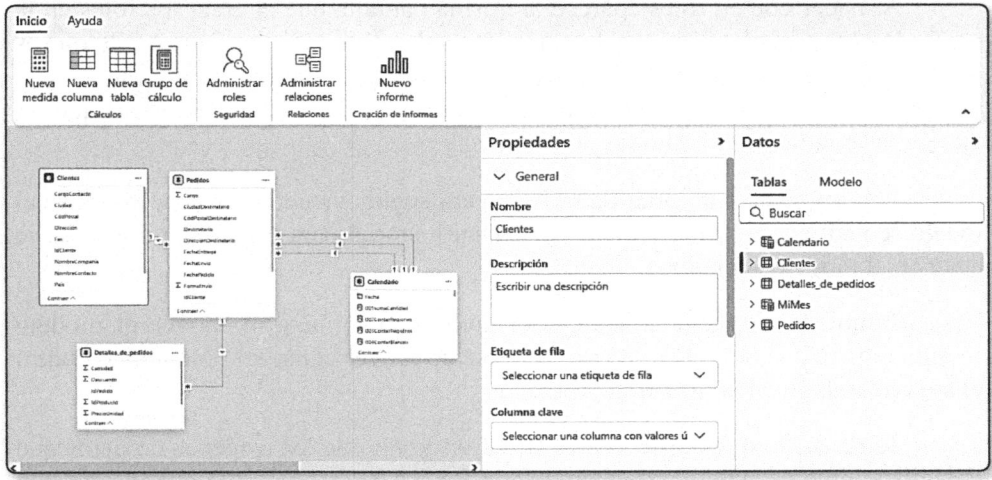

Figura 7.35. Vista del modelo semántico

También, hay una opción muy importante como es administrar roles, desde esta opción se pueden crear los roles, pero también se pueden asignar.

En la versión Desktop de Power Bi expliqué cómo se puede crear un rol, pero no se puede asignar, desde que se pueden crear y asignar desde el servicio yo lo hago siempre desde aquí, antiguamente había que crear el rol en la versión Desktop y asignarlo desde la opción seguridad de los modelos semánticos.

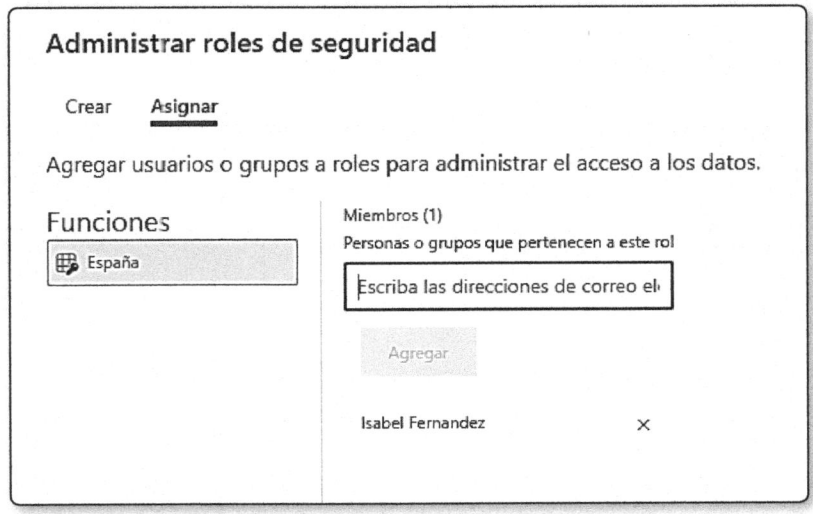

Figura 7.36. Asignar un rol a una persona o grupo

Al hacer clic en roles aparece la misma pantalla que al crear los roles en la versión Desktop, si no tengo el rol creado lo puedo crear en este momento, lo que es nuevo es la opción *Asignar*, donde puedo seleccionar el rol que quiera y asignárselo a la persona o grupo que quiera, estas personas solo podrán ver los registros que les deje ver las condiciones incluidas en el rol.

Voy a volver a mi área de trabajo para seguir viendo más propiedades del modelo semántico, le puedo indicar Actualizar historial para ver los cambios que se hacen en el modelo semántico.

También, se puede descargar el archivo, ver linaje o mover el modelo semántico, pero a la hora de moverlo, solo puedo mover el modelo semántico dentro del área de trabajo en la que está.

Te recuerdo que desde Power Bi Desktop uno de los orígenes de datos que había disponible es Modelos semánticos de Power Bi es decir que puedo hacer un informe basado en un modelo semántico ya publicado por ser el origen de otro informe, esto hace que se minimicen las actualizaciones necesarias de los orígenes de datos.

En Excel también puedo crear una tabla dinámica y con la opción Power Bi puedo coger los datos de un modelo semántico publicado.

7.7 TARJETAS DE RESULTADOS

Las tarjetas de resultados son los objetivos a los que queremos llegar en cada momento es decir los KPI.

Dentro del área de trabajo hago clic en el botón *Nuevo elemento* y en la pantalla que aparece hago clic en *Tarjeta de resultados*.

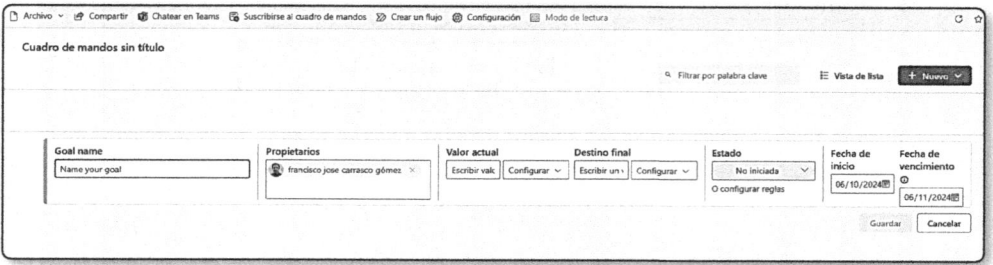

Figura 7.37. Creación de una tarjeta de resultados

Es muy confuso el título que pone Cuadro de mandos sin título, en español un cuadro de mando es un resumen de datos, es decir un dashboard, pero en Power Bi los dashboard son los paneles, las tarjetas de resultados son un KPI, por lo que puede llevar a confusión esta traducción.

Lo primero es cambiar el nombre de este objeto por un nombre más descriptivo, me sitúo encima del nombre, aparece un lápiz a la derecha donde al hacer clic puedo modificar el nombre y voy a llamarle métricas.

Dentro de cada tarjeta puedo tener varios objetivos, voy a crearme el primero y le voy a poner el nombre Objetivo ventas a continuación, puedo poner a varios propietarios, aunque en este caso seré solo yo.

Ahora tengo que definir los valores numéricos tanto el actual como el objetivo, en el valor actual puedo elegir entre un valor manual, usar una función básica para hallar un cálculo o conectar con datos, voy a hacer clic en la última opción.

Me aparece una pantalla donde tengo que elegir el informe de donde quiero elegir el valor, y ahora tengo que elegir un valor único dentro de este informe.

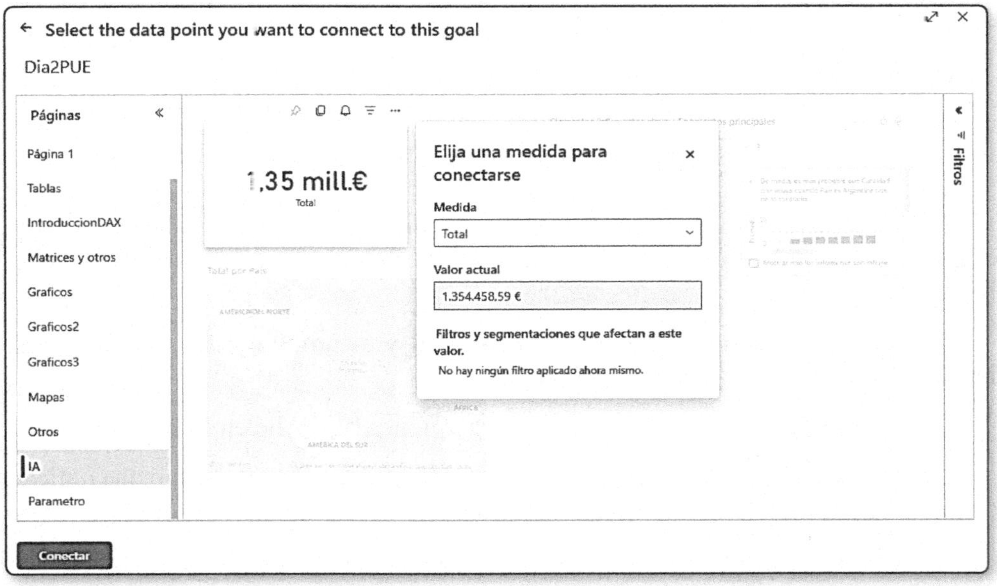

Figura 7.38. Elección de un valor único de un informe

Puedo hacer lo mismo para el valor destino o valor final, en este caso puedo escribir un valor fijo que será el objetivo al que quiero llegar.

A continuación, está el estado en el que le puedo indicar de una forma manual un estado o también puedo hacer clic en la opción *Configurar reglas* donde puedo indicar *Nueva regla* y seleccionar la condición deseada, por ejemplo, si el valor es superior al indicado cambiar el estado al que le indique.

En la condición le puedo comparar con el valor, también con la fecha y una opción muy interesante es Cambio de valor donde puedo seleccionar si el cambio ha sido más o menos de un porcentaje del valor anterior.

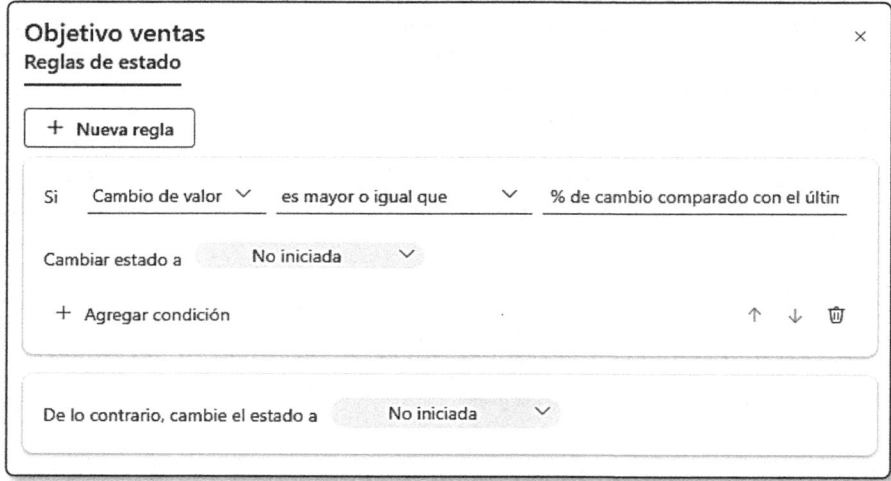

Figura 7.39. Reglas para cambiar de estado

En caso de que se cumpla la condición indicada, se le puede indicar el estado deseado, no se pueden crear estados solo se pueden elegir entre los que aparecen en la lista desplegable.

También, puedo añadir más condiciones y si no cumple las condiciones indicadas tenga el estado que le indique.

Una vez están definidas todas las condiciones hago clic en el botón guardar.

Después de haber creado las reglas para gestionar el estado, tengo que indicar cuándo empieza este objetivo y hasta qué fecha hay de plazo para llegar al objetivo.

Una vez configuradas todas las opciones le pulso en el botón guardar y de esa manera ya se ha guardado esta métrica.

Puedo seleccionar la métrica creada y al situarme encima aparecen los botones para editarla en cualquier momento o añadirle comentarios, también puedo hacer clic en el botón de los tres puntos para ver el menú contextual donde puedo ir al informe, crear una submétrica, activar el seguimiento o borrar la métrica.

He querido dejar para el final la opción Ver detalles donde se abre una pantalla a la derecha y puedo consultar los detalles de la métrica, el historial, las reglas creadas, los periodos de tiempo y las conexiones que ha habido, como ahora mismo acabo de crear esta métrica las valores estarán en blanco.

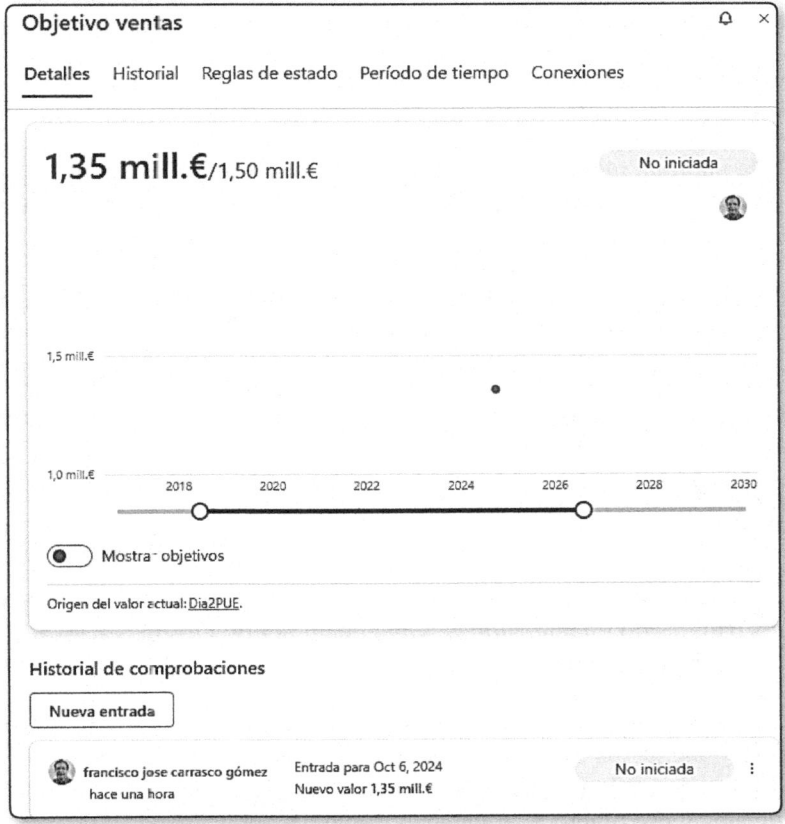

Figura 7.40. Detalles de la métrica

Cuando está seleccionada esta métrica puedo hacer clic en el botón Nuevo donde están las opciones de crear una nueva métrica o crear una submétrica en la que puedo añadir un valor previo para llegar al objetivo total.

Por ejemplo, puedo tener como objetivo llegar a un importe de ventas total, pero para ello puedo tener una submétrica que indique que tengo que vender una determinada cantidad de productos para poder llegar al objetivo principal.

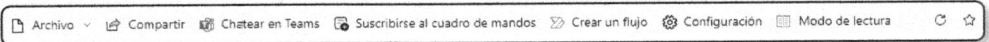

Figura 7.41. Menú de Tarjetas de resultados

En el menú de Archivo puedo copiar, mover o actualizar la tarjeta de resultados, se pueden copiar o mover en otras áreas de trabajo, en el momento de escribir este libro estas opciones están todavía en versión preliminar.

También, tengo la opción de compartir o suscribirme a esta tarjeta de resultados, en configuración puedo cambiar algunos detalles de esta tarjeta.

A la derecha aparecen los botones para actualizar la tarjeta de resultados y para añadirla a los resultados.

En la pantalla me muestra las tareas que tengo según el estado, si hago clic en cualquiera de esos estados me filtra las métricas y solo veo las que tienen ese estado.

Cuando salgo de esta tarjeta veré que en el área de trabajo no tengo solo esta nueva tarjeta, sino que ha creado su propio modelo semántico.

Cuando vuelvo a entrar en la tarjeta de resultados está en Modo lectura, por lo que si quiero hacer cualquier cambio tengo que hacer clic en el botón editar.

7.8 PANELES

Los paneles son los cuadros de mando, es decir Dashboard, son los resúmenes de datos, los paneles no tienen páginas, y pueden tener objetos de varios informes es decir de varios orígenes de datos distintos.

Aunque se puede crear un panel en blanco desde cero lo más común es ir a un informe y elegir los objetos que se quieren añadir a los paneles deseados, al situarme encima de cualquier objeto en la parte superior aparece una chincheta que al hacer clic añade ese objeto a un panel.

Cuando estoy en el informe, en el menú tengo una opción que es Anclar a un panel, de esta manera ancla toda la página a un panel, tiene la ventaja que si hay cualquier modificación en la página también se actualizará en el panel, pero la desventaja es que es más difícil maquetar el panel.

Al añadir un objeto o una página a un panel puedo elegir si quiero un panel existente o crear un nuevo panel.

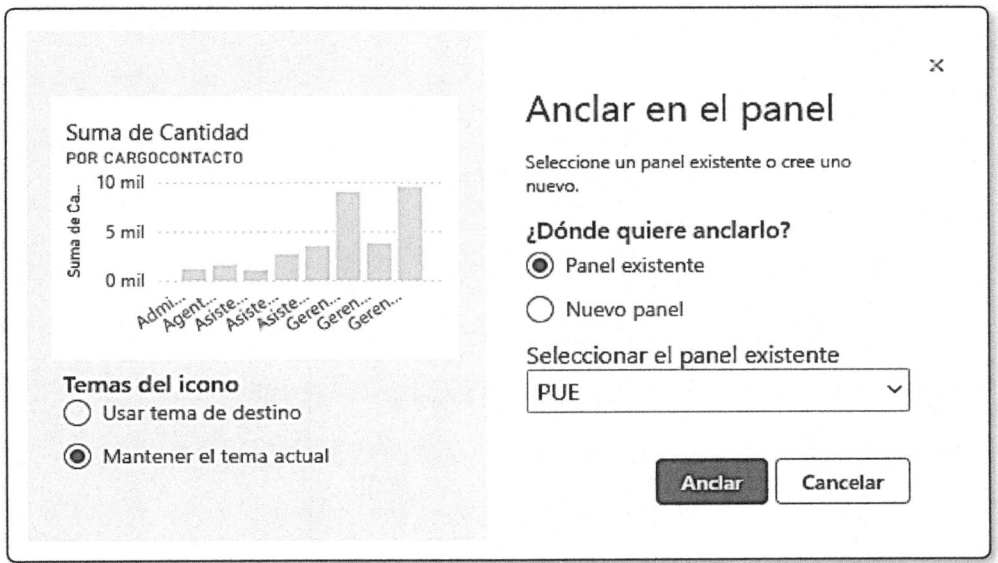

Figura 7.42. Añadir un objeto a un panel

Si quiero crear un panel nuevo primero me voy a asegurar que ese panel no existe, ya que si no crea dos paneles con el mismo nombre. También hay que tener cuidado que si acabamos de crear un panel y voy a añadir otro objeto a lo mejor no aparece el nombre del panel, lo que hay que hacer en este caso es actualizar la página y volver a intentar añadir el objeto deseado al panel.

Cuando se añaden objetos al panel, se puede usar el tema actual del informe en el que está el objeto o mantener el tema del panel, en caso de que se añadan objetos de distintos informes con distintos temas es mejor usar el tema del destino, si solo se añaden de un informe puede dar un poco igual.

Se pueden añadir objetos de distintos informes por lo que nuestro panel puede tener distintos orígenes de datos.

Una vez que he añadido los objetos deseados voy a mi área de trabajo y abro el panel.

Si hago clic en cualquier objeto me lleva al informe donde estaba el objeto, puedo cambiar el tamaño de los objetos desde la esquina inferior derecha del objeto, pero no será un tamaño exacto sino en las proporciones predefinidas de la pantalla.

En cualquier objeto también puedo hacer clic y arrastrar para poder cambiar el orden de los objetos visuales.

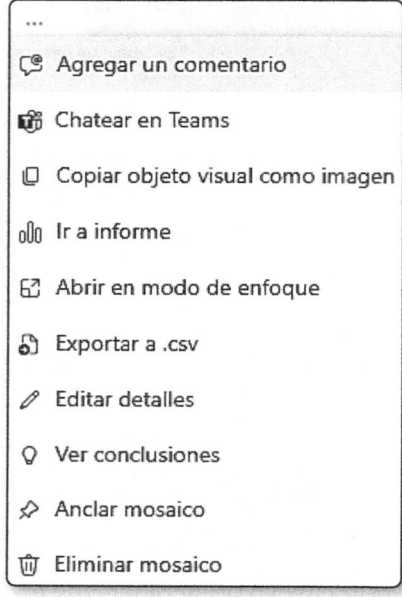

Figura 7.43. Menú contextual de los objetos del panel

En la esquina superior derecha de los objetos del panel hay tres puntos donde puedo hacer clic y aparece el menú contextual de ese objeto donde puedo Agregar comentarios, Chatear en Teams, copiar el objeto visual como imagen para poder pegarlo en otras aplicaciones, Ir al informe del objeto seleccionado, Abrir en modo enfoque para ver este objeto más grande como en Power Bi Desktop, Exportar a csv los datos del objeto seleccionado.

Otra opción que hay es editar detalles donde se abre una pantalla a la derecha donde puedo cambiar el título y el subtítulo del objeto, puedo mostrar la hora de la última actualización o también puedo añadir un vínculo externo o a un informe o panel del área de trabajo en la que estoy, una vez que le he indicado todas las opciones deseadas hago clic en el botón Aplicar.

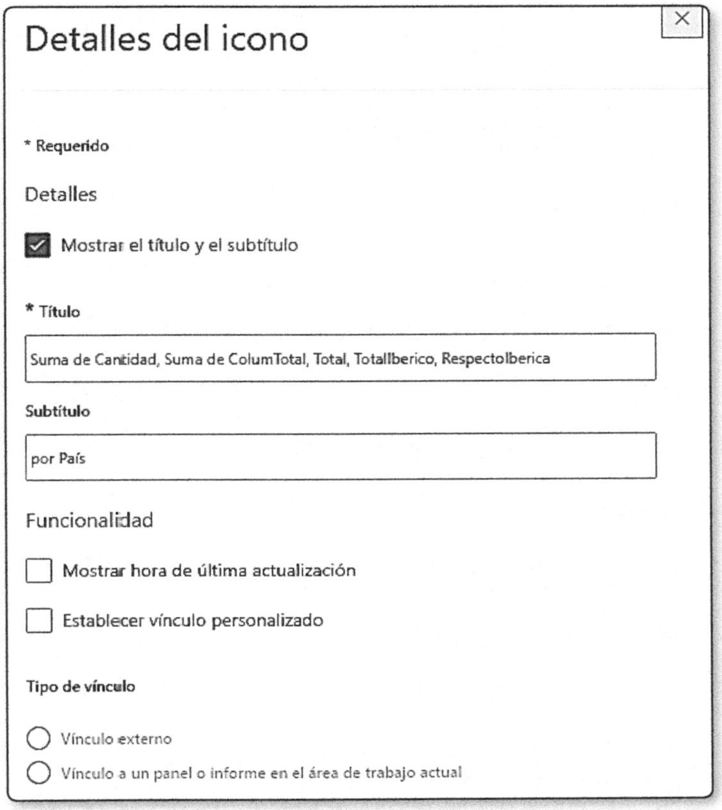

Figura 7.44. Detalles de icono del panel

En el menú contextual también está la opción ver conclusiones, que muestra el objeto en modo enfoque, muestra el panel de filtros y a la derecha una serie de gráficos que puedo añadir a este panel o a cualquier otro de mi propiedad solamente haciendo clic en la chincheta de ese gráfico.

En los objetos que solo muestran un dato, como puede ser una tarjeta o un medidor, al hacer clic en los puntos suspensivos tienen una opción más que es administrar alertas, esta opción es muy interesante ya que el propio panel me va a avisar cuando se cumpla una determinada condición.

Al hacer clic en esta opción aparece una pantalla a la derecha con las reglas de alerta de ese objeto, si quiero añadir una alerta hago clic en el botón *Agregar regla de alertas*.

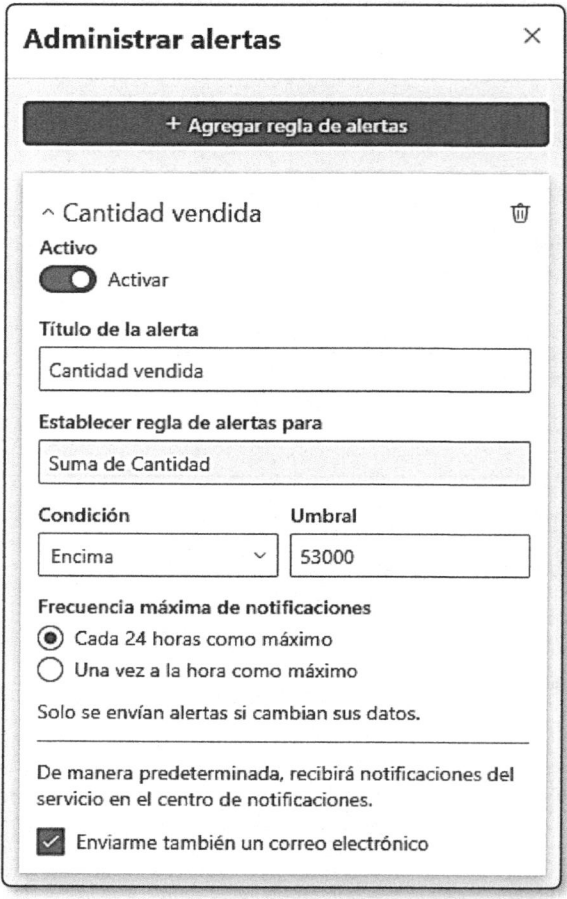

Figura 7.45. Configurar una alerta

Lo primero que debo hacer es activar la regla, después escribo el nombre, en este caso la he llamado Cantidad vendida, como he añadido la regla desde una tarjeta que muestra la suma de cantidad ya reconoce que la alerta es para esta operación, en la condición solo puedo indicar si está por encima o por debajo de un determinado valor, podría crear una regla por encima de un valor y otra por debajo de un valor, pero no lo puedo hacer en la misma regla.

Según la importancia de la alerta puedo seleccionar que me avise como máximo cada hora o cada 24 horas, en cualquier caso, si se ha superado el umbral, pero no cambia dentro del plazo establecido no me va a volver a avisar.

Por último, le puedo indicar que también me mande un correo electrónico, pero todos estos avisos son para mí, desde aquí no puedo mandar alertas a otras personas.

Le indico guardar y voy a ir a Power Automate, plantillas y en la búsqueda escribo Power BI.

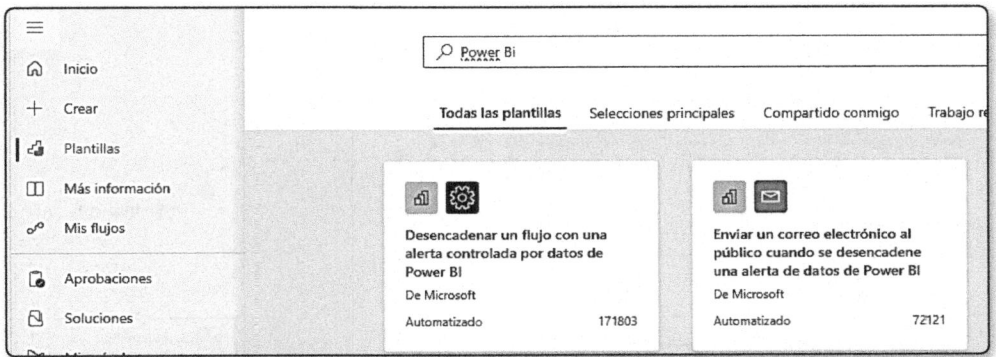

Figura 7.46. Acciones de Power Bi en Power Automate

Hay varias acciones que puedo elegir, en concreto las dos primeras se desencadenan con una alerta de datos, puedo enviar un mail o realizar cualquier acción, voy a elegir enviar un mail ya que es lo más común.

Aparece una pantalla intermedia en la que muestra la conexión de las aplicaciones con las cuentas que se necesitan, si no hay ningún problema se puede pulsar en continuar.

Ahora hay una pantalla donde hay que hacer clic en el apartado de Power Bi y elegir la alerta que acabo de crear.

Después hay que hacer clic en la parte del correo donde hay que escribir a quien quiero que llegue esta alerta, qué asunto quiero añadir al correo y el cuerpo del mensaje, puedo añadir texto fijo, pero también puedo elegir los distintos parámetros que hay a disposición del usuario.

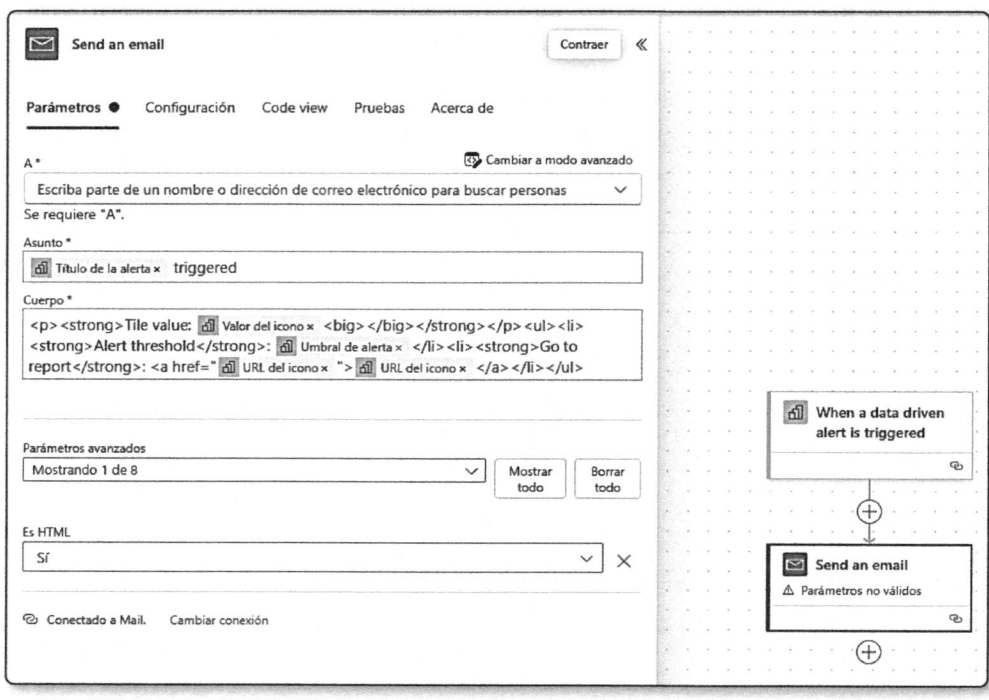

Figura 7.47. Configuración de la acción en Power Automate

Una vez rellenadas todas las opciones se puede hacer clic en el botón guardar, si está todo bien y no hay ningún error ya está creada la regla para que otras personas tengan acceso a los avisos de las alertas.

Voy a volver al panel, en la parte superior está la opción Pregunte algo sobre sus datos donde voy a hacer clic y una vez más está la opción de preguntas y respuestas, puedo escribir la pregunta o elegir alguna de las predeterminadas como he explicado en otros apartados del libro.

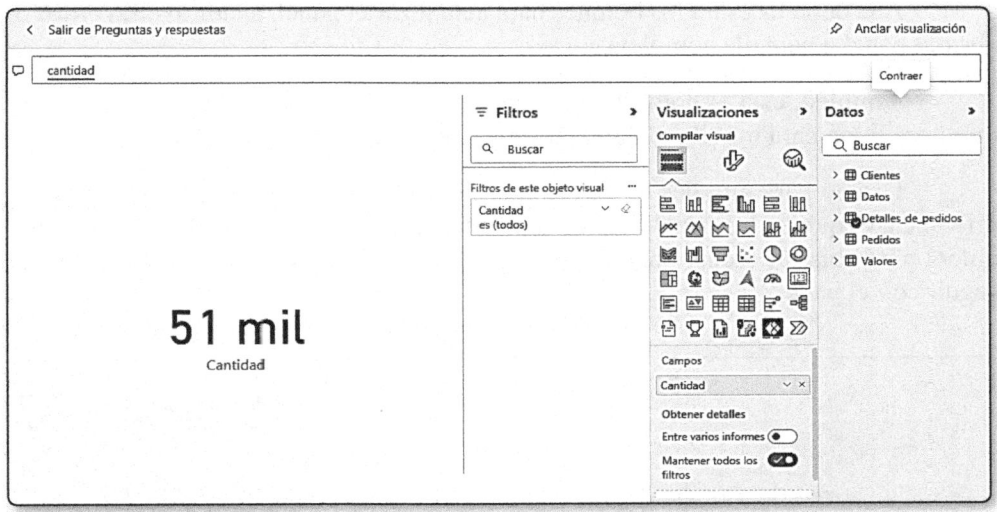

Figura 7.48. Preguntas y respuestas en los paneles de Power Bi

En la parte de la derecha puedo elegir los filtros, los objetos visuales y los datos, una vez que está el objeto a mi gusto puedo hacer clic en el botón superior donde pone *Anclar visualización*, de esa manera puedo añadir el objeto creado con las preguntas y respuestas, a cualquier panel del que sea propietario, incluido en el panel en el que estoy.

En el menú de Archivo puedo Guardar una copia del panel pero solo en el área de trabajo en la que estoy, no puedo crear una copia en otra área de trabajo, también puedo imprimir la página, puedo ir a Configuración para personalizar algunos aspectos del panel como cambiar el nombre del panel, una dirección de correo para que los consumidores del panel puedan ponerse en contacto conmigo, personalizar la imagen de la miniatura, permitir que los usuarios usen lenguaje natural en las preguntas y respuestas, que se puedan añadir comentarios, permitir el flujo del mosaico o elegir la etiqueta de confidencialidad del panel.

El panel se puede compartir, chatear en Teams, suscribirnos al panel, abrir métricas en uso, o ver el contenido relacionado igual que si fuera un informe.

A la derecha están los botones para actualizar el panel, añadirlo a favoritos o abrir el panel a pantalla completa.

También, está el botón Editar donde hay otras opciones como Diseño para móviles, Tema para móviles y Agregar un icono.

Diseño para móviles es parecido al diseño para móviles de los informes, la diferencia es que en los paneles ya están añadidos los objetos y puedo quitar los que quiera o cambiar el orden, una vez que acabe puedo hacer clic en diseño web para seguir con el panel.

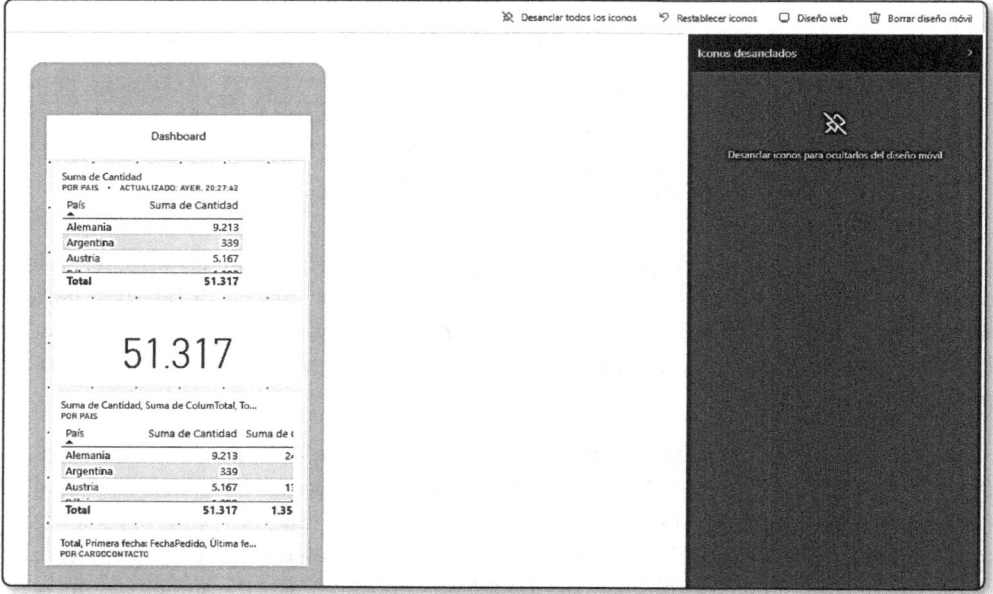

Figura 7.49. Diseño para móviles en los paneles

En la opción Tema del panel puedo definir algunos aspectos del formato del panel, puedo cargar un archivo JSON para aplicar los formatos o guardar los formatos elegidos como un archivo JSON.

Se puede elegir entre el tema claro, oscuro, apto para personas daltónicas o personalizado, pero incluso en esta última opción hay muchas menos opciones que cuando se crea un tema en un informe.

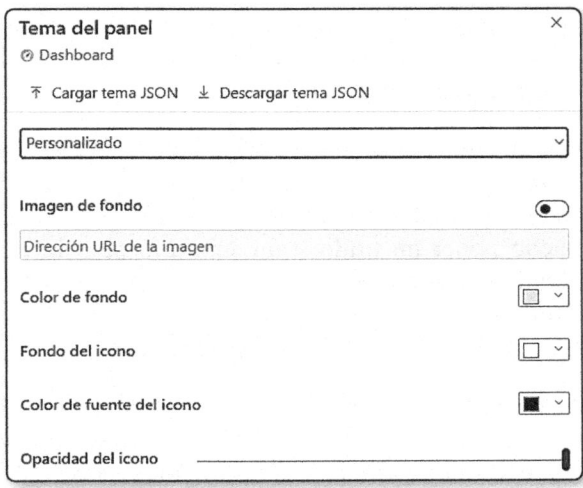

Figura 7.50. Tema personalizado del panel

En el tema personalizado del panel solo se puede poner una imagen o un color de fondo, se puede poner un fondo del icono, color de la fuente del icono y la opacidad del icono, verdaderamente son cinco cosas lo que se pueden personalizar, en la parte superior se debe poner el nombre del tema.

Pero la opción de los menús que más diferencia los informes de los paneles es la de Agregar un icono, donde están las opciones.

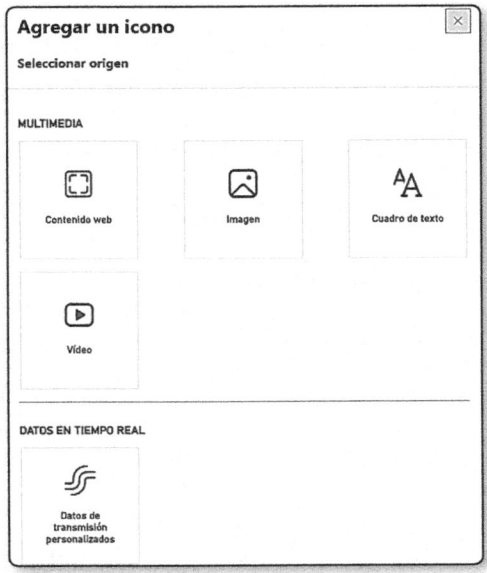

Figura 7.51. Opciones de Agregar icono

Cuadro de texto puedo elegir un título y un subtítulo, así como el texto que quiero que muestre con el formato deseado en cada momento, esta opción al fin y al cabo lo puedo hacer igual en Power Bi Desktop.

El siguiente icono que puedo añadir es imagen, para ello voy a un navegador y busco la imagen que quiero añadir, hago clic sobre ella con el botón derecho y elijo la opción Copiar vínculo de imagen, ahora vuelvo al panel y agrego el icono imagen donde le puedo poner un título y un subtítulo pero lo más importante es la dirección URL donde pego la dirección de la imagen, también puedo poner un vínculo personalizado para que al hacer clic en la imagen me lleve a un vínculo externo o a un panel o informe del área de trabajo actual.

Esta opción de insertar imagen también es parecida a lo que se puede hacer en Power Bi Desktop, pero ahora voy a explicar dos opciones que no se pueden usar desde Power Bi Desktop, estas opciones son Contenido web y Vídeo.

Si tienes estas opciones desactivadas tienes que ponerte en contacto con el administrador de tu empresa.

Con la opción Contenido web puedo añadir al panel la información que otra página pone a mi disposición, hay muchas páginas web que nos dan acceso a distinta información por ejemplo si voy a Google Maps puedo buscar una dirección y al hacer clic en el menú que tiene dibujado tres líneas voy a hacer clic y elegir la opción Compartir o Insertar mapa, hago clic en la pestaña Insertar mapa donde hago clic en Copiar HTML.

Ahora vuelvo al panel añado un objeto de contenido web donde le puedo poner un título, un subtítulo y el código que he copiado de Google Maps, también le puedo poner un vínculo y ya tengo el objeto de una página web dentro de mi panel, esto es muy útil para añadir información muy volátil como cotización de divisas o cotización en Bolsa.

El último objeto del que disponemos es Vídeo desde esta opción se pueden añadir vídeos alojados en YouTube o en Vimeo en nuestro panel, esto puede ser interesante ya que hay veces que se quiere poner un vídeo introductorio o complementario a los datos y de esta manera el vídeo no tiene que ser un archivo aparte.

Es curioso que no se pueda añadir un vídeo alojado en Stream de Microsoft 365 o en nuestro equipo.

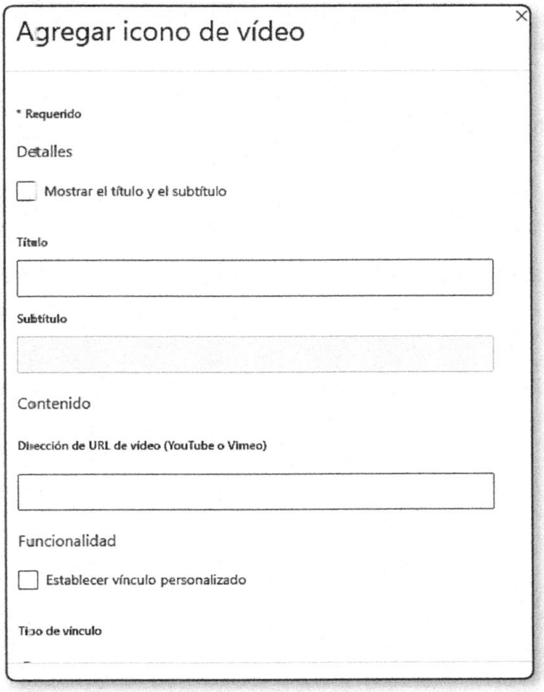

Figura 7.52. Agregar icono de vídeo

Puedo ir a YouTube, buscar el vídeo que desee y copiar la URL, voy a mi panel y añado un icono de vídeo donde puedo poner un título, un subtítulo y la URL, también puedo poner vínculos en este objeto, hay vídeos que por derechos de autor no se pueden reproducir fuera de YouTube, esto suele pasar con vídeos de música, por lo que si no funciona el vídeo que pongas prueba con otro.

También, se puede añadir *Datos de transmisión personalizados*, que me permite Agregar un conjunto de datos de streming donde hay que rellenar los datos de conexión.

7.9 ÁREAS DE TRABAJO

Una vez que he explicado los objetos que puede haber en un área de trabajo voy a explicar que es un área de trabajo, como crear áreas de trabajo y gestionar esa área de trabajo.

Para crear un área de trabajo debo de tener una versión de pago, ya que al fin y al cabo voy a compartir información.

Básicamente un área de trabajo es una carpeta compartida con otras personas, donde puedo aplicar distintos roles a los usuarios que accedan al área de trabajo para que tengan permiso para llevar a cabo distintas acciones, además en un área de trabajo puedo tener los objetos que yo quiera, también explicaré cómo crear aplicaciones y flujos en las áreas de trabajo que no son las áreas por defecto.

Al hacer clic en Áreas de trabajo me puedo cambiar de área de trabajo, pero también me puedo crear un área de trabajo haciendo clic en el botón Nueva área de trabajo.

Cuando pulso en este botón a la derecha me aparece una pantalla con las características que le quiero dar a esta área de trabajo, lo primero que debo hacer es ponerle el nombre, le puedo poner una descripción e incluso opcionalmente puedo vincular el área de trabajo a un dominio, también puedo añadir una imagen al área de trabajo.

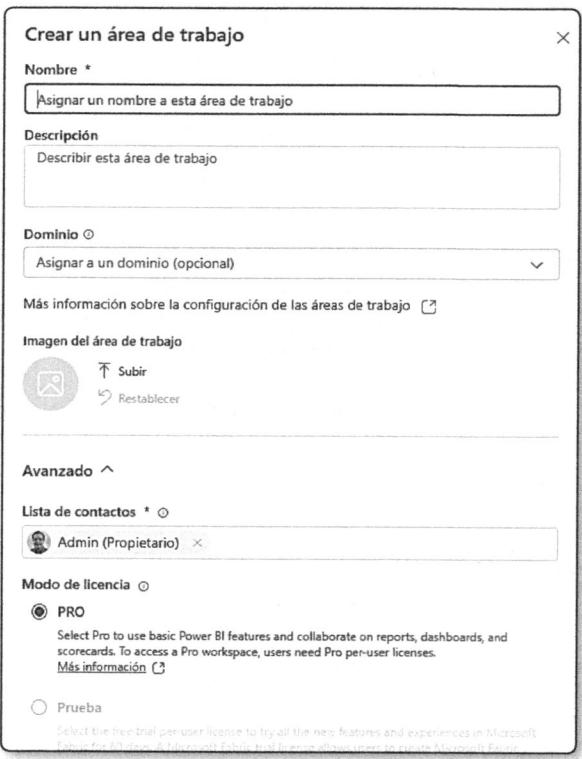

Figura 7.53. Opciones para crear un área de trabajo

Si despliego las opciones avanzadas puedo añadir usuarios a la lista de contactos para obtener asistencia del servicio técnico.

También puedo elegir el tipo de licencia que deseo aplicar a esta área de trabajo, según la licencia elegida aparecerán distintas opciones.

Una vez que hago clic en el botón Aplicar ya está el área creada, pero hay dos cosas fundamentales que hay que hacer ahora, dotarla de contenido y ver qué personas pueden acceder a esta área de trabajo.

Para añadir a los usuarios al área de trabajo debo hacer clic en el botón Administrar acceso, donde tengo el botón Agregar personas o grupos.

Figura 7.54. Agregar personas al área de trabajo

A cada persona o grupo le puedo aplicar distintos roles de seguridad como pueden ser *Administrador, Miembro, Colaborador* y *Visor*, hay un vínculo donde pone *Más información* que muestra una lista detallada de los permisos que se otorgan en cada rol.

Básicamente el *Administrador* es el que tiene todos los permisos incluidos el gestionar el área de trabajo y otros usuarios administradores, a continuación, están los *Miembros* que pueden gestionar los usuarios que no son administradores, los *Colaboradores* igual que los anteriores pueden modificar, añadir y eliminar contenidos, los visores solo pueden ver la información, pero no pueden modificar ni publicar su información.

Siempre tiene que haber por lo menos un administrador, aunque es recomendable que haya dos o más administradores.

Es muy común en las grandes empresas que en un área de trabajo haya por ejemplo 500 visores, 3 administradores y 5 colaboradores, es decir muchos visores y pocas personas diseñando.

Ya tengo a los usuarios ahora voy a dotar de contenido al área de trabajo eso lo puedo hacer de dos formas, publicando el informe desde Power Bi Desktop en el área de trabajo que elija con lo que se publica el informe y el modelo semántico o desde otra área de trabajo se puede copiar un informe a otra área de trabajo.

En Configuración del área de trabajo puedo definir más propiedades del Área de trabajo, puedo redefinir las opciones que le he puesto cuando cree el área de trabajo, pero también desde aquí puedo eliminar el Área de trabajo.

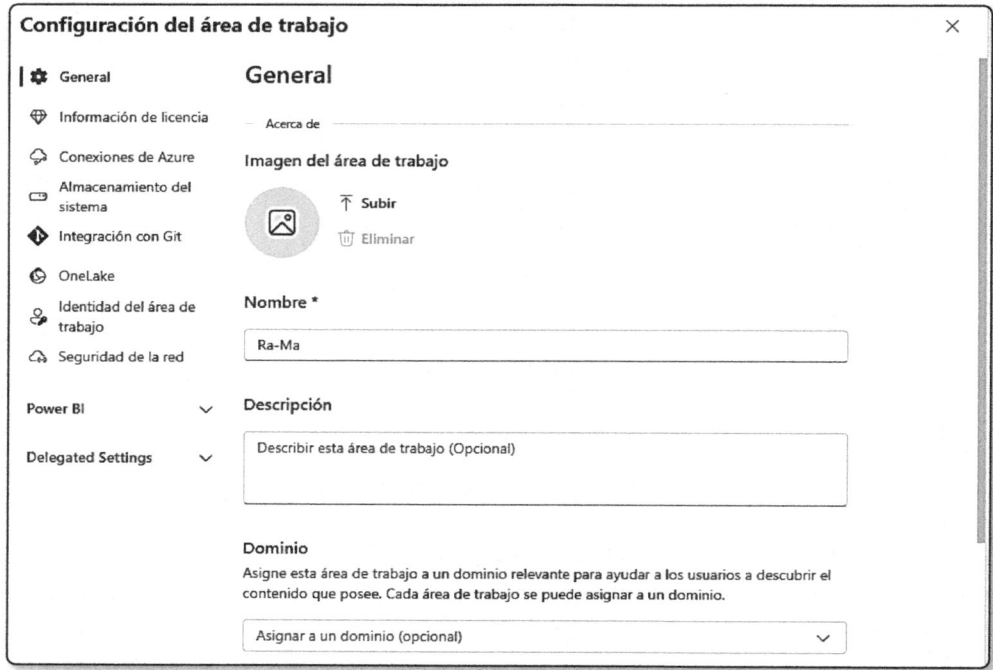

Figura 7.55. Configuración del área de trabajo

Según el tipo de licencia tendré más opciones, si tengo una licencia Premium puedo copiar el vínculo de conexión, ver conexiones con Azure, comprobar el espacio libre en Almacenamiento del sistema, etc.

En un Área de trabajo que no es el área por defecto puedo crear una aplicación, esta es la manera más rápida y segura de distribuir la información generada en Power Bi, para ello voy a hacer clic en el botón Crear aplicación, solo se puede tener una aplicación por cada área de trabajo.

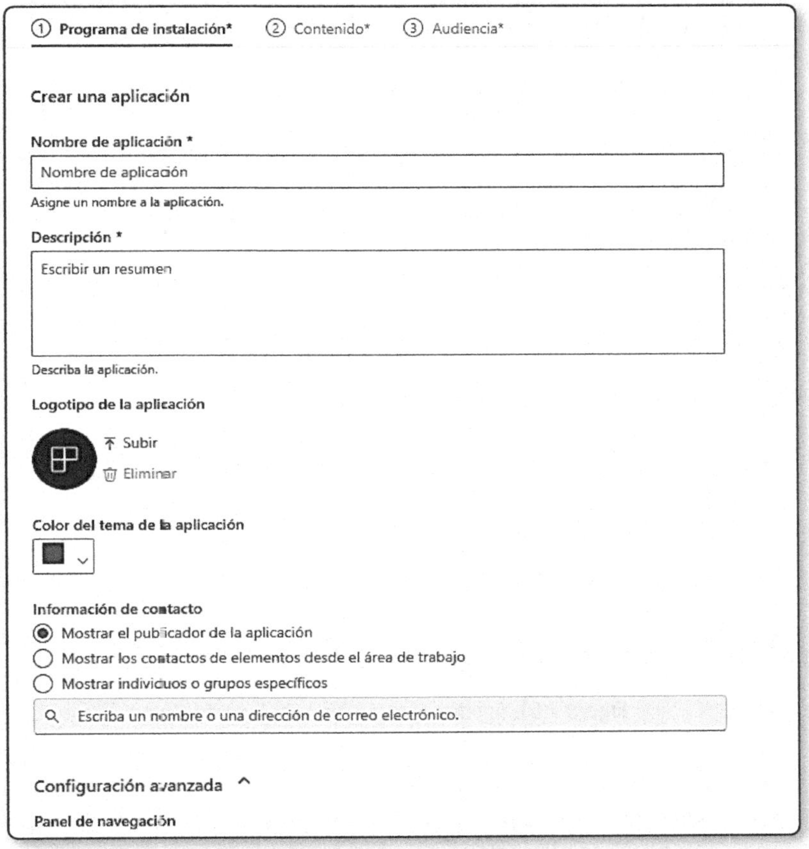

Figura 7.56. Crear aplicación paso 1

Le puedo poner el nombre de la aplicación, es obligatorio rellenar también la descripción con una breve explicación de los datos que se van a ver en la aplicación, además se le puede cambiar el logotipo y elegir el color de la aplicación.

Más abajo se puede elegir la información del contacto y en la configuración avanzada puedo elegir si quiero que aparezca el panel de navegación de una forma predeterminada o no, si quiero que se puedan ver las páginas ocultas, lo normal es decirle que no se pueden ver, para eso están ocultas.

Además, puedo indicar si quiero que los usuarios puedan instalar la aplicación automáticamente o creen una copia de los informes de esta aplicación.

Si la aplicación es un poco compleja puedo crear una pequeña ayuda escrita o con videotutoriales y subirla a una ubicación compartida, después pongo la ubicación en el Sitio de soporte técnico para que el resto de los usuarios puedan obtener ayuda sobre la aplicación.

Una vez que he rellenado toda la información puedo hacer clic en el botón Agregar contenido.

Al hacer clic en el botón Agregar aparece una lista de los objetos que hay en el área de trabajo.

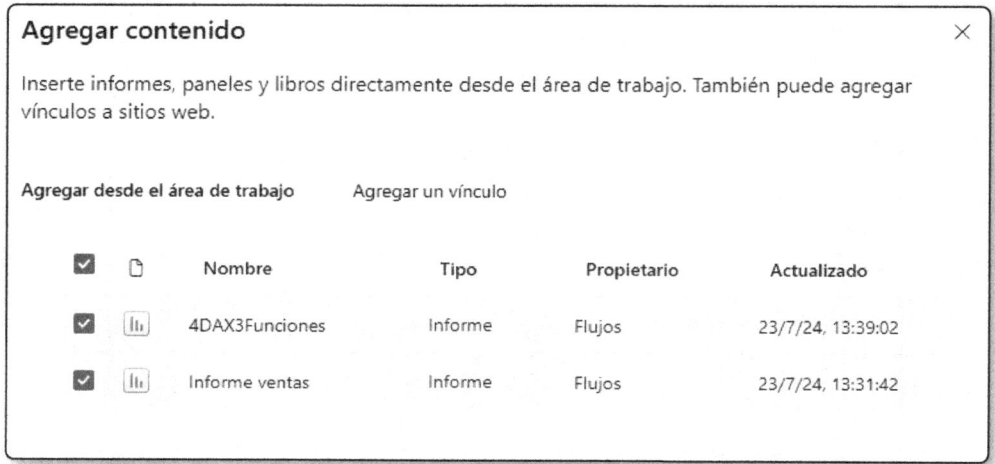

Figura 7.57. Agregar contenido a la aplicación

Voy a añadir los dos informes que tengo, en el desplegable Agregar contenido tengo la opción Agregar un vínculo o Agregar una nueva sección para organizar los objetos cuando son muchos elementos.

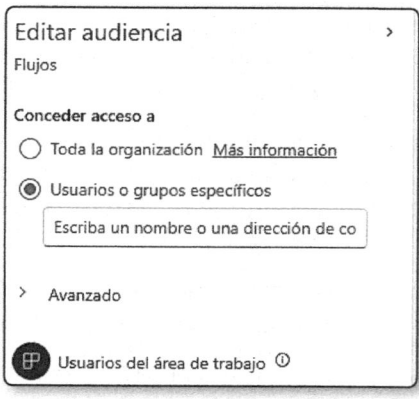

Figura 7.58. Audiencia de la aplicación

Hago clic otra vez en el botón siguiente y puedo elegir si Toda la organización puede acceder a la aplicación o solo personas determinadas, una vez que lo tengo todo definido hago clic en el botón Publicar aplicación.

Aparece un mensaje que me avisa que Microsoft puede tardar hasta un día, pero suele tardar entre 5 y 10 minutos como mucho.

Hago clic en el botón publicar y ya puedo copiar y distribuir el vínculo de la aplicación, también tengo el botón *Ir a la aplicación*.

En la parte de la izquierda aparecen los vínculos para acceder a las distintas páginas de los informes que hemos incluido y también puedo ir a los distintos objetos que haya añadido a la aplicación.

País	001sumaCantidad	002ContarRegiones	003ContarRegistros	004ContarBlancos	005ContarCargosUnicos	006CantidadPeq
Alemania	9213		11	11		7
Argentina	339		3	3		2
Austria	5167		2	2		1
Bélgica	1392		2	2		2
Brasil	4247	9	9			6
Canadá	1984	3	3			2
Dinamarca	1170		2	2		2
España	718		5	5		4

Figura 7.59. Aspecto de la aplicación

En la parte superior están los menús, hay menos opciones que en un informe normal publicado, ya que no puedo acceder al diseño del informe ni a otras muchas opciones, aunque como soy el propietario tengo un botón para ir a modificar la aplicación.

Figura 7.60. Botón editar aplicación

Ahora he creado un panel en esta área de trabajo y quiero añadirlo a la aplicación que acabo de crear.

En el área de trabajo hago clic en el botón Actualizar aplicación que está en el sitio donde antes creamos la aplicación.

Al hacer clic en este botón puedo modificar la aplicación, puedo copiar el vínculo para distribuir la aplicación en cualquier momento.

Voy al paso 2 Contenido y hago clic en el botón Agregar contenido y añado el panel, le digo actualizar aplicación, voy a ver la aplicación, pero no veo el panel, vuelvo a la actualización de la aplicación y en el paso 3 veo que el panel no estaba visible, tengo que quitarle la opción oculto, cuando actualizo la aplicación a lo mejor sigue sin verse, tengo que actualizar el navegador para que se vea el vínculo al panel que acabo de añadir.

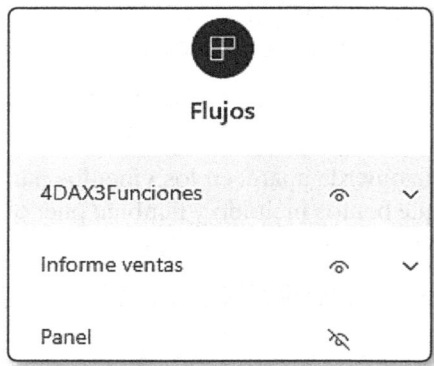

Figura 7.61. Al añadir otro objeto se agrega, pero se oculta

Si accedo otra vez a la actualización de la aplicación en el paso 2 puedo añadir un vínculo a una página, le puedo indicar que sea en esta ventana o en una nueva, sucede lo mismo que cuando he añadido el panel, todo objeto que se añade después de crearse la aplicación se queda en modo oculto por lo que debo ir al paso 3 y mostrarlo, después hago clic en actualizar la aplicación y si no se ve el vínculo actualizo la página.

En un área de trabajo hago clic en Nuevo elemento y hago clic en Flujo de datos, un flujo de datos es como guardar los pasos aplicados en una importación de Power Query, pero desde el servicio de Power Bi.

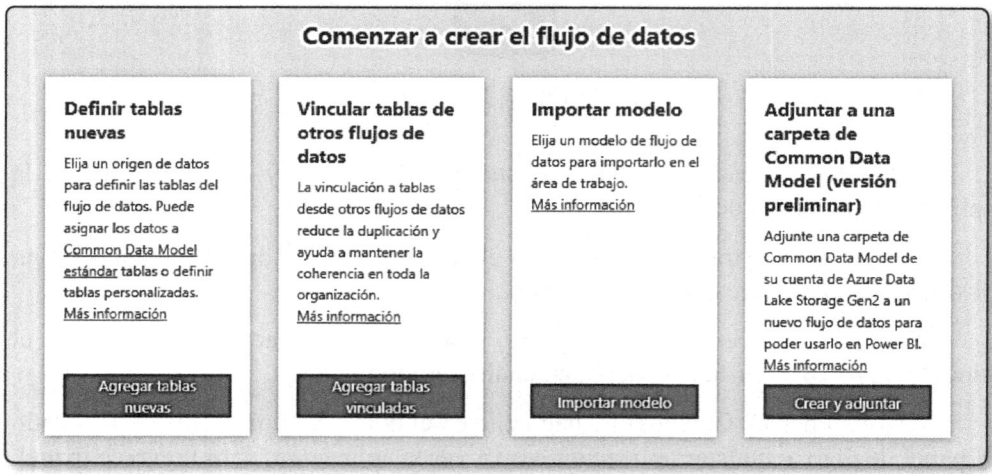

Figura 7.62. Orígenes de los flujos de datos

Al hacer clic en Flujo de datos aparece una pantalla donde puedo elegir si el flujo de datos lo creo desde tablas nuevas, tablas vinculadas, importar modelo o crear e importar un Data Model.

En este caso voy a agregar nuevas tablas, puedo elegir entre Nuevos orígenes o subir un archivo, en este caso voy a subir el archivo NeptunoActualizado, si está bien la conexión puedo hacer clic en el botón siguiente donde selecciono las tablas que quiero importar y hago clic en Transformar datos.

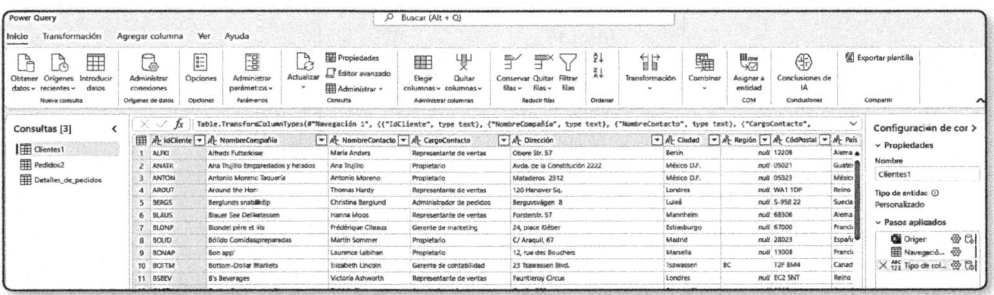

Figura 7.63. Pantalla de Power Query para crear un flujo

Ahora tengo una pantalla que es casi igual que Power Query de escritorio donde puedo aplicar las transformaciones que desee y a continuación hago clic en el botón Guardar y cerrar, pongo nombre al flujo, le puedo poner MiFlujo y debajo puedo añadirle una descripción, después hago clic en Guardar.

Puedo editar las tablas, Agregar más tablas o cerrar el flujo, una vez cerrado tengo que actualizar el flujo para que cargue los datos.

Ahora puedo ir a Power Bi Desktop y crear un nuevo informe donde puedo elegir origen de datos Flujo de datos y añadir las tablas que yo quiera.

Esta opción sirve para almacenar en el servicio de Power Bi unas tablas y las transformaciones deseadas para que puedan servir como origen de datos de otros informes.

7.10 POWER BI EN EL MÓVIL

Microsoft 365 trajo muchas revoluciones, una de ellas fue que ya no se necesitaba un ordenador para trabajar, también se puede trabajar desde un móvil o desde una tablet.

En este caso hay que descargarse la App de Microsoft Power Bi, logarse con el usuario y contraseña de Microsoft 365.

La pantalla del móvil es muy pequeña para diseñar un informe, pero sí que es muy útil para ver un informe en cualquier sitio, además hay que recordar que tanto los informes como los paneles tienen una vista especial para diseñar estos objetos cuando se ven a través de un móvil.

Figura 7.64. Pantalla de la app de Power Bi

En la parte inferior está el menú principal de Power Bi dentro de Inicio, en la parte superior se puede ver el menú de lo que quiero ver, dentro de Acceso rápido tengo acceso a los objetos Frecuentes, recientes e informes de ejemplo, en métricas veré las tarjetas de resultados y en actividad en los últimos objetos en los que he trabajado.

En la parte inferior puedo ir a Favoritos para ver los objetos que haya marcado como favoritos.

La siguiente opción que tengo es Aplicaciones para acceder directamente a las aplicaciones que creo.

También, tengo la opción de áreas de trabajo para acceder a las distintas áreas y al pulsar sobre cualquiera de ellas me aparecen los objetos de esa área, donde por supuesto puedo pulsar y ver el objeto deseado.

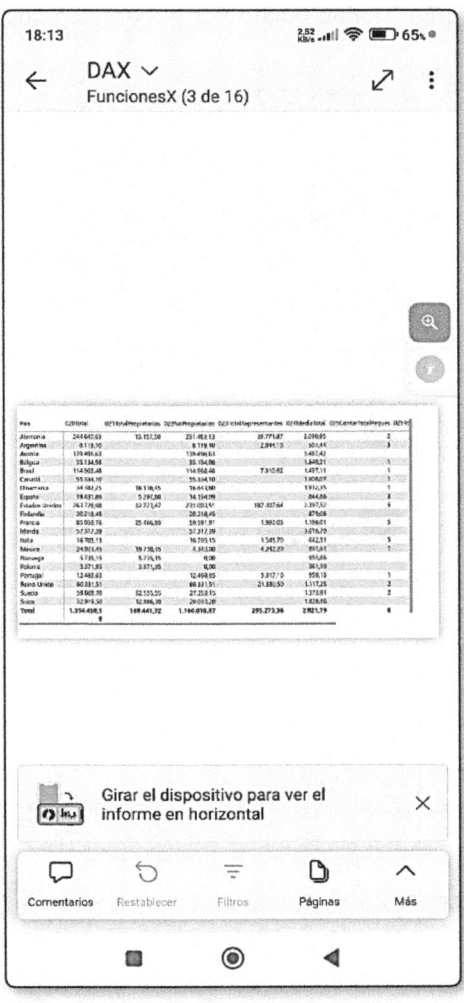

Figura 7.65. Un informe visto desde el móvil

Al abrir el informe en la parte inferior tengo la barra de navegación donde puedo ver y escribir comentarios, quitar filtros con restablecer, acceder al panel de filtros cambiar de páginas o invitar a otras personas.

Hago clic en la flecha que hay en la esquina superior izquierda para salir del informe y vuelvo a hacer clic para salir del área de trabajo, cuando he vuelto al menú principal puedo hacer clic en el botón que tiene varios puntos y acceder a los objetos recientes de Power Bi con los que he trabajado.

También, en ese botón con tres puntos tengo una opción muy interesante que es compartido conmigo donde puedo ver los objetos que han compartido otras personas conmigo.

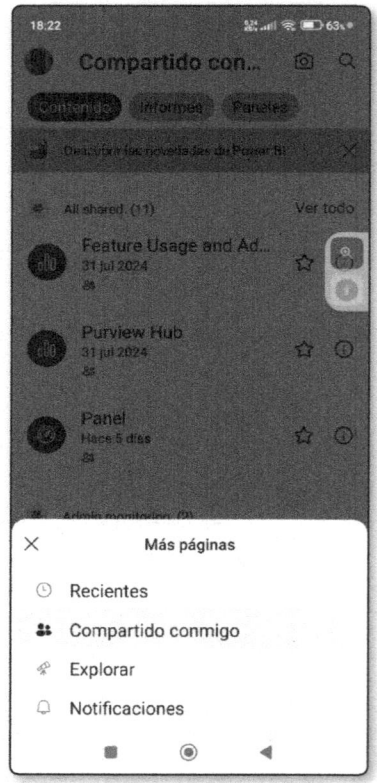

Figura 7.66. Objetos que han compartido otras personas conmigo

También, puedo acceder a las notificaciones y explorar los distintos objetos a los que tengo acceso.

8

TRUCOS POWER BI

Una de las cosas que más me preguntan mis alumnos en las clases es por los trucos que se pueden hacer para crear un informe, te voy a explicar algunos de ellos.

He querido poner esta sección al final cuando ya he explicado el resto de las opciones de Power Bi para poder centrarme en el truco en sí.

Algunos de estos trucos son muy sencillos, pero otros necesitan una explicación más larga y detallada.

8.1 TABLA DE MEDIDAS

Cuando expliqué las medidas dije que lo mejor era crear una tabla aparte con solo una columna y sin ningún registro, esto es muy útil para tener las medidas localizadas y no tener cada medida en una tabla distinta, ahora voy a explicar dos trucos al respecto, para ello voy a ir a la vista modelo.

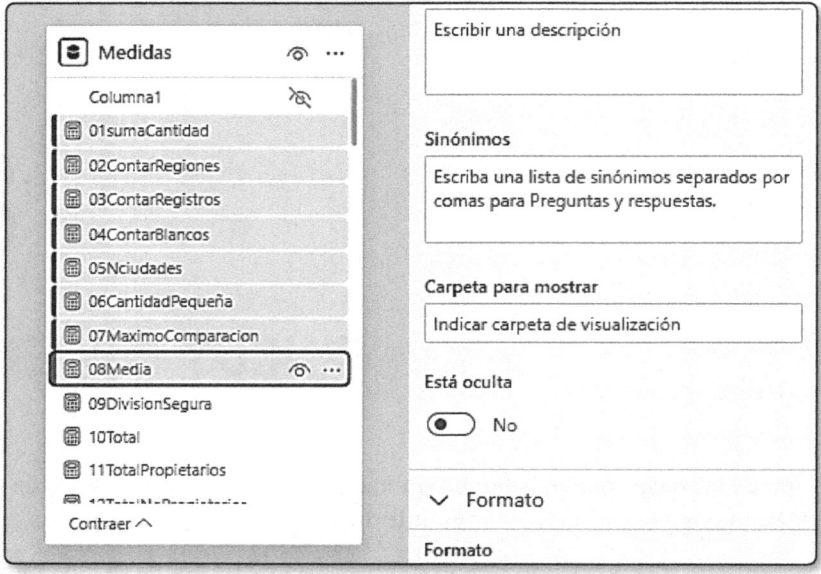

Figura 8.1. Diseño de la tabla medidas en la vista modelo

El primer truco es ocultar la columna que tiene esta tabla, en este caso la Columna1 ya que no le había cambiado el nombre.

El siguiente truco es seleccionar las medidas o columnas que quiera y en las propiedades le puedo indicar carpeta para mostrar donde pongo el nombre que quiera, de esa manera dentro de la tabla medidas tendré una agrupación lógica en forma de carpeta que tendré que desplegar para llegar a esa medida, esta opción es muy útil cuando tengo muchas medidas y las quiero tener organizadas.

Estas dos opciones las he hecho en la tabla de medidas, pero evidentemente estas opciones las tengo disponibles en cualquier tabla.

8.2 OCULTAR HOJAS

Este truco le descubrí gracias a la pregunta de una alumna, básicamente me preguntó si había alguna forma de no mostrar el panel de navegación por las distintas hojas del informe cuando se publica el informe.

Antes había una opción al crear la aplicación si quería mostrar el panel de navegación, pero ya cambiaron esa opción por mostrar o no el panel de una manera predeterminada.

Tengo un informe con tres páginas y solo dejo una hoja visible ocultando el resto de las páginas del informe.

Añado botones para poder cambiarme de página cuando publique el informe.

Figura 8.2. Todas las páginas ocultas menos una y botones para cambiar de página

Esta opción es muy útil ya que puedo hacer que la persona que quiera ver mi informe lo haga en el orden que yo le diga, no puede ir cambiándose de página según le apetezca, sino que estoy guiando su experiencia con el informe.

Cuando publico el informe el panel de navegación está vacío como se puede ver en la siguiente imagen.

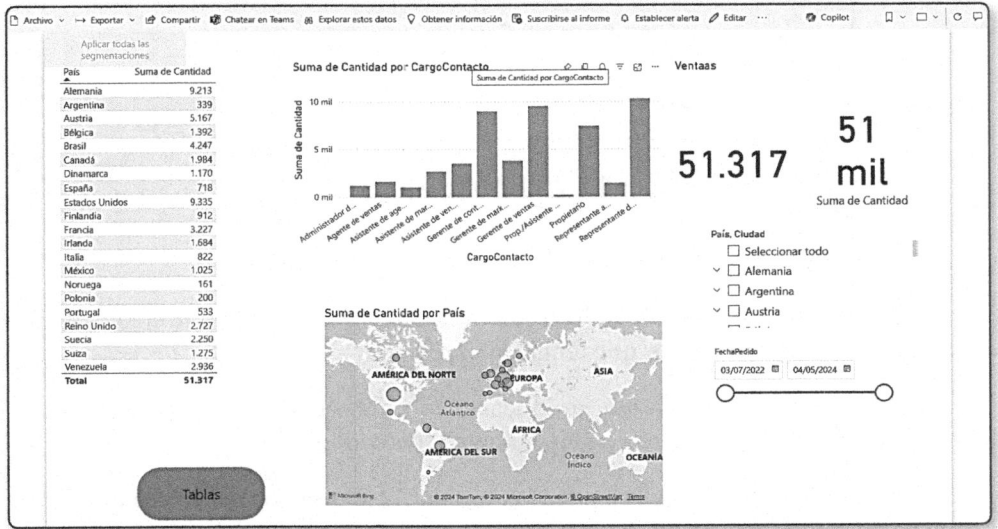

Figura 8.3. Informe publicado con el panel de navegación vacío

Como digo este truco no le he visto en ningún otro sitio por lo que creo que es muy interesante aparte del resultado que produce.

8.3 MENOS ES MÁS

No por mostrar más información se va a asimilar mejor los datos que estoy mostrando, en este caso voy a añadir una hoja nueva donde añado una matriz y añado el campo país en las filas, fecha pedido en columnas y cantidad en valores, quedando de la siguiente forma.

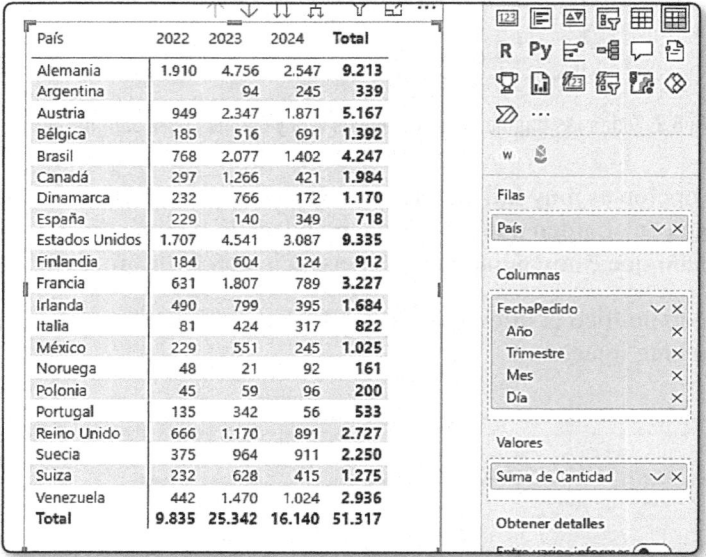

País	2022	2023	2024	Total
Alemania	1.910	4.756	2.547	**9.213**
Argentina		94	245	**339**
Austria	949	2.347	1.871	**5.167**
Bélgica	185	516	691	**1.392**
Brasil	768	2.077	1.402	**4.247**
Canadá	297	1.266	421	**1.984**
Dinamarca	232	766	172	**1.170**
España	229	140	349	**718**
Estados Unidos	1.707	4.541	3.087	**9.335**
Finlandia	184	604	124	**912**
Francia	631	1.807	789	**3.227**
Irlanda	490	799	395	**1.684**
Italia	81	424	317	**822**
México	229	551	245	**1.025**
Noruega	48	21	92	**161**
Polonia	45	59	96	**200**
Portugal	135	342	56	**533**
Reino Unido	666	1.170	891	**2.727**
Suecia	375	964	911	**2.250**
Suiza	232	628	415	**1.275**
Venezuela	442	1.470	1.024	**2.936**
Total	**9.835**	**25.342**	**16.140**	**51.317**

Figura 8.4. Matriz de la que partimos

Voy a quitar los totales tanto de filas como de columnas.

En los valores voy a aplicar un formato condicional al fondo con un degradado con el primer color que tenga en el tema.

Ahora en los valores voy a aplicar un formato condicional igual, pero al texto, el resultado es que no se ven los números, pero si los colores.

En la siguiente imagen se puede comparar la matriz normal con la matriz en la que he aplicado los formatos.

País	2022	2023	2024	País	2022	2023	2024
Alemania	1.910	4.756	2.547	Alemania			
Argentina		94	245	Argentina			
Austria	949	2.347	1.871	Austria			
Bélgica	185	516	691	Bélgica			
Brasil	768	2.077	1.402	Brasil			
Canadá	297	1.266	421	Canadá			
Dinamarca	232	766	172	Dinamarca			
España	229	140	349	España			
Estados Unidos	1.707	4.541	3.087	Estados Unidos			
Finlandia	184	604	124	Finlandia			
Francia	631	1.807	789	Francia			
Irlanda	490	799	395	Irlanda			
Italia	81	424	317	Italia			
México	229	551	245	México			
Noruega	48	21	92	Noruega			
Polonia	45	59	96	Polonia			
Portugal	135	342	56	Portugal			
Reino Unido	666	1.170	891	Reino Unido			
Suecia	375	964	911	Suecia			
Suiza	232	628	415	Suiza			
Venezuela	442	1.470	1.024	Venezuela			

Figura 8.5. La matriz de la izquierda muestra los resultados con número y la de la derecha con colores

8.4 CAMBIAR OBJETOS CON MARCADORES

Cuando diseño un informe en Power Bi Desktop no tengo detrás un lenguaje de programación como cuando trabajo en otros programas de Microsoft Office, por lo que me tengo que limitar a utilizar medidas o marcadores para cambiar el diseño de mi informe.

En este caso voy a poner dos botones y dos gráficos iguales, uno en filas y otro en columnas, en los botones pondrá filas y columnas, la página quedará de la siguiente forma aproximadamente.

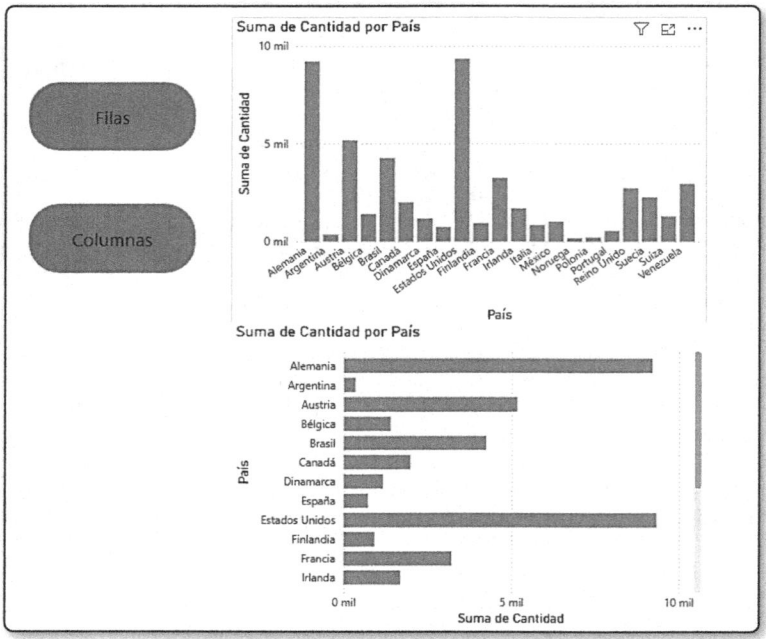

Figura 8.6. Diseño del que partimos

Ahora muevo los objetos uno encima del otro para que solo se vea un gráfico y un botón.

En mi caso voy a dejar encima el botón de columnas y el gráfico de barras quedando la pantalla de la siguiente forma.

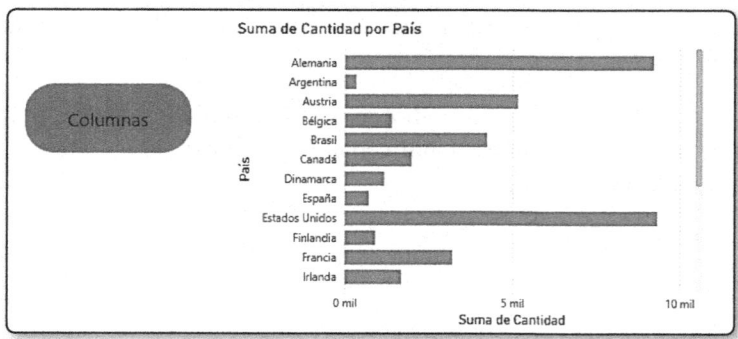

Figura 8.7. Unos objetos tapan a otros

Voy a la ficha de ver, hago clic en el panel de Marcadores y creo el marcador Barras.

Ahora en la ficha de ver hago clic en Selección, en este panel oculto el botón y el gráfico que estoy viendo y creo el marcador columnas.

En el botón barras en acción le digo ir a marcador y elijo el marcador barras, pruebo que funciona y ahora en el botón columnas, en acción le digo que vaya al marcador columnas.

De esta manera tengo dos gráficos y dos botones, pero el usuario creerá que hay un gráfico y un botón que va cambiando.

Esto es útil cuando quiero simular cambios en los objetos, lo he hecho con cuatro objetos, pero lo puedo hacer con todos los que quiera, lo único es que se va a ir complicando por los objetos que haya que cambiar.

8.5 PLAYAXIS EN UN TOOLTIP

En este truco voy a crear un Tooltip en el que el contenido que muestra va a ir cambiando, para ello voy a añadir el objeto visual PlayAxis.

Aunque vea que este objeto no es de Microsoft no pasa nada, me fijo en que esta certificado por Power Bi y también veo que es gratis por lo que hago clic en el botón agregar.

Figura 8.8. Objeto Play Axis

Añado una página nueva y le digo que sea una página oculta, la voy a nombrar como ToolTipCargoContacto.

En información de la página marco la opción Permitir el uso como información sobre herramientas y en la primera ficha agrego el campo Cargo contacto donde pone Agregue los campos de información sobre herramientas, puedo indicar el tamaño de la página que quiera.

En esta página voy a añadir una matriz donde en las filas pongo la fecha del pedido y en los valores la cantidad.

Despliego los valores a nivel de trimestre y añado el objeto visual Play Axis, añado el campo fecha pedido a este objeto visual, hay que destacar el campo de este objeto Play Axis es el mismo campo por el que está agrupada la matriz.

En las propiedades del objeto le activo la opción Auto Start para que empiece a cambiar solo, Loop para que cuando llegue al final vuelva al principio y como el tiempo está en milisegundos le voy a poner 3000 para que cambie cada tres segundos, de esta manera tengo un Tooltip que va cambiando solo.

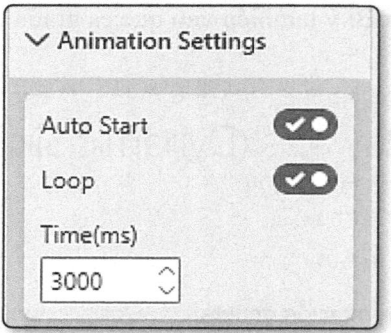

Figura 8.9. Propiedades del objeto Play Axis

Si quiero hacer pequeño este objeto visual desde el diseño no me deja reducirlo mucho voy a las propiedades y le digo el tamaño exacto que quiera.

Ya puedo ir a cualquier agrupación del campo cargo contacto y ver como cambia el contenido del Tooltip.

8.6 DOBLE CONTROL PARA CAMBIAR IMAGEN

Este truco me ha llamado la atención ya que lo he descubierto por casualidad, esta mañana estaba explicando en clase el servicio de Power Bi y he pulsado dos veces la tecla de control encima de mi área de trabajo para que mis alumnos vieran a qué parte de la pantalla estaba haciendo referencia, ya que tengo activada la opción para mostrar círculos al pulsar la tecla de Control.

Como tengo puesta mi foto en mi usuario me ha aparecido la siguiente ventana para poder editar la foto en el área de trabajo.

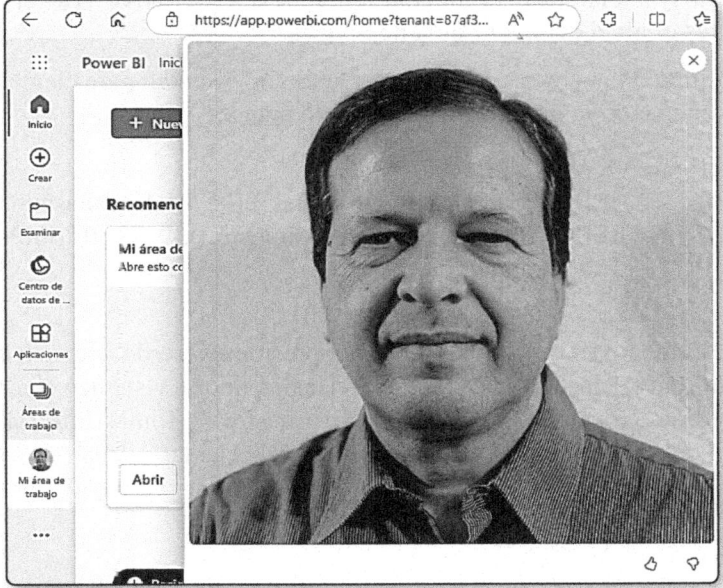

Figura 8.10. Editar foto

8.7 MEDIDAS PARA VISUALIZAR SEGÚN EL NIVEL

En este ejemplo voy a añadir una matriz con las fechas de la tabla calendario y el total, pero voy a querer que me muestre el nivel anterior según el nivel de la jerarquía que este viendo en la matriz.

Voy a crear las siguientes medidas para calcular el total del año, trimestre y mes pasado.

90TotalAgnoPasado = CALCULATE([10Total],PREVIOUSYEAR
(Calendario[Fecha]))

91TotalTrimPasado = CALCULATE([10Total],PREVIOUSQUARTER
(Calendario[Fecha]))

92TotalMesPasado = CALCULATE([10Total],PREVIOUSMONTH
(Calendario[Fecha]))

Con estas medidas he calculado el total en el periodo anterior, tanto año, trimestre como mes.

Ahora voy a explicar la función IsIncope que devuelve True si la columna especificada es el nivel de la jerarquía de niveles.

Esta función la voy a combinar con la función Switch para elegir una opción entre varios quedando la medida de la siguiente manera.

93periodo = SWITCH(true,
    ISINSCOPE(Calendario[Mes]),[92TotalMesPasado],
    ISINSCOPE(Calendario[Trimestre]),[91TotalTrimPasado],
    [90TotalAgnoPasado]
)

En esta medida 93periodo cuando la expresión sea verdad devuelve uno de los valores según el nivel de jerarquía que estoy visualizando, si visualizo el mes entonces añade la medida 92TotalMesPasado, si es trimestre 91TotalTrimPasado y si no 90TotalAgnoPasado, al añadir esta medida a la matriz quedaría de la siguiente forma.

Año	10Total	93periodo
⊟ **2024**	**235.943,60 €**	
⊞ Trim 3	85.869,10 €	
⊞ Trim 4	150.074,50 €	85.869,10
⊟ **2025**	**653.434,65 €**	**235.943,60**
⊞ Trim 1	140.718,80 €	150.074,50
⊞ Trim 2	150.104,97 €	140.718,80
⊞ Trim 3	169.471,76 €	150.104,97
⊞ Trim 4	193.139,12 €	169.471,76
⊟ **2026**	**465.080,34 €**	**653.434,65**
⊞ Trim 1	327.694,97 €	193.139,12
⊞ Trim 2	137.385,37 €	327.694,97
⊞ Trim 3		137.385,37
Total	**1.354.458,59 €**	

Figura 8.11. Matriz usando IsIncope

Se puede ver como en la fila de trimestres muestra el trimestre anterior, en la de años muestra el año anterior sin tener que cambiar la fórmula.

Ahora voy a crear la siguiente medida para que me muestre la diferencia numérica entre un periodo a otro y vea la matriz de esta forma.

Año	10Total	93periodo	94periodoAcumulado
⊟ **2024**	**235.943,60 €**		**235.943,60**
⊞ Trim 3	85.869,10 €		85.869,10
⊞ Trim 4	150.074,50 €	85.869,10	64.205,40
⊟ **2025**	**653.434,65 €**	**235.943,60**	**417.491,05**
⊞ Trim 1	140.718,80 €	150.074,50	-9.355,70
⊞ Trim 2	150.104,97 €	140.718,80	9.386,17
⊞ Trim 3	169.471,76 €	150.104,97	19.366,79
⊞ Trim 4	193.139,12 €	169.471,76	23.667,36
⊟ **2026**	**465.080,34 €**	**653.434,65**	**-188.354,31**
⊞ Trim 1	327.694,97 €	193.139,12	134.555,85
⊞ Trim 2	137.385,37 €	327.694,97	-190.309,60
⊞ Trim 3		137.385,37	-137.385,37
Total	**1.354.458,59 €**		**1.354.458,59**

Figura 8.12. Matriz resultante con las medidas creadas

```
94periodoAcumulado = SWITCH(true,
        ISINSCOPE(Calendario[Mes]),[10Total]-[92TotalMesPasado],
        ISINSCOPE(Calendario[Trimestre]),[10Total]-[91TotalTrimPasado],
        [10Total]-[90TotalAgnoPasado]
    )
```

En esta medida lo que hago es restar el total menos el valor hallado antes para calcular la diferencia del valor actual con el periodo anterior.

8.8 MÁS INFORMACIÓN AL EXPORTAR UN OBJETO

Hay veces que quiero exportar los datos que está mostrando un gráfico, pero al exportar me doy cuenta de que me gustaría exportar más datos, para eso el truco es muy sencillo, solo tengo que añadir los campos que quiera en el apartado información sobre herramientas y de esa manera al exportar genera un csv con los datos del gráfico y con los datos de información sobre herramientas.

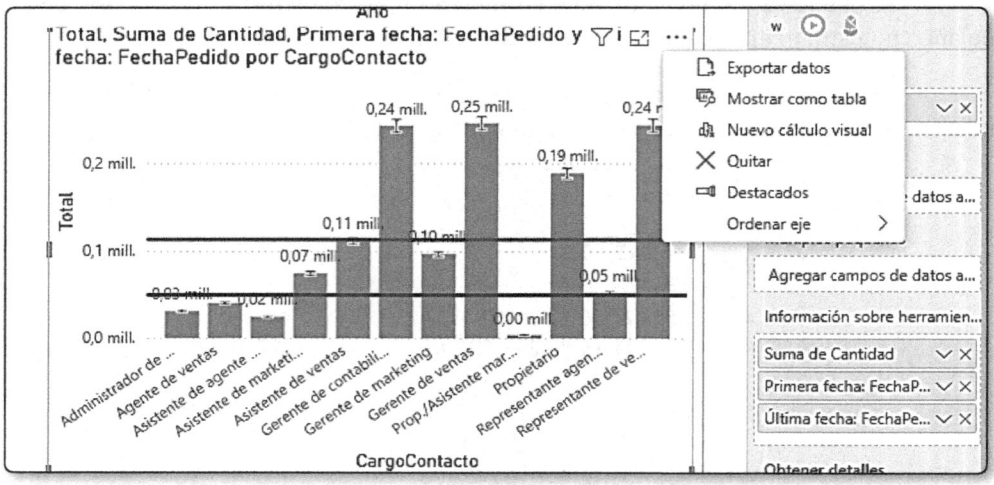

Figura 8.13. Añadir campos a información sobre herramientas

8.9 IR A UNA PESTAÑA

Un truco muy fácil, que es igual en Excel, cuando tengo muchas hojas en mi informe es muy pesado tener que moverme por las hojas hasta que llego a la hoja que quiero, para evitarlo puedo hacer clic con el botón derecho del ratón justo en medio de los botones para moverme por las hojas.

De esta manera aparece una lista con todas las hojas del informe, con un check en la página en la que estoy, como se puede observar en la siguiente imagen.

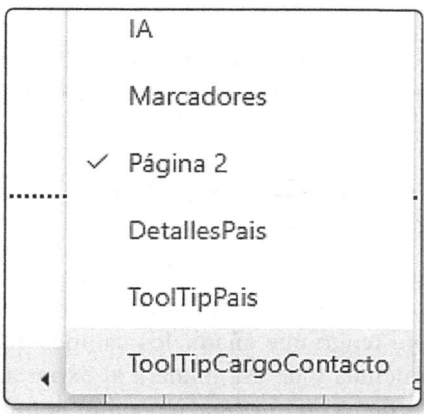

Figura 8.14. Lista de páginas

8.10 TRUCOS EN POWER QUERY

Ahora voy a explicar unos cuantos trucos cortos de Power Query.

Hay veces que quiero cambiar el zoom con el que se ve el texto en Power Query, puedo utilizar la combinación de teclas Control + Shift + "+" para ver más grande el texto o Control + Shift + "–" para ver más pequeño el texto.

En Power Query sucede como en Microsoft Office puedo hacer un doble clic en las pestañas de Power Query para ocultar la cinta de opciones, también lo puedo hacer si hago clic en un botón con forma de triángulo que hay en la parte superior derecha de la pantalla.

En el panel de consultas de Power Query puedo seleccionar varias consultas como los archivos en el explorador, es decir si están salteados puedo dejar pulsada la tecla de control y hacer clic en ellos o si están todos seguidos puedo hacer clic en el primero que quiero seleccionar, dejo pulsada la tecla Shift y hago clic en el último que quiero seleccionar, de esa manera todas las consultas que están en medio se seleccionan para poder hacer cambios en varias consultas a la vez.

En los tipos de datos en Power Query se puede usar la configuración regional, esto es muy útil en campos de fecha y en campos numéricos.

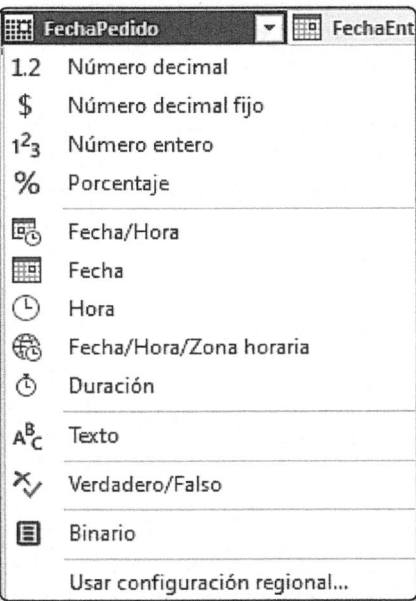

Figura 8.15. Opción Configuración regional

En configuración regional puedo elegir el tipo de dato y los formatos de salida que va a tener según el país.

Si voy a los pasos aplicados puedo hacer clic con el botón derecho del ratón en un paso que no sea el último e indicarle deshacer hasta el final, de esa forma el resto de los pasos desaparecerán, esto es muy útil cuando me he dado cuenta de que desde un determinado punto lo voy haciendo todo mal.

Consejo hacer una copia de la consulta antes de deshacerlo todo.

8.11 ORDEN DE TABULACIÓN

El orden de tabulación es algo común a todos los programas que crean objetos que se ven en la pantalla, con este orden de tabulación le indico en qué orden tiene que recorrer los controles cuando hago clic en la tecla tabulador.

En Power Bi también sirve para elegir en qué orden se desplazarán los usuarios que escuchen el informe con un lector de pantalla.

Aunque tenga más objetos en la página voy a situar tres tarjetas del mismo tamaño, con distintos cálculos una encima de otras de tal manera que solo sea una visible.

En la ficha Ver, hago clic en el botón Selección para mostrar el panel y ahí puedo hacer clic en Orden de tabulación.

Puedo colocar las tarjetas en el orden que estime correcto y de esta forma si presento el informe ante otras personas cuando estoy viendo una tarjeta solo debo pulsar la tecla tabulador para ir viendo las siguientes y de esa forma ver los distintos cálculos.

8.12 REUTILIZAR INFORMES

Hay veces que tengo que hacer informes que son parecidos o por lo menos tienen unos datos comunes, un tema, etc. es decir tienen una serie de elementos en común que se repiten en ellos.

Lo que puedo hacer en este caso es la parte común e ir a la ficha de Archivo, exportar y guardarlo como plantilla, me pide una descripción y lo puedo guardar donde quiera, la plantilla tiene la extensión Pbit.

Para utilizar la plantilla voy a crear un archivo nuevo, en la ficha de Archivo, elijo importar y elijo plantilla, donde puedo elegir la plantilla que me he creado para no tener que empezar a crear un archivo desde cero, sino que ya tiene la parte común que he guardado.

Otro caso común es que tenga que hacer el mismo informe cada cierto tiempo, pero con los datos de ese periodo, en este caso se supone que las columnas son las mismas y solo cambiar los registros.

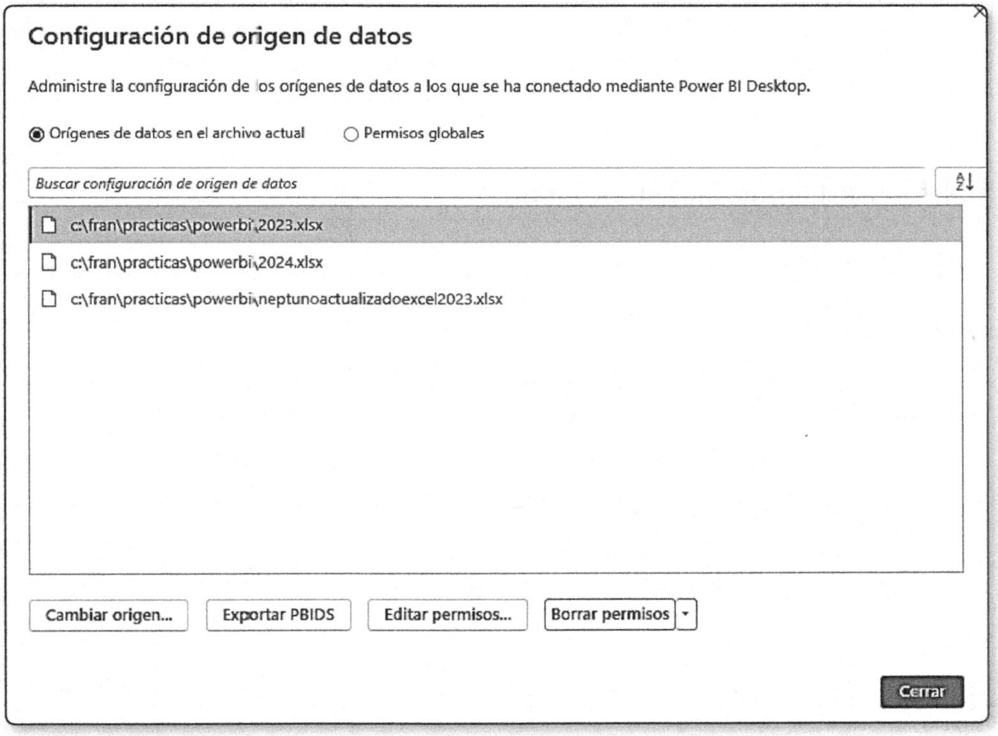

Configuración de origen de datos

Administre la configuración de los orígenes de datos a los que se ha conectado mediante Power BI Desktop.

◉ Orígenes de datos en el archivo actual   ○ Permisos globales

Buscar configuración de origen de datos

📄 c:\fran\practicas\powerbi\2023.xlsx

📄 c:\fran\practicas\powerbi\2024.xlsx

📄 c:\fran\practicas\powerbi\neptunoactualizadoexcel2023.xlsx

[Cambiar origen...]   [Exportar PBIDS]   [Editar permisos...]   [Borrar permisos ▾]

[Cerrar]

Figura 8.16. Cambiar origen de datos

Para cambiar los registros puedo ir a la ficha Archivo, Opciones y configuración, Configuración de origen de datos, donde tengo que cambiar el archivo de origen por el que tiene los registros nuevos, de esta manera tan sencilla se actualiza el informe por lo que solo me quedaría guardarlo con otro nombre.

8.13 ALMACENA EN EL MISMO LUGAR

Muchas veces no depende del diseñador de informes, pero siempre que sea posible lo mejor es tener todos los orígenes de datos lo más cerca posibles unos de otros.

Es decir, lo mejor es que estén todos en la misma unidad de red y si es posible en la misma carpeta, de esa manera se evita que una determinada unidad vaya mal y cree un cuello de botella en el flujo de datos.

En la mayoría de los casos también es mejor que todos los datos sean importados o todos DirectQuery ya que si no tendremos los problemas de cada forma de almacenaje, pero seguramente no podamos disfrutar de sus ventajas, aunque esto último sí que lo tendrías que ver más específicamente en cada caso.

8.14 FORMATO CONDICIONAL EN TARJETA

Como siempre digo Power Bi es un programa muy visual por eso quiero llamar la atención cuando se aplican filtros sobre distintos valores y que el usuario también reciba ese aviso.

Por ejemplo, en una tarjeta donde tengo la suma de la cantidad quiero que el fondo se ponga en un color granate cuando baje de 1.000.

En este caso va a bajar de 1.000 cuando se le apliquen filtros, pero en un caso en que se fueran actualizando los datos nos resultaría muy útil para localizar valores bajos sin tener que analizar cada número.

Selecciono la tarjeta, voy a las propiedades y en la categoría General fondo, hago clic en el botón Fx.

Voy a elegir el estilo Reglas y voy a indicarle si es mayor que Min y menor de 1.000 cambie el color de fondo, quedando de la siguiente manera.

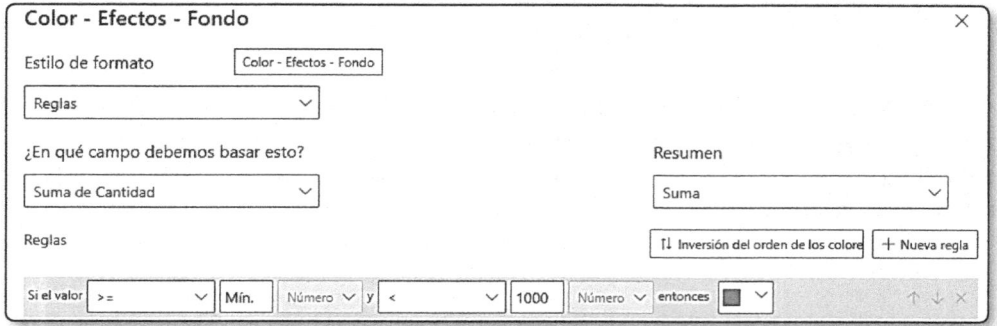

Figura 8.17. Formato condicional de una tarjeta

8.15 SEGMENTAR UNOS OBJETOS SI Y OTROS NO

Cuando expliqué los segmentadores vimos que se podían segmentar en varias páginas, eso es algo que los filtros no pueden hacer y cuando expliqué las interacciones de los objetos vimos que podía elegir qué objetos tenían que reaccionar cuando hacíamos clic en un objeto.

Por lo tanto, voy a explicar un truco aplicando conocimientos que hemos adquirido en este libro y que con los filtros no se puede hacer, voy a tener varios objetos en una página y dos segmentadores uno por país y otro por fecha, dejo seleccionado el objeto visual de la segmentación y hago clic en el menú *Formato, Editar interacciones* el aspecto de esta página podría ser como la siguiente.

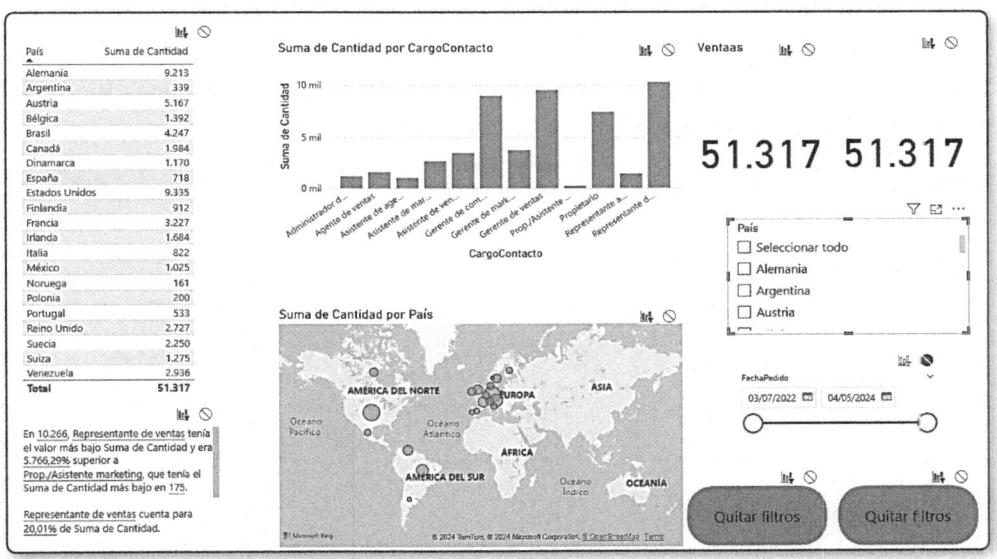

Figura 8.18. Interacciones de objetos

De esta manera puedo ver que esta segmentación filtra en todos los objetos menos en la segmentación de fecha.

Voy a cambiar el comportamiento en la segunda tarjeta, ya que no quiero que filtre en ella, para eso hago clic en el botón que tiene un círculo partido en la tarjeta.

Sin embargo, en la segmentación de fechas si quiero que le afecte la segmentación de país, ya que quiero que solo me muestre las fechas de los países seleccionados, por lo que hago clic en el botón del gráfico con un embudo de esta segmentación, ya puedo quitar la opción de Editar interacciones.

Ahora al probar la página veré qué he conseguido segmentar o no sobre los objetos que quiero.

8.16 USAR POWER AUTOMATE EN POWER BI

En los programas de Microsoft Office, cuando haces una macro para automatizar tareas hay detrás un completo lenguaje de programación como es Visual Basic para Aplicaciones (VBA), pero ese no es el caso de Power Bi donde se pueden ejecutar las acciones de los botones y Scripts de Python y R.

Pero al fin y al cabo Power Bi forma parte de Microsoft 365 por lo que puedo crear flujos de trabajo y ejecutarlos desde Power Bi.

En el navegador de internet abro mi cuenta de Microsoft Office, hago clic en Power Automate, plantillas y en la parte superior escribo Power Bi.

Si tengo conocimientos más avanzados de Power Automate puedo ir directamente a crear mis flujos de otra forma más manual.

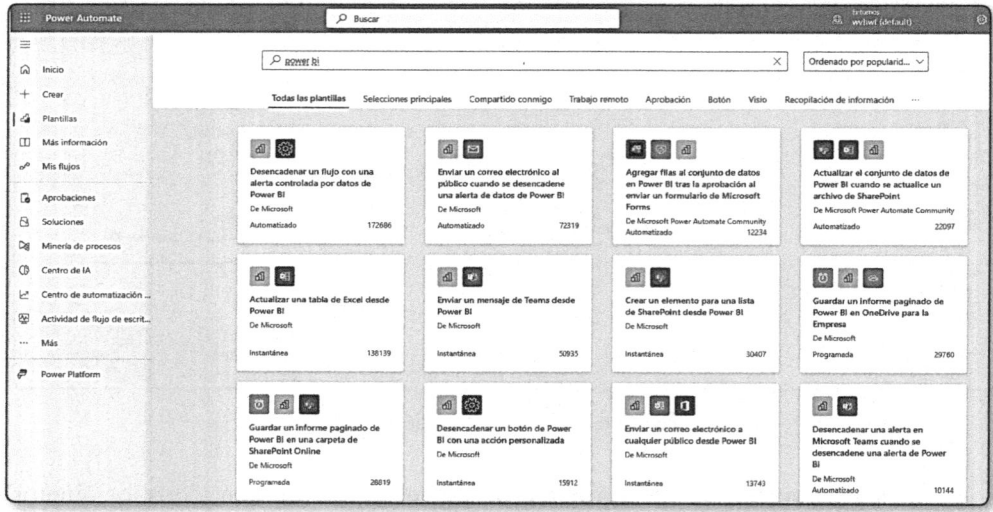

Figura 8.19. Elegir plantilla para crear un flujo

Como se puede observar en la imagen se ven distintos flujos que puedo crear con acciones totalmente distintas, solo tengo que buscar el flujo que necesite.

Como vimos en los paneles puedo crear flujos automáticos al desencadenar una alerta, también puedo crear flujos automáticos al llegar a una meta de una tarjeta de resultados, pero en este caso voy a querer ejecutar este flujo desde un botón por lo que voy a elegir crear tareas de Outlook.

Me pide el usuario en las dos aplicaciones y puede que me pida permisos para poder crear la tarea, tengo que aceptar las opciones que me pone y hago clic en continuar.

En la pantalla que aparece, como se puede ver en la siguiente imagen. Ya indica que no hay que hacer nada en Power Bi, lo que hay que hacer es rellenar los datos de la tarea.

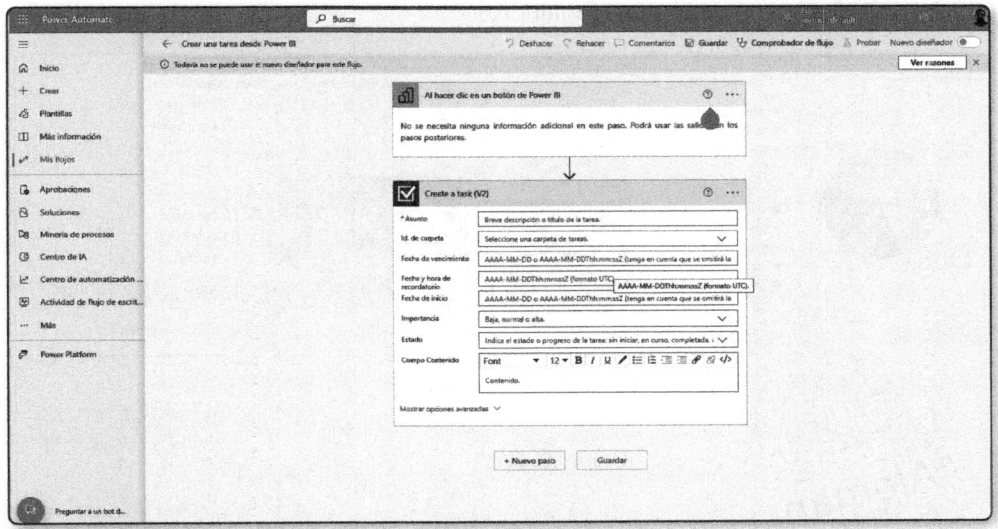

Figura 8.20. Creación de tarea en Power Automate

No hace falta rellenar todas las opciones, solo las que yo quiera, en la parte superior donde pone crear una tarea desde Power Bi le puedo cambiar el nombre y hago clic en guardar, si hay algún error me avisa.

Ahora voy a Power Bi y hago clic en el objeto visual Power Automate, una vez que lo he añadido hago clic en los tres puntos que tiene el objeto en la parte superior y hago clic en Editar.

Puedo crear el flujo desde aquí pero como ya está creado le asigno el flujo, al volver al informe ya tengo un botón en el que al hacer clic ejecuta el flujo, como estoy en Power Bi Desktop debo dejar pulsada la tecla de Control al hacer clic en el botón.

Hay veces que tarda un poco desde que se crea el flujo hasta que se puede ejecutar, como máximo 24 horas.

En Power Bi no existe detrás un lenguaje de programación, pero sí puedo hacer flujos con Power Automate.

8.17 SEGMENTADORES OCULTOS

Hay gente que me dice que prefiere los filtros porque no ocupan espacio dentro del informe, a mí me gustan más los segmentadores ya que tengo opciones que no tengo con los filtros, aunque utilizo los dos según lo que quiera hacer.

En cualquier página que tenga voy a crear un rectángulo que tape parte de la página y añado dentro varios segmentadores.

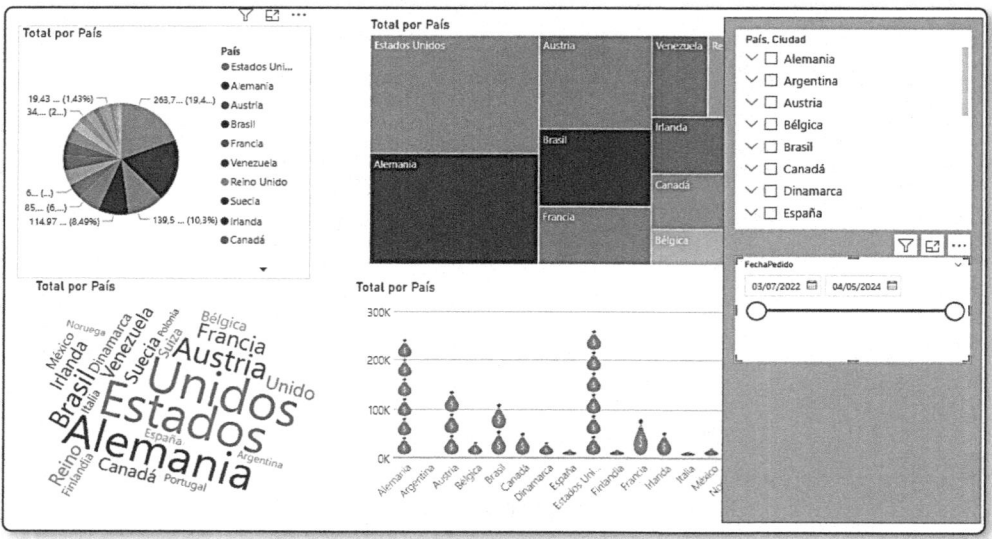

Figura 8.21. Diseñando panel de segmentaciones oculto

Voy a la ficha Ver y muestro el panel de marcadores donde añado un marcador al que llamo Segmentadores, hago clic en los puntos suspensivos del segmentador y le quito la opción de datos para que guarde solo los objetos que estoy viendo.

Ahora muestro el panel de selección, no quiero ver ni el rectángulo que he creado ni las segmentaciones y agrego otro marcador que voy a llamar Sin segmentadores al que también le quito la opción de datos.

Pruebo los dos marcadores, incluso aplico una segmentación para ver que funciona como espero.

Ya solo quedaría poner un botón para mostrar este panel de segmentadores que he creado y dentro del panel un botón para ocultarlo.

También, puedes probar a descargarte el objeto visual Slicer para poder poner animaciones a este panel.

8.18 JERARQUÍA NO FECHA EN GRÁFICOS

Hemos visto muchos ejemplos en los que he utilizado la jerarquía de fechas en matrices y gráficos, sobre todo, pero del resto de campos no he utilizado casi las jerarquías, si acaso un poco en los mapas para mejorar la localización.

Pero esta misma jerarquía se puede usar en un gráfico de columnas, voy a crear un gráfico de columnas en el que voy a añadir en el eje X la jerarquía DirecciónCompleta, si no la tengo puedo añadir los campos país, ciudad, código postal, etc.

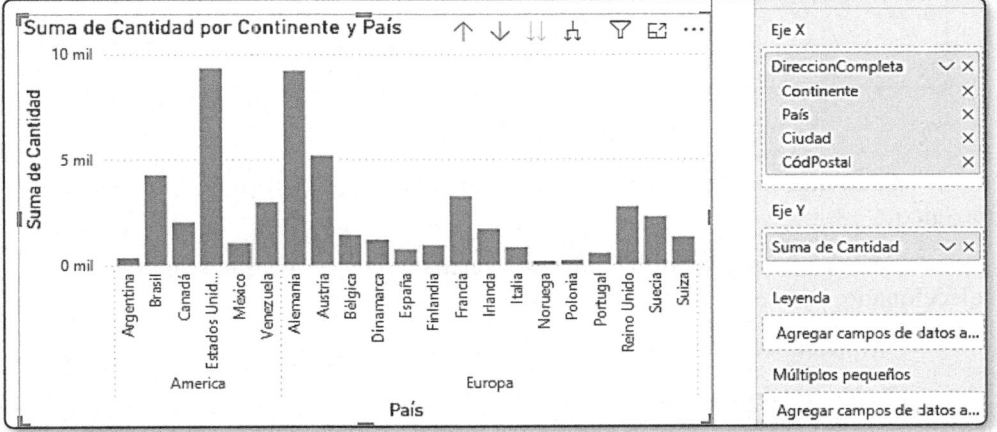

Figura 8.22. Gráfico con una jerarquía en el eje X

De esta manera con los botones típicos de las jerarquías puedo ver el detalle de la información que yo quiera en cada momento.

8.19 CONVERSOR DE MONEDA

En este caso voy a crear una página que se pueda visualizar en varias monedas distintas para empezar, creo una tabla con las monedas, aunque por supuesto la podría importar de otro sitio.

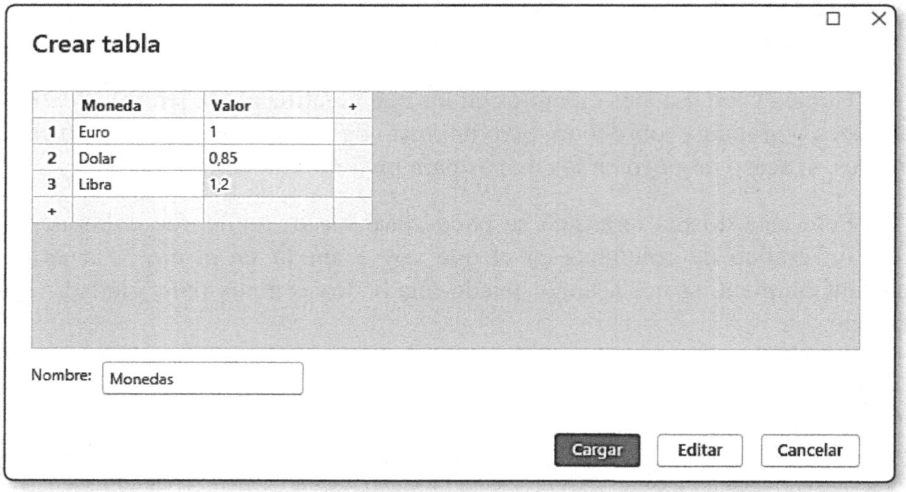

Figura 8.23. Tabla de monedas

Creo una segmentación donde añado la columna moneda y le indico estilo mosaico.

Ahora creo una medida llamada MonedaSeleccionada que sea igual al valor seleccionado, para eso utilizo esta fórmula.

MonedaSeleccionada = SELECTEDVALUE(Monedas[Moneda])

Puedo añadir una tarjeta y añadir la medida para probar que al hacer clic en las distintas monedas cambia el valor de la tarjeta.

Ahora voy a crear una medida que hará distintos cálculos según la moneda seleccionada.

OperacionMonedas = SWITCH(TRUE(),
    [MonedaSeleccionada]="Euro",[Total],
    [MonedaSeleccionada]="Dolar",[Total]*values(Monedas[Valor]),
    [MonedaSeleccionada]="Libra",[Total]*values(Monedas[Valor])).

Con la función Switch se elije un valor entre varios, si es Euro no se hace ninguna operación, pero si es otra moneda se multiplica por el valor de esa moneda, en este caso se podía haber hecho con un If porque es siempre multiplicar, pero si quisiera hacer varias operaciones mejor con un Switch.

Añado una tarjeta con esta medida y al hacer clic en una moneda veré como cambia el resultado de la tarjeta.

En este caso lo he hecho con una tarjeta, pero lo podría hacer con todos los cálculos que necesite.

MATERIAL ADICIONAL

El material adicional de este libro puede descargarlo en nuestro portal web: *https://www.ra-ma.es*.

Debe dirigirse a la ficha correspondiente a esta obra, dentro de la ficha encontrará el enlace para poder realizar la descarga.

Cuando descomprima el fichero obtendrá los archivos que complementan al libro para que pueda continuar con su aprendizaje.

INFORMACIÓN ADICIONAL Y GARANTÍA

- ▶ RA-MA EDITORIAL garantiza que estos contenidos han sido sometidos a un riguroso control de calidad.

- ▶ Los archivos están libres de virus, para comprobarlo se han utilizado las últimas versiones de los antivirus líderes en el mercado.

- ▶ RA-MA EDITORIAL no se hace responsable de cualquier pérdida, daño o costes provocados por el uso incorrecto del contenido descargable.

- ▶ Este material es gratuito y se distribuye como contenido complementario al libro que ha adquirido, por lo que queda terminantemente prohibida su venta o distribución.

SÍGUENOS EN INSTAGRAM Y ACCEDE GRATIS A NUESTRA BIBLIOTECA DIGITAL DURANTE 30 DÍAS.

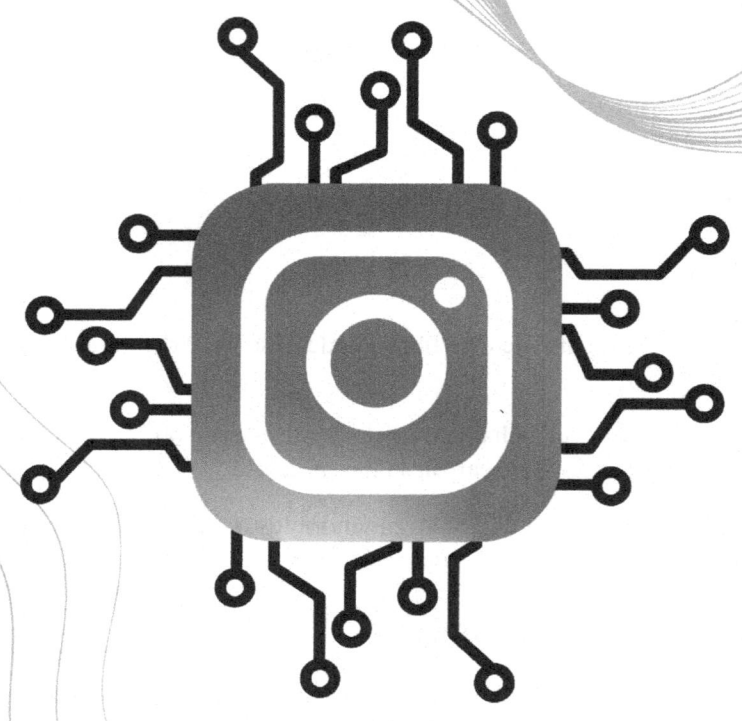

@grupoeditorialrama

¡ENVIANOS TU MAIL POR PRIVADO!

Grupo Editorial
ra-ma

40 ANIVERSARIO